家の履歴書

今は亡きあの人篇

斎藤明美

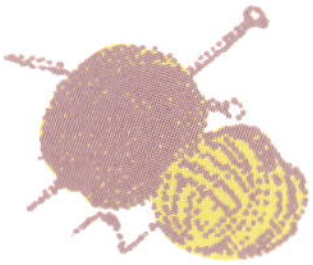

キネマ旬報社

目次

家の履歴書　今は亡きあの人篇

『家の履歴書　今はなきあの人篇』は、『週刊文春』（文藝春秋刊）の人気連載「家の履歴書」（現「新・家の履歴書」）の中から、著者・斎藤明美が取材・執筆したものを選び、その一部をまとめたものです。本文は基本的に雑誌掲載当時のものであり、ご登場された方の現在の状況とは違っている場合があります。掲載号（年月日）は各本文の末尾に記してあります。

カバー・本文イラストレーション　市川興一

装幀＝友成　修

高峰秀子

（女優・エッセイスト）

その時の自分の身丈に合った生活をするのが理想

一九二四（大正十三）年、北海道生まれ。五歳の時、「母」で映画デビュー。天才子役から少女スター、大女優になった稀有な女優。「二十四の瞳」「浮雲」「名もなく貧しく美しく」など、五十五歳で引退するまで三百余本の名作に出演。演技力と人気を兼ね備えたスターとして愛された。文筆にも優れ、『わたしの渡世日記』上下、『にんげん住所録』など多くの著作を残す。脚本家・映画監督の松山善三と五五年に結婚。二〇一〇年逝去。

私は〝予約〟された子だったの。父の妹が、四番目が生まれたら男でも女でももらいたいって言ってたんですって。だから、私が生まれてから何度も〝受け取り〟に来るんだけど、そのたびに父が私をおぶってどっか行っちゃうもんだから、また手ぶらで東京へ帰るってことを繰り返してたみたいよ。

生家は函館の「マルヒラ・砂場」というそば屋料亭です。他にカフェと劇場も経営してて。昔はそば屋料亭というのがあったの。一階が追い込みのそば屋で二階が宴会場。芸者さんも入ってましたね。私が人形みたいにきれいな振り袖着てヨチヨチしてると、よく芸者さんが私を抱いて二階へ連れてったわ。だから私は小さい時から人慣れした子だったのよ。

母が結核で死んだもんだからとうとう私は叔母の平山志げの養女になって東京へ行ったわけ。四歳の時ね。ゴムの乳首をくわえて（笑）、グレーの地にブドウ柄の入ったメリンスの着物、それに白いヒラヒラのアブサンをして。両手には穴を開けた小さなメリーミルクの缶。長いこと汽車に揺られてね。どうしてそんなこと覚えてるのかしら……。

お袋は、志げさんね、鶯谷（台東区）の借家に荻野という男と住んでたの。北海道を出たい一心でお袋がついてきた活動弁士。要は誰でもよかったのよ。女性関係が派手で家にはめったに寄りつかなかったわ。

その荻野がある日私をおぶって蒲田の松竹撮影所に行ったのが私の運のつき（笑）。そこにいる俳優と友達だったみたいね。そしたらその日はちょうど「母」という映画の主役を演《や》る子役のオーディションをしてたの。それで私がヒョイとつまみ出されて、以来五十年（笑）。ホラ、私、人慣れしたスレた子でしょ、「こっち向いて笑え」って言えばすぐニコッとしたんじゃない？

鶯谷の家は上下に二間ずつある小さな借家。しばらくはそこから蒲田まで毎日始発電車で通ってたんだけど、「母」が大ヒットして次々に仕事がくるもんだから、通いきれなくなって撮影所の近くに越したの。六畳、三畳に台所がついた借家。家賃なんか覚えてないけど、五歳の私の稼ぎで三人が生活してたわけよ。荻野？　お金なんか入れませんよ。小金《こがね》でもあれば持ってくような人だから。流れもんですよ。たまに家にいると母と口論。母はよく台所で泣いてて……、かわいそうだった。

九歳の頃、蒲田でもう一軒借家に移ってます。そろそろお袋に欲が出てきて、麻雀クラブみたいなこと始めたの。部屋に三卓ぐらい置いてね。派手好きで、人が集まるのが好きだった。

東海林太郎さんが毎晩のように下落合の自宅から車飛ばして私の寝顔を見に来てたのはこの家よ。東海林さんが、「赤城の子守唄」のヒットを記念して日比谷公会堂で時代劇ショーを開いた時、子役の勘太郎を私が演《や》ったのが初対面。私、その頃は男の子も演ってたの（笑）。だからみんなに「秀坊」って呼ばれて。私は覚えてないけど、東海林さんが私をおぶって唄う時、私が後ろからおぶい紐を一所懸命に前へひっぱってたんですって、唄いやすいようにって。それがかわいくて仕方ないっていうんで、東海林さん夫妻が「くれ、くれ」ってことになったの。でも、お袋にしてみれば〝予約〟してまでもらった子でしょ（笑）、放すわけないわよね。で、女学校へ入るまでピアノと歌を教えるという約束で、と言っても私はそんな約束知らなかったけど、お袋と二人で東海林さんの家に住むことになったんです。

ところが東海林さんの家での生活はとっても複雑でね。私は東海林さん夫妻にそれこそ玩具《おもちゃ》のようにかわいがられるんだけど、お袋は女中部屋に寝て毎日台所を這いずり回ってるわけ。その上、東海林さんとこの二人の男の子が奥さんよりうちのお袋になついちゃって、私は私で奥さんが放さなくて……。もう誰が誰の子だか親だかわけわかんなくなっちゃったのよ。私もそんな生活に我慢できなくなって、ある日「母さん、出よう」って言って出たきり、東海林さんとは縁が切れたんです。私が九歳の時。

田中絹代先生の家によく泊ってたのは、「新道」や「花籠の歌」で先生の妹役をさせていただいてた頃だから、十二かな。先生は「くれ」とは言わなかったわよ（笑）。だって先生はまだ二十代で独身だもの。

鎌倉山の立派な日本家屋だった。でも、先生を見て、子供心に「偉いけど、淋しい人だな」って思いましたね。仕事が終わると、撮影所で男の付き添いさんは帰っちゃって、家に着くと運転手さんが帰るでしょ。二人の女中さんしかいない家で、先生は一人でポツンと食事してお風呂に入って寝るだけ。人に電話しておしゃべりするなんて方じゃなかったしね……。

十歳そこそこで様々な人間の生きざまを見てしまった〝デコちゃん〟だった。気兼ね続きだった東海林家を出た後、母娘は大森（大田区）の六畳一間のアパートへ。留守中に他の女性をひき入れていたことで、ついに養母は荻野と縁を切る。しかし、静かな母娘の生活も束の間。北海道から祖父や腹違いの兄など総勢九人が十代のデコちゃんを頼って大挙上京した。仕方なく千駄ヶ谷（渋谷区）に家を構え彼らに食堂を開かせる。

本名・松山（旧姓平山）秀子。〝高峰秀子〟は養母の女弁士時代の芸名。一九二四年北海道・函館生まれ。五歳で松竹蒲田の〝天才子役〟となり、七九年「衝動殺人 息子よ」を最後に引退するまで日本映画界のトップスターとして三百本以上の作品に出演。文筆にも秀で、自伝『わたしの渡世日記』は日本エッセイスト・クラブ賞を受賞している。五五年に結婚した松山善三監督とは未だにおしどり夫婦だ。

女学校入学と成城の家を条件に出され東宝へ移籍。しかし女学校はたまにしか行けず、授業の内容についていけないためすぐに退学。「だから今だに私は九州がどこだかわかんないし、割り算もできないの」だそうだ。その後成城で二度移転。目に見えて養母の生活は派手になり、ついに成城四軒目の家は……。

昭和十六年に画家の家を買い取って、そこを土台だけ残して大新築したの。河野鷹思さん設計の真白な家。とにかく、この家がピークだったわね。最後には女中さんが七人いたから。私がやったんじゃないわよ、お袋よ。一階に応接間、お袋の八畳と十畳。そこで毎日お客を呼んで麻雀してたわ。それと大きな女中部屋に台所、檜《ひのき》の風呂、トイレ。二階が二十畳のアトリエ。でも絵描くわけじゃないし、何の役にも立たないんだけど、飾りにグランドピアノ置いて、弾けもしないのに。で、私の寝室。広い庭にはヒマラヤ杉、バラのアーチ、ああ気持ち悪い（笑）。とにかくすごい家。

それから庭に小さな家を建てて、昔からのファンの母娘をひきとったの。その人たち困ってたからね。それと、車もないのにガレージ作って、その二階に実父と後妻さんを住まわせたの、お袋が。私の実の父親なのに私とは口もきかせないし、母屋へも上げてやらないの。私が夕方帰ると、父がお袋と縁側で話しててね、父は私の顔見るとお袋に気兼ねしてすぐガレージの二階へ戻ったわ。不自然でしょ？　そんなことならひきとらなきゃいいのにね。何のため？　見栄ですよ、見栄、お袋の！

建築費は知らないけど、ものすごい額だったみたいよ。それに大所帯でしょ。私がいくら働いたって追いつきませんよ。

その頃私はもう完全に籠の鳥。手紙は出すのも来るのもお袋の検閲つきで、出かける先も時間も会う人も全部お袋が知ってなきゃ気が済まないし、私に寄って来る人は全員お袋の敵。

私、半分ノイローゼみたいになっちゃって、未婚の母にでもなってやろうかと思ったこともあるし、自殺しようと思って近くの踏切りに行ったこともあるわよ。でも小田急が走ってくるの見てやめたけどね（笑）。

この頃ね、黒澤（明）さんの下宿へ逃げて行ったのは。だって誰一人相談する人もいないでしょ。黒澤さんが「デコの家の近くへ仕事場借りたから遊びにおいでよ」って言ってたの思い出して、ある夕方、お袋が麻雀してる隙にこっそり家を抜け出して行ったの。ところが、私が黒澤さんの部屋へ入ったとたんにお袋が来たの。すごい勘ね！　ものすごい形相で。もちろんすぐに連れ戻されましたよ。

もしお袋が踏み込んでなかったら今頃黒澤姓？　そんなことないわよ（大笑）。だって十七だもん。それに今の十七とは違いますからね。

黒澤さんとは、山本嘉次郎監督の「綴方教室」と「馬」で一緒に仕事したの。助監督だったからね。「綴方」の時、主人公の私が綴方を書いてて、手に止まった蚊をピシャって叩くシーンがあったんだけど、その蚊を作ったのが黒澤さん。細い黒の絹糸で。なんて器用な人だろうと思ったわ。その頃なんて十三歳で、ロケ車で移動する時黒澤さんの長い脚の間へ座ってたくらいだもの（笑）。「お兄ちゃん」よ。

でも下宿の一件では、黒澤さんは会社とお袋ぐるみで何かよっぽどひどいことを言われたみたい。きっと会社は「これからという助監督と金かけた女優が結婚したらたまらない」と思ったでしょうから。そのすぐ後に顔合わせた時、いつもなら「ヨッ、デコ」なんて言う黒澤さんが黙って行っちゃったから。イヤな思いさせちゃって……。

ついにお袋と離れて暮らす決心をしたのは、昭和二十三年。早田の雄（雄二・写真家）ちゃんが「今井町（港区）の焼け跡に小さい土地がいっぱいあるから、家建てて一人で住んだら」って言ってくれたの。雄ちゃんもうちの事情は知ってたからね。まあ、他の人も知ってましたよ、私がお袋の圧迫に堪えられなくなってたっていうのは。で、成城の家を母にあげて、今井町の百坪の土地に家を建てて、女中さんを二人連れて出てきたの。

ところがあなた、お袋は怒り狂って、成城の売却費を自分のポッポに入れると今井町へ押しかけてきたのよ、スパイの女中を連れて！　だから前よりひどい状態。狭い家で顔つき合わせるわけでしょ。拒否なんてできませんよ、鬼だから。すぐ出刃包丁ですからね。

たまりかねて、私は同じ敷地へ十五坪の別棟を建てて移ったの。そしたら、下の家から、土地が傾斜してるの、そこからお袋の女中さんが毎日私の家を監視するのよ。もう笑っちゃうようなことがいっぱいあったわ。たとえば、私の所へお客が来るじゃない？　するとその客が帰った後、母の女中さんがやって来て、「今のお客さんが虎屋の大きな羊羹を持ってきたでしょう。下さい」って言うのよぉ、信じられるぅ？　十五坪の家へ移る時だって家財道具は何一つ渡してくれなくて、私の茶碗と箸だけ投げてよこしたわ（笑）。

高峰さんの忍耐は限界に達し、いや限界を通り越し、昭和二十七年、ついに日本を脱出する。カンヌ映画祭出席の誘いに飛びついたのだ。「馬」から付いている〝死んでも離れない〟付き添いさん（高峰さんは〝付き人〟という言葉は使わない）だけを他家へ預け、十五坪の家を百三十万円で売り、スーツケース二つだけで単身パリへ飛んだ。一歩でも養母から離れたいと……。

パリの下宿は、仏文学者の渡辺一夫先生がソルボンヌ大学時代に下宿してた教授の家なの。私がいた時は教授はすでに亡く、未亡人とおばあちゃんがいました。ワンルームで快適だったけど、お風呂に入る時が大騒ぎなの。マダムが寒暖計でお湯の温度を計りながら、「今、今入れ」って言うの。「〝黒いダイヤモンド〟が風邪ひいたら大変だ」って（笑）。その頃、ちょうど俳優のルイ・ジューベが入浴中に心臓麻痺で死んだから、余計ね。勝手には入れないの。バスはマダムと私の部屋の間にあるから。

半年ブラブラして、ほんとに心の洗濯ができたわ。それまでは籠の鳥で買物一つしたことなかったけど、パリでは箒《ほうき》一本買うのでも辞書引いて「バレ、バレ」って言いながら荒物屋へ行って……。普通の人はこうやって生きてるんだと思ったわ。人間何とかやっていけるもんだって。

カンヌ映画祭？　行きませんよ。後援会さえ消滅することを願って日本を出たのにパーティなんか出てニコニコできる？

お袋からは一度手紙が来ましたよ。「金送れ」って（笑）。誰に住所聞いたか知らないけど。

帰国して今井町の家へ帰ったら、なんと家は大料亭になってたの。お袋が「娘が私を捨ててパリへ行ったので、私は生活ができません」って、泣いて銀行にお金を借り歩いてね。

宿泊代とられましたよ。一日二千八百円。他に洗濯代も食費も。私の友達が来て鶏鍋をすると、その鶏鍋代もとるの。（こちらの顔を見て）驚いた（笑）？驚くわよね。私を訪ねて来る人が怒っちゃって、「こんな所出なさい！」って、とりあえず帝国ホテルへ連れてってくれたの。忘れもしない、帝国ホテルの宿泊費はお袋の家より百円安かったわ。

約一カ月ホテル暮らしをするが、「また二千七百円分寝ちゃったわって、オチオチ寝てもいられない」し、加えて運転手さんが、車をとりに行き、他家へ預けた女中さんをピックアップし、ホテルへ高峰さんを迎えに行って撮影所へ、帰りはその逆コースと、「お金がかかってたまったもんじゃない」ので、白金町（港区）に百万円弱の建売りを買う。しかし、バラックの上、ゲジゲジが出没するので半年で売却。現在の場所を見つけるに至る。「カルメン純情す」のワンシーンを撮るために訪れたのが縁だった。番地を聞けば「麻布永坂町一番地」。「絶対、ここ！」そう高峰さんは思ったという。

うちの運転手さんが調べてくれたら、ちょうど売りに出てるっていうの。単身行きましたよ、その家へ。ブザー押したら、ガウン着た英国人のおじいさんが出てきて、次に二階からやっぱりガウン着た日本人の奥さんが降りてきたの。「この家売りますか？」って聞いたら、「売ります」。「いくらですか？」「五百五十万円」「じゃ、買います」「明日出るから明後日から入れますよ」って言うからね。二、三日して五百五十万を風呂敷に包んで持ってったら、鍵くれて。そのまま今だに住んでるの（笑）。

一階に四間、二階が寝室と書斎、そこを衣装部屋にしてた。

昭和三十年に結婚して、松山さんがうちへ来たの。持参金はリヤカー一杯の本（笑）。うんとね、それまでは松山さんは横浜の農家の納屋に住んでたんですって。自分で「納屋」って言ってたよ、私は一回も行ったことないけど。実家は磯子なの。松山さんの月給は一万二千五百円。そう、貧乏だったの。朝はケーキ一個でね、月給が出ると五目ラーメン食べるんだって。洋服も買えないから木下（恵介）先生のお古を着てね。松山さんは木下先生のお弟子だから。

松山さんが助監督になって少しして、木下先生が「デコちゃん、松山君どう？　人物は保証するよ」っておっしゃったの。そうね、私も、働き者だしいい人だなとは思ってた。だって人の分まで仕事して走り回って、ズボンでスネ毛がすり切れる人なんて、いいじゃない？　男はね、仕事場で見るに限りますよ。一番その人間が剝《む》き出しになるから。それさえよきゃいいの。

買った家は安普請でガバガバだったから、昭和三十五年に壊して三十七年に完成したの。その間は工事してる横に十五坪の二階家を建てて仮り住まい。

初めて自分の気に入る家を建てたわ。三階建ての古風な教会建築。土地を抵当にして、二千万弱かな。地下に冷暖房の機械を置いて、一階が女中さんの部屋、台所、食堂、二階に寝室、書斎、クローゼット。三階がスイスの山小屋みたいに棟木《むなぎ》の見える屋根裏部屋で、そこに映画の資料やトロフィーなんか置いてたの。私、そういうのを応接間に飾る趣味はないから。

現在のように縮小したのは平成三年。五十五歳で引退して、さあこれから女優じゃない自分の生活をしようと思った時から何となく考えてたの。建てるより壊すほうが大変だったわね。そりゃあ、もったいないとは思ったけど、私はもう女優じゃないし、そんな広い家いらないからね。小さくていいから、亀の子束子《だわし》一つでも自分の気に入った物ばっかり置いた家にしたの。人間って、その時の自分の身丈に合った生活をするのが理想だと思うの。

だからせっせと集めた骨董《こっとう》も軽井沢の別荘も売って、映画の資料は全部川喜多記念館に寄贈して、本も食器もトロフィーもぜーんぶ処分したの。そう、映画賞のトロフィーよ。松山と二人で二百本ぐらいあったかな。もったいない？　あなた欲しかった？　だってあんな重い物どうする？　三階の床が抜けそうだったんだから。純金のちいちゃな、この小指ほどの女神だけは残してあるわ。「二十四の瞳」でもらった賞をすべて松竹がその台座に刻み込んでくれたの。それだけで充分よ。気持ちの中だけにあればいいの。

私、一遍も自分が大女優だなんて思ったことないの。第一、映画はみんなで作るものよ。セットに釘を打つ人、その辺を掃く人、画面に出る人……。私はたまたま出る人だっただけ。割り算も引き算もできない大女優なんて、釘打ってる人のほうがよっぽど立派よ。

今の家は老夫婦二人の〝終《つい》の住処《すみか》〟。書斎と食堂と寝室だけのさっぱりしたものよ。でも、人間って、何してんだろうって思うわ。蒲田の三間のアパートからいろんな家を建てちゃあ壊して、結局死ぬ時、また同じような三間の家（笑）。

母はね、ずっと料亭やって、私は母が死ぬまで生活費を送り続けた。私が膝にのってる間はいい母だった。でも私が自分の手におえなくなって、鬼になったの、かわいさ余って……。哀れな人でした。母は……、私にとって反面教師だった。

でも、今はとっても幸せ。広い家もプールもいらない。私、家で大根おろし作ってるほうが好きな女だから。

（一九九五年三月二日号）

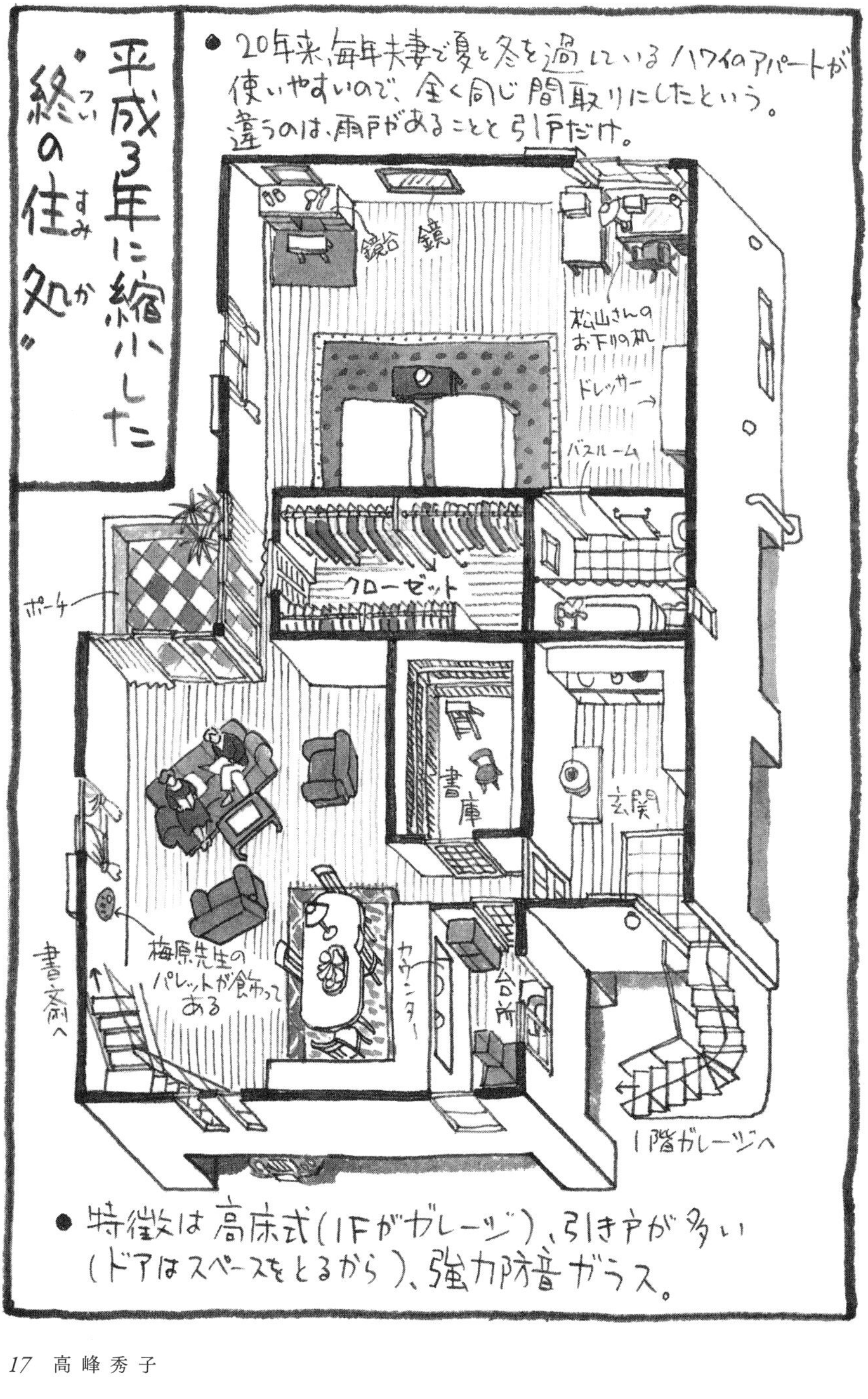
平成3年に縮小した
"終《つい》の住《すみ》処《か》"
● 20年来、毎年夫妻で夏と冬を過しているハワイのアパートが使いやすいので、全く同じ間取りにしたという。違うのは、雨戸があることと引戸だけ。
鏡台
鏡
松山さんのお下りの机
ドレッサー
バスルーム
ポーチ
クローゼット
書庫
玄関
梅原先生のパレットが飾ってある
書斎へ
カウンター
台所
1階ガレージへ
● 特徴は高床式（1Fがガレージ）、引き戸が多い（ドアはスペースをとるから）、強力防音ガラス。

天本英世

（俳優）

彼女と住むはずの家で三十年間一人暮らし

一九二六（大正十五）年、福岡県生まれ。東京大学法学部中退。劇団俳優座時代に木下恵介監督の「女の園」で映画デビュー。その後フリーになり、アクション映画や特撮映画、テレビドラマなど、個性的な演技で活躍。とりわけ「殺人狂時代」をはじめ岡本喜八監督作品に多数出演し、得難い存在となる。スペインに関しても造詣が深く、『スペイン巡礼』『スペイン回想』などの著書もある。二〇〇三年逝去。

まる一カ月、九州に行ってました。二本の映画を撮ってたんです。一本は博多、もう一本は飯塚が拠点です。だから、昔飯塚で住んでいた家（住友石炭・忠隈炭鉱の社宅）のあった所へ行ってみたんです。ありましたよ、まだ、他人《ひと》がちゃんと住んでいてね。

感慨深いものがありましたよ、今回の九州長期滞在は……。

飯塚の社宅は小さかったけど、親父が若松支店長をしていた時代の社宅はものすごく大きかったんです。両親と姉二人、妹、そして僕が住んでいたんですが、女中部屋もあって、部屋数は多かった。親父は次男だったから大学には進めなくて、ええ、当時田舎じゃ、長男しか大学へはやってもらえませんでしたからね。ですから、久留米商業しか出てない。それも、牛乳配達したり、相当苦学したらしい。でも、商業学校しか出ずに住友石炭の重役にまでなったんだから、異例の出世でしょうね。頭がきれる人でした。

僕は飯塚の社宅から学徒出陣しました。昭和二十年五月十五日。役所が門の前に鳥居のようなものを建ててそこに「祝入営」と書くんです、〝名誉の家〟とか言ってね。天皇のために死ねば神になるというわけですよ。冗談じゃない！　何が〝名誉の家〟だ！　その時からです、僕が日本国家というものを信用しなくなったのは。

終戦を迎えても僕はすぐには帰してもらえませんでした。

〝劣等兵〟だったからですよ。本来、二等兵は上官の下着まで洗濯しなきゃいけないんだけど、僕は何もしなかったから。だって、毎日宮崎の真夏の太陽の下で鶴嘴《つるはし》をふるって穴を掘るんです、カボチャしか食べないで。僕は身体は弱くないけど体力がないから、すぐブッ倒れるんです。倒れると頭から水をかけられて木刀で殴られる。また働く、ブッ倒れる、水をかけて殴られる。その繰り返しです。上官の下着を洗うどころじゃない。

やっと戻されたのが終戦の年の十二月。鹿児島の学校は全部焼けて、七高は熊本県境に近い出水《いずみ》の海軍航空隊の兵舎に移ってました。すぐに卒業試験だったたんですが虚脱状態で到底受ける気になれない。親父にことわって一年休学することにして最後の一年はまた鹿児島。

それで僕の運命が狂ったんです！　最後の一年を鹿児島で過ごしたばっかりに。川口（幹夫・NHK会長）や飯干（晃一・作家）と一緒に出水で卒業していたら……。

彼女にも会っていなかったでしょう……。

恋をしたんです。十一歳年上の未亡人で、小さな子供が三人いました。その人の家が、鹿児島の下宿先だったんです。

七高を卒業して東大へ入ったものの、通ったのは数カ月で、結局行かなくなりました。虚無的になっていたんです。その恋愛が抜きさしならないところへきていて……。長いことブラブラしてました。入学して六年も経った時、大学から復学を促す手紙が来たんですが、今さら戻れませんよ。

いや、その頃芝居はやってません。そこがマスコミのいい加減なところでね。勝手に僕の経歴に書いたりする、「学生時代から演劇をやっていた」なんて。

死のうかと思ったこともあります。でも人間そう簡単に死ねないんですよ。それで俳優になったんです。死ぬ代わりに俳優になったんです。そう、乞食になるのと同じで俳優になったんです……。


東大での短い学生生活を大田区雪谷の叔父さんの家で過ごした天本さんは、その後同区石川台、目黒の下宿、そして世田谷区北沢のお姉さんの家へと移り住む。この間は、家庭教師や喫茶店のケーキ作りのアルバイトをして生計を立てていたという。天本さんが演劇とかかわることになったのは、お姉さんの家を出て東北沢のアパートで初めての一人暮らしを始めた時。お姉さんのご主人が勤める会社の寮母さんが、知人を介して俳優座の青山杉作氏を紹介してくれたのが、俳優・天本英世の誕生へとつながった。

初めて家を持ったのは、昭和三十五年。漸《ようや》く彼女と結婚すると言ったら、親父が若松の家を売った金で買ってくれました。百六十万でした。変わった家でね、地下一階、地上二階建ての、一見ヨーロッパの農家風です。ドイツ大使館の武官が自分の敷地の隅に掘った子供用のプールが、その地下にあたる部分で、その後この土地を買い取った絵描きがプールを半地下のアトリエにして、その上に一階を、後に二階を増築したわけです。百六十万じゃ、そんな家しかなかったんです。風変わりな家だけど、気に入ってました。

彼女の末娘が上京して文化服装学院に通うことになったので一緒に住んでました。もちろん彼女もあとから来るはずでした。

ところが、十二月のある日です。忘れもしない、ちょうど僕が岡本喜八監督の「暗黒街の対決」を撮っている時でした。明け方の四時頃、凍えてクタクタになった身体をひきずるようにして帰ってきたら、玄関に女物の白い草履が脱いであったんです。「誰だろう」と思いながらとりあえず二階の自分の部屋に上がってストーブをつけました。そしたら、下から僕を呼ぶ声がするんですよ。彼女の声です。何の前ぶれもなく突然出てきたんです。

降りて行くと、顔を合わせるなり、彼女が言ったんです。「やっぱり結婚はやめます」って。

僕は、「話はあと一日待ってくれ」と言ったんです。「明日撮影が終わる。そうすればゆっくり話ができるから」と。でも、彼女は待ってくれなかった……。

そんな大事な話を一日も待てないということはなかったと思うんだけど……。京都の女で、しかも鹿児島にいて、古い女性《ひと》なんです。

それで終わりです。翌日、撮影を終えて帰ってきたら、娘はもういませんでした。彼女が僕の家へ来たのは、その一回きりです。

その後、何回か鹿児島の彼女の家まで行きましたが、会おうとしないんです。僕の顔をチラッとでも見ると、玄関からひっ込んで鍵をかけてしまう。

僕らの不運ですよ。あの時、僕があの映画を撮っていなかったら。彼女が来るのがあと一日遅かったら……。でも、そんなもんです、人間なんて。はかない

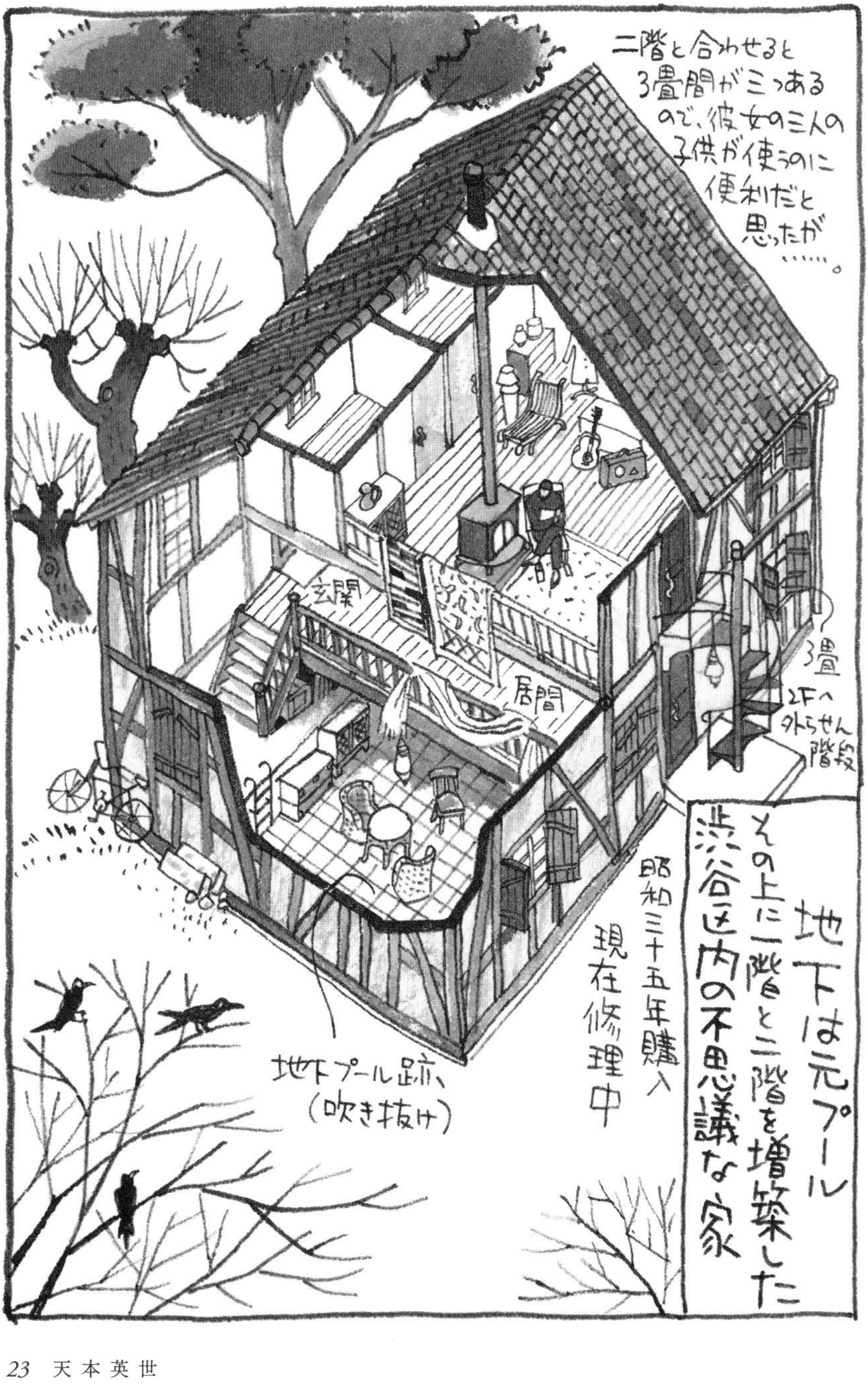
二階と合わせると
3畳間が三つある
ので、彼女の三人の
子供が使うのに
便利だと
思ったが
……。
玄関
居間
3畳
2Fへ
外らせん
階段
地下は元プール
その上に一階と二階を増築した
渋谷区内の不思議な家
昭和三十五年購入
現在修理中
地下プール跡、
(吹き抜け)

ものですよ。

彼女と最後の言葉を交わしたその家で、天本さんは三十年間一人暮らしをするが、損《いた》むにまかせていたため雨漏りがひどくなり、いつか廃屋と化してしまう。そこで、ここ二年ほどは、顔見知りのクリーニング屋さんで寝泊まりしている。だが、あくまで寝るだけ。開店の朝七時にはいやでも出かけなくてはならない。その後は代々木公園か喫茶店、レストランなどが天本さんの居場所だ。

でも僕は、結局最後に一人になってよかったと思ってます。限りなく強くいられるから。家族がいたら金のためにイヤな仕事もしなきゃいけなくなる。僕らの仲間でもいますよ、新劇のベテランなのに、生活のために出たくもない芝居に出てる人が。

時々、友人の家に行くと、奥さんが歓待してくれる。そういう時、「ああ、天国だな」と思いますよ。でも「こんな所にいたら変わってしまうだろうな」と思います。僕だって変わるかもしれない。人間というのは属している組織や環境で変わっていくんですね。

今の僕には失う物は何もない。年をとると人や物に対する見方も変わるし、妙に度胸がすわるもんです。先のことなんか考えてません。今だけでいいんです、スペイン人と同じように。だから年金ももらわない(笑)。

あと何年生きるかわからないけど、死ぬ時はインドがいいですね。もうスペインじゃ無理かもしれない。この間、スペインの広場で死んだふりして倒れてたらおまわりさんが来て立たされた。インドなら放っといてくれます。そのまま焼いてガンジス川に流してくれる。人間として理想の死に方ですよね。

今、家を修理してるんです。クリーニング屋が店舗を壊して新しく建てかえるって言うから仕方なしです。夏なら代々木公園でも寝られますけど、これから寒くなりますからね。

家というのは、結婚して家族を持つためのものですよ。一人なら必要ない。ほんとはホテルがいいですね。

だから九州の一カ月は天国でした。

でも、鹿児島のロケがなくてよかった……。彼女がまだ生きてるか、もう死んでるかさえ知らない。

いや、まだ生きてたとしても彼女は会いませんよ。きれいな女性《ひと》だったから、年をとった自分を見られたくないと思ってますよ。でも、生きてたら、僕のテレビを見てるでしょう、きっと。

何も後悔はないけど、彼女に「結婚しよう」と言ったことだけが……。言ったばっかりに……。死ぬ時、それだけを後悔するでしょうね。

（一九九四年一〇月二二日号）

川谷拓三
（俳優）

乗っ取ったも同然だった家内の実家

一九四一（昭和十六）年、高知県生まれ。映画カメラマンの父、元女優の母の間に生まれ、東映京都撮影所で大部屋俳優として映画界入り。同じ俳優仲間の志賀勝らと共に「東映ピラニア軍団」を結成。「仁義なき戦い」などで次第に頭角を現わし、テレビドラマ「前略おふくろ様」の利夫役で萩原健一とコンビを組みブレイク。以後、映画やドラマ、ＣＭで存在感のある俳優として活躍するが、肺癌を患い、一九九五年逝去。

記憶にあるのは、高知の安芸の家からです。僕が六歳の時、一家で中国から引き揚げてきて親戚の農家に転がり込んだんですけど、うちを含めて四所帯が居候してました。その頃は大きな家だと思ってましたが、後年大人になって行ってみると普通の農家でしたね。うちは親子六人が六畳に住んでました。いえ、別に窮屈とは思いませんでしたよ。大人は両親と上の兄貴で、残り三人はちっちゃかったですから。普通に布団敷いて寝てました。

半年後に抽選で市営住宅に入ったんですが、その時のほうがむしろ窮屈でした。市役所に勤め始めた上の兄が一人で四畳半を使って、妹が生まれたのでやはり六人で六畳は同じでしたけど、僕もだんだん大きくなるでしょ。だから狭かったですね。

生まれたのは旧満州の新京という所なんですけど、どういうわけか全然覚えてないんです。親父はミシンのブローカーみたいなことをして大成功してたそうで、大きな牧場も買《こ》うてたそうです。家は持たずに、当時の高級アパートを転々としてたらしいですね。

親父は結局死ぬまでブラブラしてました。中国へ渡る前は映画のカメラマンだったんですけど、中国へ行く時撮影所のカメラを売り飛ばしたんでその関係の仕事へは戻れんと聞いてました。安芸へ引き揚げてきてからいろんなことを始めるんですけど、どれも長続きしないんです。ボロ買い、紙芝居屋、コロッケ屋、饅頭屋……、全部ダメです。酒飲んじゃあ昔話ばっかりでね。今なら親父のつらさもわかるのかもしれませんけど、その時はとにかくそういう親父の姿が癪に障ってただの怠け者にしか見えませんでした。

お袋が一日中身を粉《こ》にして働いてましたね。朝は親父が途中でほり出した新聞配達、昼間は風呂屋の掃除と福神漬を刻む仕事、夜は映画館の自転車預かり。

僕はお袋が大好きで心配で仕方なかったから、学校サボッちゃずっとついて歩いてました。それで小学校三年からは自分でも映画のポスター貼りや看板掛けの仕事を始めて中学出るまで続けました。学校の先生もうちの事情は知ってるから寛大で、卒業さしてくれたんです。

映画はその頃からメッチャメチャ見てましたよ。自転車預かったらすることないでしょ。お袋に「見て来ていいか?」って言って、毎日二本立てのを、六年間ずっと。当時田舎は二日ごとに映画が替わってましたから、数えたらすごい数ですよね。

中学入りたての時に見たマーロン・ブランドの「乱暴者《あばれもの》」で役者になりたいと思ったんです。まだ子供だから、ブランドの自然な演技を「何もしてない」と思って「これなら俺にもできそうだ」と(笑)。

何カ月か悩んだ末、両親に自分の気持ちを打ち明けたら、二人とも呆然としてました。兄貴二人は背が高くて顔もよかったんですけど、僕は自分からは物も言わんような暗ーい子でしたからね。一番役者に向かんのがそんなこと言い出したもんで、親も驚いたんですよ(笑)。でもお袋が「一人くらいそういう子がいても仕方ないか」という言い方をしたのを覚えてます。親父は「役者になるんなら人見知りせんことや」と言ったんですが、「人見知り」の意味もわからなくて。何でも「ハイハイ」言うときゃいいってなもんです(笑)。

川谷拓三。一九四一年現在の中国・長春に生まれる。父庄平は二百三十七本もの作品を撮った映画カメラマンで、母二三子もかつては女優だった。五九年「ひばり捕物帖・ふり袖小判」の死体役で映画初出演。以来下積み生活が続き、〝斬られた〟回数は数知れず。しかし、七三年に始まる深作欣二監督の「仁義なき戦い」シリーズから頭角を現わし、七五年「県警対組織暴力」の取調室での壮絶な演技でその存在を全国に知らしめる。今や、実のある下積みの人間を演《や》らせたらこの人の右に出る者はない。六三年に結婚した克子夫人は大部屋の先輩俳優で、往年の大女優・岡島艶子と仁科熊彦監督の娘でもある。

中学卒業を待ちかねたように拓三少年は京都へ。しかし彼を待っていたのは映画界ではなかった。

昔、親父の〝顔〟で大部屋俳優になった人を頼って京都へ行ったんですが、大部屋には入れず、「エキストラグループなら入れるが、十七歳にならないとダメだ」と言われたんです。後からわかったんですが、それは嘘で、そう言えば僕があきらめると思ったらしいんです。で、仕方なくつなぎに、その人が紹介してくれた祇園花見小路の氷屋さんで働くことになりました。

住み込みで食事付きの月給二千円。うどんが二十円の時代でした。店の二階に住んだんですが、家具なんてなくて、女将《おかみ》さんが買ってくれた革靴を、履かずに毎晩磨いては枕元に置いてたくらいです。そんなかわいい子供やってたんですね（笑）。

でも食事はよかったんですよ。白いご飯を何杯食べてもいいんです。安芸じゃ、麦七米三の飯でしたからね。漬かり過ぎの酸っぱい大根のお新香がおいしくて、それに番茶をかけて、丁稚三人が競争で、それこそお櫃《ひつ》が空になるまで食べました。

二年目に入ると売り上げをごまかすことを覚えましてね（笑）。悪い先輩がクビになった夜に、ごまかしのテクニックを全部僕に教えてくれたんです。その方法というのはね、大口のお得意さんになると一日の注文が何十貫にもなるんですが、それを一、二貫余分に台帳につけとくんです。それで配達の途中、道で「ぼん、氷余ってへんか？」って声かけられるとその余分を売って自分の収入にするわけです。これは店には損させないけど大口のお客さんに迷惑かけましたね。

その時分も映画はよう見てました。月給の半分を仕送りして、残りは映画とパチンコ。坊主頭でようつまみ出されんかったと思いますね（笑）。

そして十七の秋、やっとエキストラグループに入ったんです。例の先輩と六畳間へ下宿して、部屋代は一人二千五百円だったかなあ。七千円の月給で生活はカツカツ。とにかく腹一杯食べたことがなかったです。仕事がある時は食券が出るから、撮影所の食堂で食べられるんですけど、そうじゃない時は、二十円の素うどんを十五円で食べさせてくれる店へ行ったり、お金に余裕があれば、前田のクラッカー、そう、〝あたりまえだのクラッカー〟（笑）に五円のマーガリンつけて食べたり。

え？　家内との出会いですか？　十九の時、一緒にモブシーン（群集場面）に出て……、どっちから？　そりゃあ、僕がカッちゃん（克子夫人）にひっかけられたんですよ（笑）。

「嘘や」（と、すかさず克子夫人。というわけで以下、夫人談）

たまたまセットの中で二人っきりになったんです。そしたらこの人がいきなり「カッちゃんはジェーン・ワイマンに似てますね」って、「私みたいに鼻の低い外国人の女優さんいはるの？」言うたら、「外国人の中では一番あの人が鼻低いけど」やて。もうムッとして黙ってたら、「カッちゃんは僕と一緒で下の歯が出てますね」。もう感じ悪いわぁと思って。それが最初です（笑）。（川谷さん黙って笑うのみ。反論できず……）

同居していた先輩が川谷さんの所持品を質に入れて失踪したため下宿を出て、仲間五人と新たな下宿生活に入る。しかし、悪友の一人が酔って窓からヘドを吐き、その濡れ衣を着た川谷さんは大家さんに追い出され、別の友人と他の下宿へ。

二十一歳で初めての一人暮らし。六畳と二畳に共同の台所とトイレのあるアパート。家賃は五千円。その年の秋に結婚、克子夫人が越して来る。（以下新婚生活についてはしばしお二人のかけ合いで）

克子　西日のきつい部屋でね。ホラ、夏にマヨネーズが腐って……。

拓三　ああ、あれな。マヨネーズが泡みたいになって、ものすごく臭くて、それから十年マヨネーズが食べられなかったんですよ。

克子　十月に私が越して行ったんですけど、実家《うち》は堅かったからそれまで一緒に泊まったこともなかったな？（と川谷氏に）

拓三　「指一本触れるな」みたいな親やったしな。

克子　触れてたけど（二人とも爆笑）。でも、あの頃が一番楽しかったな。毎日誰かしら遊びに来てて。

私を二畳間へ押しこめて、この人は友達と酒盛り。
拓三　鯨のベーコンでな。
克子　暮らし向きですか？　二人の給料合わせて三万かな。
拓三　単価はこの人の方が高かった。僕が日当四百円。カッちゃんが七百円やったから。
克子　酒屋のツケが五千円。
拓三　誰も聞いてへんがな（笑）。（再び川谷氏談）

この人の実家へ結婚の許しをもらいに行った時は緊張しました。お母さんに「あんたいくつや？」言われて「二十歳です」と答えたら、「結婚がどういうものかわかってるのか」って。「三年経ってそれでも気が変わらなかったら考えよう」というのが返事でした。

ええ、でも二年で許しが出ました。僕があんまり毎日ご飯食べに行くもんだから（笑）。初めて遊びに行った時、鯖《さば》の塩焼き半切れで七膳食べたの覚えてます（笑）。

アパートには三年いたんですが、毎日子供を託児所へ預けて二人で仕事してたら、お母さんが「子供がかわいそうやからうちへおいで」と言うてくれて。

最初は玄関脇の四畳半で、家内の妹が結婚してからその妹の部屋と、だんだん移って、結局、一家で東京へ越すまで十七年住みました。乗っ取ったようなもんです（笑）。

人当たりのよかった川谷さんはよく演技課長から頼まれて様々なスターの付き人をした。叔父にあたる伊沢一郎を始め、山形勲、宇佐美淳也、星十郎、中村メイコ、内田良平、平幹二朗、香山武彦、大川橋蔵、鶴田浩二である。

僕は先輩にはようかわいがってもらいました。「仁義……」の時も、ホントは僕の役は荒木一郎さんがやるはずだったんですけど、荒木さんが急病になって、誰にしようかという時に、山城新伍さん、渡瀬恒彦さん、成田三樹夫さんが「拓ぼん出してやってくれ」って僕を強く推してくれたんです。

若山（富三郎）先生は、そら、えらい人でしたよ。

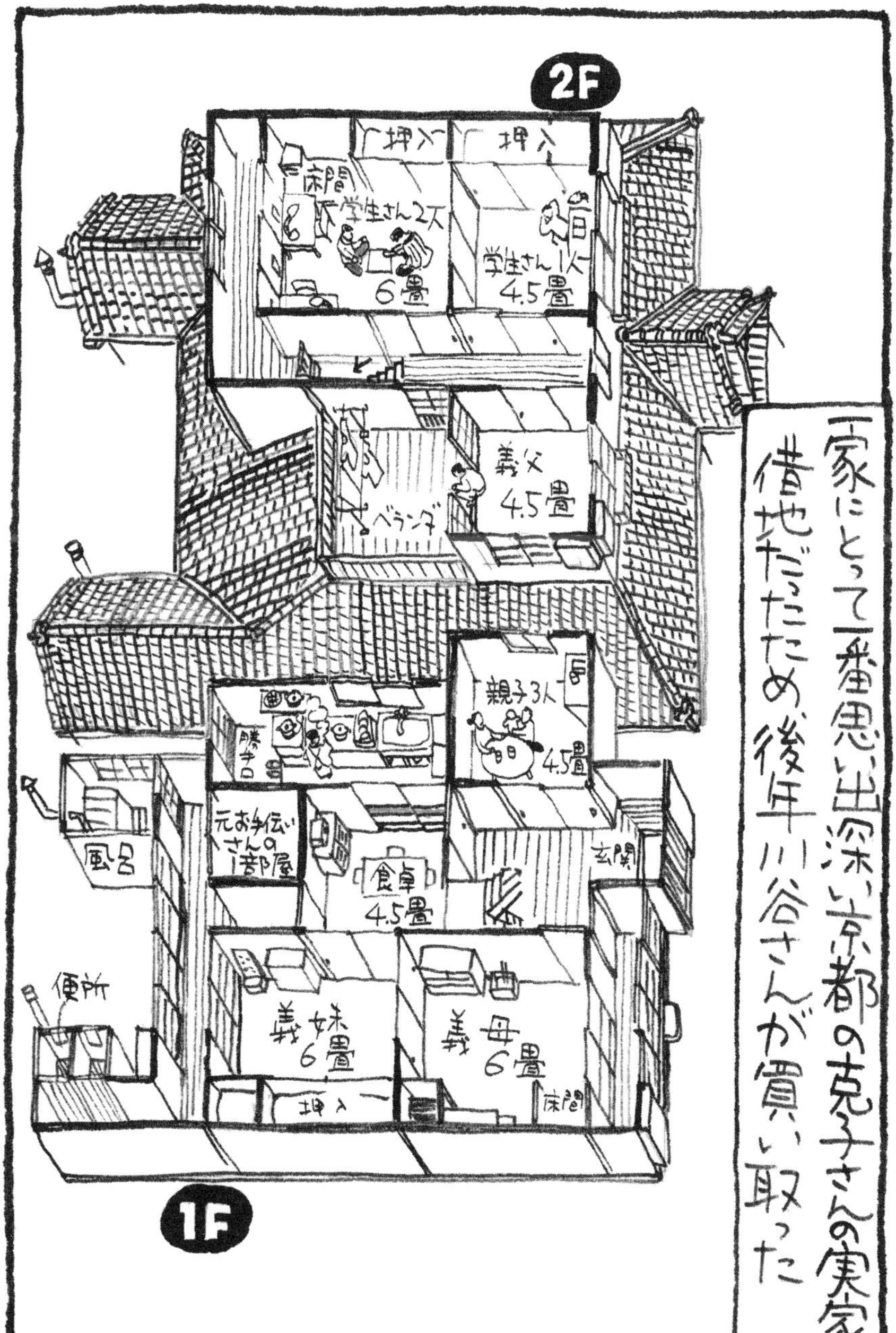
家にとって一番思い出深い京都の克子さんの実家
借地だったため後年川谷さんが買い取った
2F
押入
押入
床間
下宿学生さん2人
6畳
学生さん1人
4.5畳
義父
4.5畳
ベランダ
親子3人
4.5畳
勝手口
元お手伝いさんの1部屋
風呂
食卓
4.5畳
玄関
便所
義妹
6畳
義母
6畳
押入
床間
1F

普通は自分の一家やなかったら声なんかかけてくれないんですけど、先生は「拓ぼん、拓ぼん」って僕をご自分の作品に出してくれました。情の深い人でしたね。

昭和五十年からテレビの「前略おふくろ様」で東京へ来た時は、叔父の伊沢一郎とか室田（日出男）さんの家を泊まり歩いて、その後西新宿のワンルームマンションを買ったんです。今は僕の後輩を住まわせてます。

一家で東京暮らしを始めたのは中野。酒屋の事務所の二階ですごく広くて、四十坪で家賃十七万。でも五時までは音を立てちゃいけないんです。それまでは事務所に人がいるから。まるで「アンネの日記」です（笑）。でもよう椅子からこけたんですよ。一個五百円で買ったスナックの椅子が二十個ぐらいあったんですが、倒れる度に苦情言われて。

今の調布の家は昭和六十年に六千百五十万で買って、今だにローンに苦しんでます（笑）。本当は僕は新築の家は反対だったんです。僕みたいに下積みの人間を演《や》る役者が、新しい家に住んでフカフカのソファの生活してたらいい芝居ができなくなると思ったから。でも家族のためにね。

僕は一度もスターさんが持ってるような豪邸や外車が欲しいと思ったことはありません。そんなこと思ってたら、もっとましな家に住んでますよ。その代わり、役者として生き残れたかどうか……。僕はどんな小さい役でもいいから、役者として撮影現場にいられれば幸せなんです。

今まで一番嬉しかったのは、初めて自分の名前がポスターに出た時です。「仁義なき戦い・代理戦争」。今だにそれを超える幸せはないですね。

（一九九五年二月九日号）

古今亭志ん朝

（落語家）

一つ屋根の下に赤の他人三家族が住んだ少年時代

一九三八（昭和十三）年、東京駒込生まれ。本名：美濃部強次。父は五代目古今亭志ん生、兄は十代目金原亭馬生。十九歳で父に入門、古今亭朝太に。二十四歳で真打ち、三代目志ん朝を襲名。「矢来町」と親しまれる。テレビの司会や映画俳優など、マルチな才能も発揮したが、正統派の江戸前落語を得意とし、人気・実力ともに抜きん出た存在としてファンに愛され、落語界にも大きな影響を与えた。二〇〇一年逝去。

一番思い出が深いのは、小学校一年から中学二年まで住んでました文京区動坂町の家です。

生家は昔でいう東京市本郷区駒込神明町《しんめいちょう》にあった。しかし、戦争中埼玉の親類の家に疎開している間に空襲で焼失し、父・志ん生さんが代わりに見つけたのが動坂の借家。志ん生さんは家族のために家を見つけると、終戦間際に単身満州へ渡ったという。

この動坂の家が、皆さんあんまり信用なさらないんですが、一軒に三所帯入ってたんです。当時の東京ではそういう形は多かったんですが、赤の他人が三家族というのは珍しかったようですね。

入ってすぐ右に応接間がありましてね。そこに後藤さんという母娘が住んでました。当時のあたしからすると、おばあちゃんとおばちゃんという感じです。奥の八畳と四畳半が鈴木さん。ご夫婦と娘さんが二人で、娘さんはもうお勤めをなすってたくらいの年頃でした。

僕は一番のチビですから、「強《きょう》ちゃん、強ちゃん」って皆さんにかわいがってもらいましたよ。

二階にうちが入ったんです。三畳と八畳にベランダ。途中で姉が一人嫁に行きましたけど、それでも親父、お袋、もう一人の姉、兄貴、あたしと五人ですよ。それがぜーんぶ八畳に布団並べて。だから今の子が一部屋よこせなんて、張り倒したくなりますよ。

台所、風呂、トイレは共同で使うんです。うちの場合は煮炊きやなんかはベランダでやってましたね。雨の日は三畳で。お風呂は朝晩の洗顔やちょっとした洗い物に使うくらいで、みんな銭湯通いです。終戦直後に水を貯めて湯を沸かすなんて贅沢はできないんですよ。でも銭湯も方々焼けちゃって無いくらいですから、残ってる銭湯へ都電に乗って行ったくらいなものなんです。

トイレは一つだから、朝なんか順番待ち。ただ、そういうことでも、なんというんだろうかなぁ、その当時の人だからですかねぇ、そういうことでゴタゴタっていうことはなかったですよ。お互いに気を遣ってま

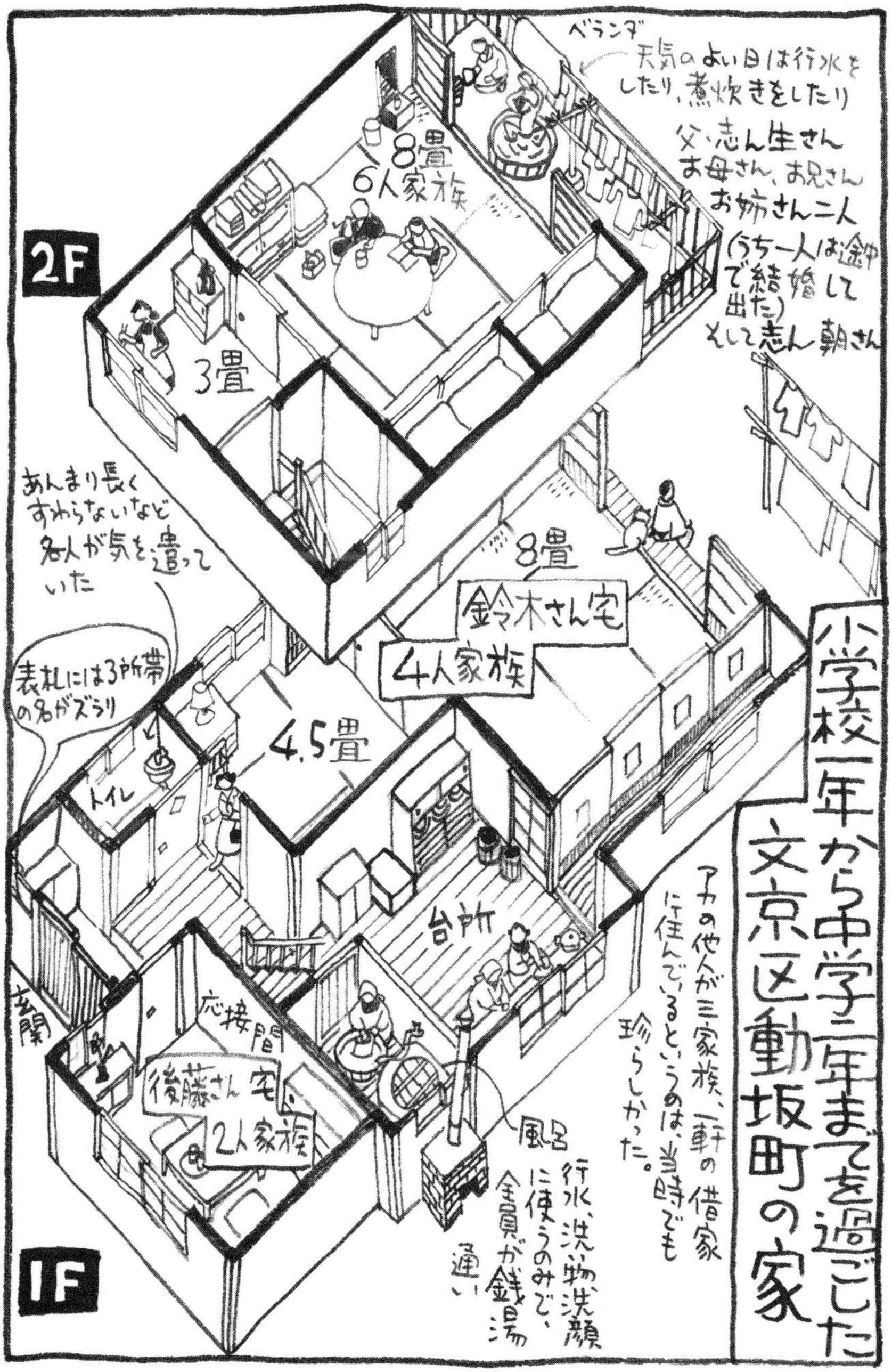

小学校一年から中学二年までを過ごした文京区動坂町の家
2F
ベランダ
天気のよい日は行水をしたり、煮炊きをしたり
父・志ん生さん
お母さん、お兄さん
お姉さん二人
(うち一人は途中で結婚して出た)
そして志ん朝さん
8畳
6人家族
3畳
あんまり長くすわらないなど各人が気を遣っていた
8畳
鈴木さん宅
4人家族
表札には3所帯の名がズラリ
4.5畳
トイレ
台所
玄関
応接間
後藤さん宅
2人家族
風呂
行水、洗い物、洗顔に使うのみで、全員が銭湯通い
アカの他人が三家族、一軒の借家に住んでいるというのは、当時でも珍しかった。
1F

したね。いろんな所を使っても汚しちゃいけないとか。

家賃は知りません。でもひどく安かったんだと思いますよ。小学生であぁた、家賃覚えてたら恐ろしいですよ（笑）。

小学校三年の時に親父が満州から戻ってきて暮らし向きもよくなったんですが、それまではおかずなんかもひどいものです。焼き魚なんてめったになくて、ご飯に混ぜ物するんです。今みたいに、ああ乙《おつ》だねぇって感じじゃなくて、たとえばカボチャを入れるんですね。それも体裁よく入ってるんじゃなくて、カボチャの方が強引なんです（笑）。カボチャにご飯がこびりついてるっていうか、甘くってねぇ、何だかご飯食べてるような気がしない。それをこう、そぎ落としてね、ご飯を。カボチャだけ先に食べて、それでお代わりもらってご飯を中に残しといて、で、三膳ぐらいお代わりをもらうと、やっと一膳分のご飯になる。そんな風にして食べた覚えがありますね。

親父ですか？　まぁ普通のお父さんではないですね（笑）。あんまりうちに帰ってこなかったんじゃないかな。でも兄貴なんかに言わせると、「お前が生まれてから親父がまっすぐうちに帰ってくるようになったんだよ」って。私は〝福の神〟みたいに扱われた覚えがありますね。だから親父はかわいがってはくれましたけど、別にどっかへ遊びに連れてってもらったなんてことはないんです。その時分の芸人だし、昔の男ですから、「俺が稼いでうちの者が食えてりゃ充分だろう」という感じで、好きなようにやってましたですね、うん。

僕が親父のことを芯《しん》から「偉い人だなぁ」と思ったのは、自分もこの世界に入ってからです。子供の時分は、「お父ちゃんが（満州から）帰ってくると、やっぱりうちの中がしっかりするなぁ」とか「食い物がよくなったなぁ」とか（笑）。もちろん、特別な想いはありましたよ。僕が他所《よそ》へ行くと、「こちらが志ん生さんの倅《せがれ》さん？」という風な言われ方をしましたしね。

親父の貧乏は「志ん生」になる前です。僕が生まれた頃は、親父が芸人としてよくなってた頃ですから。上の姉やなんかは小さい頃に親父の〝貧乏〟の匂いみたいなのは知ってるかもしれませんけど……。

親父は怒鳴ったりぶったりなんてのは全然なくて、それよりお袋に怒られるのが僕は一番イヤでしたね。すごくやさしいお袋で、それでいてここぞという時にはピシッと厳しい。そのお袋に、「もう知らない！お前なんか知らない！」って言われた時の、あの悲しさってのはね、これはもう堪え難いものがありました。

行儀作法にも厳しい人で、「箸はこういうように置くんだよ」とか、魚を食べる時でも「いいかい、この魚はここん所に骨があるから気をつけるんだよ」とか。それとか、何月にはどんな野菜が出るなんという、時期の物ですね、そういうのも全部お袋が教えてくれました。

それを今、僕がカミさんに教えろって言うと、「そんなことはどうでもいいじゃないの」。だから、僕は息子に直《じか》に教えることにしてるんです。息子はこの世界じゃありません。僕も向いてないと思うし、本人もその気がないって言いますから。


志ん朝さんの言葉は耳に心地よい。話が〝噺〟に聞こえてくるのはさすがだ。

一家は、志ん朝さんが中学二年の時、台東区谷中の一軒家に越した。父・志ん生さんを後援する素封家《そほうか》が、早い話「一軒差し上げましょう」と申し出たのだ。しかし……


当時、自分の土地を持ってる人なんてのは、〝地主〟といって特別な階級の人なわけです。親父は昔の人ですし、芸人ですから、そういうのがダメなんです。だから、「とんでもない。あたしはもうそんなこと。地べタのついたうちなんて、旦那、あたしはそんなものとても持てません」って、断わっちゃったんです。それで借りることにしたわけなんです。

そりゃあもう、立派な家でしたよ。新築で檜《ひのき》のいい香りがしましてね。下に二畳、六畳、八畳、台所、風呂、トイレ。上が三畳、八畳、六畳。庭もものすごく広いんです。大きな池があって。わぁ夢みたいだなぁって思いましたよ。憚《はばか》りもゆっくりしゃがめるんですから（笑）。

　でも、やっぱり銭湯でした。貧乏性なんですかねぇ。それと銭湯の方がなんだか肌に合うというか。表へ出て、ちょいとよろけりゃ着くようなところに銭湯がありましたから。

　姉と兄貴が二階の八畳で、あたしが隣の六畳でした。それと、下の六畳にまだ前座時分の（古今亭）志ん馬さんがいました。そのうち、志ん馬さんが二つ目になってうちを出たんで、姉が下へ降りてきて、姉と入れ替わりに兄貴の嫁さんが上の八畳へ入ったわけです。ふすま一つ隔ててあたしが寝てたし、ドアでバタンってんじゃないから大変だったと思いますよ。間違って開けたこと？　ありませんよぉ（笑）。

　あたしはこの谷中の家に、結婚するまで十九年いました。


　実は志ん朝さんは役者志望だった。小学校五年生の時、歌舞伎座で先代中村吉右衛門の「俊寛」を観て固く決意したという。雑誌『演劇界』を買ってては、役者を模写して描いたりしていた。初めは父の志ん生さんも、「オイ、こいつは芝居が好きだなんてのは、粋だね、乙だねぇ」と顔をほころばせ、芝居についてもいろいろ教えてくれた。しかしいざ「役者になりたい」と切り出すと、態度が豹変《ひょうへん》し、芝居のことを尋ねても、「ううん？あぁ、そんなのは知らねぇ」といった具合。歌舞伎役者になりたいと言えば、「役者には家柄があって」。新国劇は、「ケガするからダメ」。松竹新喜劇は、「大阪の人間じゃなきゃダメなんだ」。じゃあ、新劇はと言えば、「あんなわけのわからないものはダメ」。とどのつまりがダメなのだ。そして、ずーっと「噺家になれ」と言われ続け、ついに説得に負けた志ん朝さんは、昭和三十二年、新宿・末広亭で初高座を踏んだ。

　聖子夫人と結婚したのは三十一歳の時。新婚時代を過したのは文京区団子坂のアパートだった。ある人の紹介で知り合ったんです。最初会った頃は、和服の似合う人だったんだけど、それがあとあとになって、それがその、長い髪の毛をバサバサ切っちゃったり着物を全然着なくなっちゃったから、ガッカリしてるってことですよね（笑）。

団子坂には一年いたかな。四畳半と六畳が、こう鰻の寝床みたいに縦になってて、使いにくいったって、人なんか来たって困りますよ。

次に移ったのが神楽坂の借家です。元々一軒の家を二つに割ったようなうちで、一階に二畳と六畳、台所、風呂、トイレ。二階が六畳だけですね。

家賃はどの家も知らないですねぇ。家計のことは全部カミさんに任せてますから。家賃に困ったことはありますよ。「今月はいくらいくらの赤字よ」って何度も言われましたから。カミさんの方があたしより能天気なんですねえ、ええ。だから、たとえば、晩のおかずにステーキが出たとか、どっか旅行に行こうよとか。それとか、「お父さんもいつまでもおんなじ物ばっかり着てないで買いなさいよ」って何か買いますね。そういうことがありましてねぇ、そいで、その後何日かたってから、「実はこんだけお金が足りないのよ」って言うから、あたしは怒るんですよ。なんで、じゃ、あんなことするんだ。オレはそういう物でなきゃ食わないとか、着ないとか、どこそこ行かなきゃいやだとかって一度も言ったことがない。覚えがあるか、お前ってね。お前が大蔵省なんだから自分でもって計算してやりなさいよって。その範囲内なら僕は何も言わないんだから。

早稲田の鶴巻町に初めて一軒家を持った時もそうなんです。たまたまある信用金庫に僕の友人がいて、ローンで買えるって言うんです。でも僕は昔の人間だから、金がないのに買えるということ自体、とても不思議で仕方がない。いわゆるそのローンというのが。それでもカミさんが、そういうことが可能なんだと諄々《じゅんじゅん》と私に説くわけです。だから「ほんとに大丈夫なのか」「大丈夫です」ってんで買ったんですけど、全然大丈夫じゃなかった。大変でしたよ、ローン返すのが。それだから、「なんであん時ああいうことするんだよ」って、そんなケンカの繰り返しですね。

でも、鶴巻の家は好きでしたよ。建坪二十坪ぐらいだったのかなぁ。和風の家で庭もゆったりとってあったし。僕が好きだなと思う家は、カミさんがあんまり好きじゃないみたいですね。

今の矢来町（新宿区）の家は十年ちょっとになります。前の家を下取りしてもらって、ローンの支払い中ですよ。僕は前の家でよかったんですけど、カミさんの欲ですよ、もうちょっと大きなっていう。下に三間、上に三間、三階は納戸《なんど》だけ。和室は一つきりであとは洋風。寝るのもベッドです。意外ですか？　だってあたしはちょんまげ結ってるわけじゃないんだから（笑）。

住む場所も広さもカミさん任せ。自分の趣味としては和室が一つあればいいなと。他はあんまりこだわりませんね。

（一九九五年五月二五日号）

丹波哲郎

（俳優）

祖父の家は2万坪、生家は3千坪、広い家はイヤだね

一九二二（大正十一）年、東京都新宿区（当時豊多摩郡）生まれ。本名：正三郎。天平時代から続く薬師の名門に生まれ、五二年、「殺人容疑者」で映画デビュー。以来俳優として活躍。霊界研究に造詣が深く、「丹波哲郎の大霊界　死んだらどうなる」を製作・監督するなど、その方面の執筆や映画・舞台製作にも力を注いだ。二〇〇六年逝去。

子供の頃から、広い家というのに嫌悪感があるんだ。広いということに何とも言えぬイヤーな感じばかりがあったね。

俺が三つくらいの時まで、おじいさんとおばあさんの家というのが上野の妙義坂（台東区）にあったんだね。二万（坪）ちょっとあったんだ、敷地がね。訪ねて行くと必ず迷子になるんだ。建物の中でも、外でも迷ってしまうんだね。

よく我々孫たちはおじいさんの家に無理矢理集められたんだけど、家の中にいると退屈だから庭に出て遊ぼうということになる。そして鬼ごっこなんかする時には、中庭に置いてある動かないロールスロイスが我々の集合場所だったんだ。「ロールスロイスの前で集まろうぜ」というのが合言葉だった。うん、一度も動いたのを見たことがない。しかし、英国人の運転手はいたな。そのロールスロイスが置いてある広場というのが、だいたい三百坪ぐらいあったかなぁ。そして砂利道があって広大な芝生が続き、次にちょっとした林があった。それをどこまでもどこまでも行くと断崖があるんだね。それをすべり降りるとイチゴ畑が広がってた。当時、イチゴというのは非常に珍しい物だったらしい。おじいさんが栽培してたんだね。そのイチゴを従兄弟《いとこ》ども十何人が、まぁてんで勝手に食べると、俺だけ置いて行っちゃうんだ。俺が一番小さい。だから俺は断崖をよじ登れないわけだ。いつも置き去りにされた。イヤな思い出だよ。

おじいさんという人は明治天皇に大変可愛がられた人で、よく家に勅使が来たので、お迎えするために直径一メートルぐらいの木彫りの菊の紋章があったよ。後年、久我美子（華族出身の女優）に「君の所にもあったか？」って聞いたけど、ないって言ってたなぁ。

とにかく、俺の記憶にあるおじいさんの家というのは〝迷った〟という印象しかないよ。俺は覚えてないけど、毎年園遊会を開いて、東薬（東京薬学専門学校）の生徒が五百人ぐらい集まって、夜になると提灯行列で門から出てって西郷さんの銅像の前で万歳して解散したっていうよ。

いきなり「二万坪」などとしかも極めてサラリと言われると、我々庶民は悲しいかな「ホント?」と疑いたくなる。だって東京ドームの一・五倍なのだから。そんな〝家〟……。

だが丹波さんの話は事実である。丹波家は天平時代から伝わる薬師《くすし》(医師)の名門で、先祖はかの坂上田村麻呂に直結する。このことは、古代史学の大家・上田正昭京大名誉教授も認めるところである。

そして、先に登場した「おじいさん」敬三氏は薬学博士にして東京帝国大学名誉教授。日本薬局方を制定した功により、男爵、正三位勲一等を受けた人物である。

父・二郎氏も陸軍薬務官となったが、三十歳近い年齢で突如軍隊にイヤ気がさし、日本画家になった。このあたりが何となく今の丹波さんにつながりそうで、妙に安心する。

両親が住んでた大久保(新宿区)の家は三千坪(またか!)ぐらいじゃないかな。昔はツツジの原野だったっていうよ、あのあたりは。だから土地が安かったんだよ。でもそこも元はおじいさんの持ち物で、初めはその辺一帯二十万坪(ハア?)ぐらいをおじいさんが持っていて、奉行所跡だけがひと区切りになってたから、俺の父親にやって住居にしたんだね。そして残りの土地を寄付して東薬を建てたんだ。今は八王子(現・東京薬科大学)に越してるね。おじいさんの胸像が大学の構内にあるんだけど、除幕式の時、小さかった俺も幕の紐の一本の端を握らされた記憶がかすかにあるね。おじいさんは俺が三歳の時死んだ。

つまり、おじいさんに財産があったんで、父親は自分では一銭も稼いでない。そりゃあ薬務官をしてた時はサラリーをもらってただろうけど、俺が生まれた時はすでに画家だったからね。絵が売れたなんてことは一度も聞いたことがないよ。

父親だけじゃなくて、父親の兄弟四人はみんな生活費は各自の家の女房が駒込(文京区)のおばあさんの所へもらいに行ってたんだね、一カ月二百円を。だから自分たちはビタ一文稼がない。駒込は、おじいさんが別邸にしていた家で、ドイツ留学時代の家をソックリ日本へ移築した洋館だった。そこへおじいさんの死後、おばあさんが移り住んで日本間と蔵を増築したんだね。そこは二百坪ぐらいしかなかったと思うよ。そして駒込へ移ってきた記念として、駒込駅の土手に一千株のツツジを寄贈したんだね。大久保の両親の家にあったツツジの一部をね。

大久保の家にはね、表庭、中庭、裏庭、側庭と四つの庭があったんだけど、そのうち中庭というのは、子供が絶対入れない。何故かというと、シバザサというのが一面に生えていてその中に飛び石が点々と顔を出しているわけだが、子供が入ると、そのシバザサを踏んじゃうんだな、石が丸くてすべるから。シバザサというのは、踏むと折れちゃう。そのために子供は一切入っちゃいかん。というような、実に、この何というか、イヤな感じだったね。その中庭は一番広くて、いろんなことをして遊ぶのにうってつけだったのに、だ。

だから、大きな家というのも限度があってね。今の杉並の家は三百坪しかないんだけど、そのくらいがちょうどいいよ。

(そして丹波さんは生家である大久保の家の見取り図を描き始めた)

ここが道路だろう、それで門があって、並んで勝手口の門。玄関を入ると四畳か五畳の座敷があって、姉がここで勉強してたなぁ。それで廊下があって……オイ、描けないよ、この紙じゃあ……。

(そばにいた二人のマネージャーもこちらも大笑い。家もデカイが丹波さんの描き方もその人柄通りにおおらか。四枚のレポート用紙をつぎ足して描き進むうち、裏庭の離れに話が及んだ)

このあたりにも一軒ある。ここは畳を置く建物なんだ。単に畳が積んである、百畳ぐらい。ここに、さらってきた子をよく監禁したんだ。(ハ? さらってきた子⁇)うん、お医者さんごっこの患者にするために。(さらうって、どうやって?)鳥モチで。トンボを捕るモチでペタッとこう……(と、こちらの頭にペタッと手を置く)。それでグルグルッとやってひっぱって

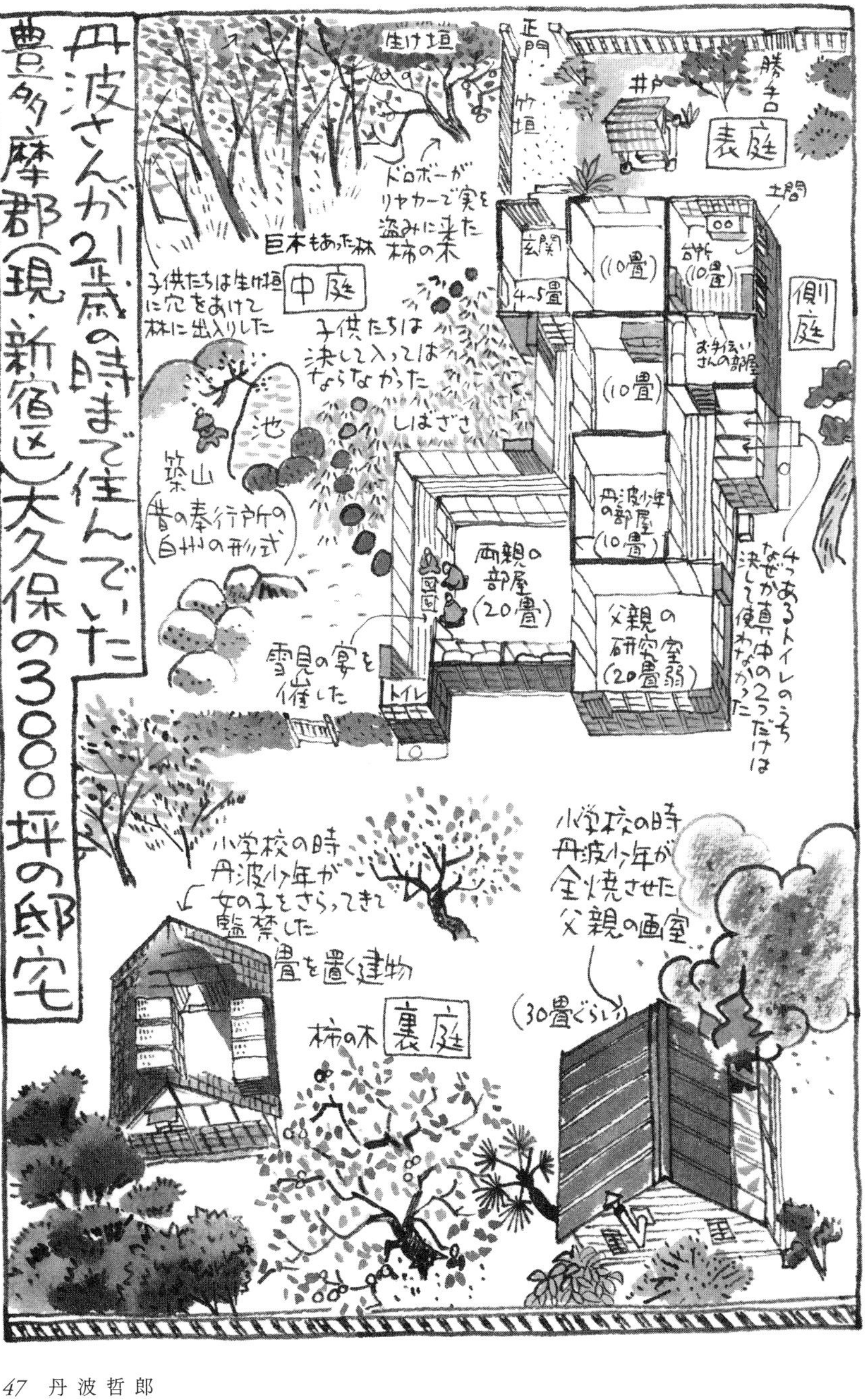
丹波さんが12歳の時まで住んでいた
豊多摩郡（現・新宿区）大久保の3000坪の邸宅
生け垣
正門
竹垣
井戸
勝手口
裏庭
土間
ドロボーがリヤカーで実を盗みに来た柿の木
巨木もあった林
玄関
4~5畳
（10畳）
台所（10畳）
側庭
子供たちは生け垣に穴をあけて林に出入りした
中庭
子供たちは決して入ってはならなかった
しばざさ
お手伝いさんの部屋
（10畳）
池
築山
昔の奉行所の白州の形式
丹波少年の部屋（10畳）
両親の部屋（20畳）
父親の研究室（20畳弱）
4つあるトイレのうちなぜか真中の2つだけは決して使わなかった
雪見の宴を催した
トイレ
小学校の時丹波少年が女の子をさらってきて監禁した
畳を置く建物
小学校の時丹波少年が全焼させた父親の画室
（30畳ぐらい）
柿の木
裏庭

くると逃げられない。モチは髪の毛を切らないととれないからね。それでこの部屋に積んである畳のてっぺんに乗せる。俺たち悪童なら飛び下りられるけど、ちっちゃい女の子じゃ下りられない。女の子は近所の小学生さ。年上の子もいたよ。電信柱の陰に隠れていて、鳥モチでサッとね（笑）。知らない子さぁ。だって知ってる子なら、そんなことしなくったってついてくるからね。（丹波さんがさらうんですか？）うん、まぁ、いろいろ仲間を使ったりも……。俺はいつもガキ大将だったから。（さらってくるのは女の子ばかり？）そりゃそうだよ、患者だもん。ダメだよ、そんなこと書いちゃ（笑）。しまった。余計なこと言っちゃったなぁ（笑）。忘れなさいよ、そのことは。（だって子供の遊びだし……）夕方になると、各自の家の母親がね、「うちの子がお世話になってます」って来るんだよ。たぶん丹波さんの所にいるんだろうってことでね。そうすると、お菓子を持たせて帰すわけだ。うちで遊んでる分には安全だからね。広いし、交通事故の心配もないし、オモチャもお袋がいっぱい買ってきてくれるしね。（でも、さらわれてきた子は泣いて母親に訴えたんでは？）当然するだろうさ。だから俺が表を歩いてるとバケツで水をぶっかけられたね。二、三回どころじゃないな。俺に誰かついて歩いてるとそういうことはしない。単独の時にね。（さらってたのは丹波さんが小学生の時？）小学生に決まってるじゃないか（笑）。そういうことしてたのは小学校三年ぐらいまでかな。兄貴だって先生役をやってたよ。すぐ上の泰弘っていう兄だけどね。（女性マネージャーがあわてて、「お兄様に叱られますよ。真面目な方なのに」）真面目じゃないよ、兄貴は。学校だけは東大だけど。でも、その「さらってきた」っていうのはよしなさいよ（笑）、人聞きが悪いから。（だってさらってきたんでしょ？）まぁ、そうだけどさ……（笑）。

自身認めるように、丹波少年は相当の悪童だったようだ。やはり裏庭にある父親の画室に火をつけて全焼させたのもこの頃だ。しかし本人の弁によれば「そばの柿の木に登ってたら、画室の障子が一カ所破けて風に吹かれてペラペラしてるのが見えたんだね。面白いからそばに行って、たままポケットにあったマッチで火をつけたらボーッと燃えて消えた。面白いから今度は自分で破いて火をつけた。するとまたボーッと燃えて……繰り返してたら、そのうち消えなくなって燃えちゃった。単にそれだけなんだ」。

単にそれだけって、あなたね……。

この件は女中のフクさんが消防隊員に「自然発火です」と釈明して落着。丹波さんも叱られずに済んだという。

他にも悪戯のエピソードには枚挙にいとまがないが、誌面に限りがあるので……。

ひと口に言ってね、他の兄弟はみな「丹波のおぼっちゃん」。俺だけは全く丹波の家に似つかわしくないガキ。よくまぁあんなのが丹波姓を名乗ってるって陰では言われてたと思うよ。

そのせいかどうか、おばあさんは終生俺の名前を覚えなかった。俺に関心がないんだ。俺が駒込のおばあさんの家へ行くのは年に二回なんだ。正月と柿が実る頃。うちにあったたくさんの柿の木の実が熟すると、周辺の住民に配り、おばあさんの所へ届けるのが決まりだったんだ。その届ける役目が俺だね。おばあさんの家へ持って行くと、まず台所で長いこと待たされる。そして表女中が俺を案内する。廊下で俺がかしこまってると、その表女中が俺の説明をするわけだ。「二郎さんの末のぼっちゃまで……」とね。で、説明が終わると、おばあさんが座敷の奥から五十銭銀貨を投げてよこす。コロコロ転がるその銀貨を拾って、俺はあたふたと帰るんだ。だから俺はおばあさんなんかにナーンの親しみもない。手に触ったこともない。

悪戯坊主もやがて成城中学から中央大学法学部予科へ。昭和十八年には学徒出陣した。

終戦の八月、復員してみると大久保の生家は焼け野原。長兄はその土地をすべて売却していた。そこで丹波さんは保谷にいた母親の元へ行く。

長兄は母親が違うんだ。そのためか、ずっと駒込のおばあさんの家で育って、大久保へは時々くるという感じだったな。だから大久保には何の愛着もないから売ってしまったわけだ。親父は俺が十七の時に死んだんだが、お袋は涙一滴こぼさなかった。「子供がいなかったらすぐにでも別れたい」というのが母親の口癖だったね。そのぐらいね、親父は女癖が悪かったんだ。俺は小学生の時、母親に頼まれて親父を尾行したことがあるよ。しかし尾行に失敗してみつかってしまったんだな。母親はその晩ひと晩、俺を父親の前に出さなかったよ。

母親はしっかり者で、家作をいくつも持ってたんだな。そのうちの一軒、保谷の家作に終戦後は住んでたんだ。二百坪ぐらいの家だったかな。

俺はトラックで軍隊から運んできた山のような米俵を保谷の近所の人たちに随分分けてやったよ。俺は人に物をやる癖があるんだな。たとえばこのセーターだね。伊勢丹がズラッと持ってきて、俺が気に入ったのだけを置いていくというやり方をとってるんだが、ところが撮影に行って着替えるだろ、終わって着ようと思うと、ないんだな、これが。付いてる者に聞くと、「○○さんが着ていきました」と言うんだ。あげるって言ってないんだよ。得意になって持っていく奴がいるんだ。俺が怒らないというのがいつの間にか浸透してる。ゴルフセットだって七つあるけど、どれ一つとして揃ってない。みんな持っていかれちゃうんだ、うん。

うちは客が多いから、今の杉並の家なんか、泥棒に入られたんだけど、誰が泥棒で誰が客だかわからない。泥棒は明らかに玄関から入って出てってるに相違ないんだが。

復員後、丹波さんはGHQの通訳になった。当時は、〝敵国〟の通訳になり手がおらず、外務省は各大学の英会話部の議長を通訳に任命したという。丹波さんも中央大学の英会話部の議長だったので選ばれたが、英語が全くしゃべれず司令部の中を逃げ回り、ついに二年間の逃亡生活に疲れ果てて退職した。

結婚は二十六歳。しばらく西荻窪の奥さんの家で暮らし、初めて家を建てたのは、映画俳優としてデビューした一年後、三十一歳の時。デビュー作から一年間は「態度がデカイ」ということでホサれ、出演作を与えられなかった。


初めて建てた千歳船橋（世田谷区）の家は、たいしたことないねぇ、百坪ちょっとかなぁ。木造二階建てだった。応接間だけがわりと広めだったね。五年いたと思うよ。ギル君（子息で俳優の義隆さんの愛称）が小学校へ上がる頃までだったから。

今の家（杉並区）もそんなに広くないよ。三百坪弱だね。このくらいがちょうどいいね。一階に約百畳ぐらいの応接間。食堂、マージャンルームが二つ。女房の部屋が十二畳ぐらい。女中部屋が二つ。地下に八畳が一つ。二階にギル君の部屋が二つとお袋の日本間。ギル君は結婚して独立してるし、お袋は死んでしまったから空き部屋が多いんだ。どうぞ泊まりにいらっしゃい。でも危険だよ（笑）。あと俺の書斎と称して物置になってる十畳。そんなもんだよ。

俺は俳優としては極めていい加減だけど、霊界の宣伝師としては実に真面目なんだ。「大霊界Ⅱ」なんか五億の赤字だったけど、そんなもの少しも惜しくない。三十代の半ばで、まるで目の見えない者が暖炉の火に吸い寄せられるように俺は霊界の宣伝師の使命に目覚めたんだ。そのためにはあり金全部使っちゃう。子孫に美田を残しちゃいかんよ。金があると、ろくな息子が出ない。祖父がいい例だね。


丹波さんの語るエピソードや彼にまつわる逸話はケタはずれにスケールが大きく、ともすれば常識の域を超える。しかし、結婚後四年目で病気のために足が不自由になった夫人をこの上なく大切にし、他人でも困った者を見過ごしにできない人である。その懐の深さは、もしかするとあの広大な〝家〟で育《はぐく》まれたのかもしれない。

（一九九六年一月四日号）

青春の苦渋に満ちた二畳間を一昨年書斎横に再現した

中野孝次

（作家）

一九二五（大正十四）年、千葉県市川市に大工の次男として生まれる。独学で検定試験に合格し、旧制五高、さらに東大へ。独文学翻訳家、国学院大学教授を経て八一年より執筆に専念。著書に『ハラスのいた日々』『清貧の思想』『足るを知る　自足して生きる喜び』など。二〇〇四年逝去。

僕の親父は（栃木県）益子《ましこ》の農家の出で、尋常小学校の四年を卒《お》えると日光の宮大工の親方の家に徒弟奉公に出されたんだ。当時、農村の次男坊以下、つまり余剰労働力は十歳かそこいらで外に出される習慣だったんだな。その親父が益子を出たのは大正十二年で、先に東京に出てきていた親父の兄、やはり大工だったんだが、その勧めで来たんじゃないかと思うんだ。大決心がいったろうと思うよ。でもなぜ千葉の市川に来たかはわからない。

九歳上の兄貴だけが益子で生まれて、僕と二人の妹、二人の弟は親父が市川に来てから生まれている。下の妹は十歳の時、疫痢で死んだけど……。

うちは市川の国府台《こうのだい》下の二軒長屋だった。八畳と六畳の二間きりの小さな家。でも風呂が庭にあった。親父が作ったの。風呂に水を汲んで沸かすのが俺の仕事だったんだ。これ大変なんだけど。庭は割に広かったよ。それと、昔は縁側があってそれが非常に重要な役割をしてた。俺なんかそこへ机を出して勉強したし、日向ぼっこしながら本も読んだ。それから人が来てちょっと腰かけてお喋りするのもそこだしね。昔は縁側が何かにつけて社交の場だったんだ。

勉強は割とできるほうでしたね。それに本をよく読んだ。家は全然読書をする環境じゃなかったのにね。親父は字は読めるけど、ほとんど書けなかった。一生、本なんて読んだことなかったろう。お袋だって似たり寄ったりだからね。兄貴は成績はいいんだけども読書家ではなかった。だから不思議なんだよ。俺だけが非常に読書好きだった。突然変異なんだね（笑）。うちには本がないから、小学校の仲のいい友達の家で本を借りてた。そいつの家にはうんとあったから。

うちは貧乏だったよ。今と違って、日本中が貧しい時代だったけど、それでも友達の家と比べて明らかに貧しかった。貧しいのに加えて、国府台下の家の印象は暗かったね。袋小路の奥にあったせいか夕方早くから陽が翳《かげ》って、それがなんか子供心に暗くて貧しいという感じか……。それに親父が小僧の栄ちゃんをよく殴るんだ。田舎から出てきてた大工の弟子だよね。庭にある親父の仕事場、といってもトタン葺《ぶ》きの小屋だけど、そこで彼は寝起きしてたんだ。その暴力は時にお袋にも及んで、そういうことが一層、家の雰囲気を暗くしたんだ。今思えば、昭和初期の大不況のせいで仕事がなくて、親父は腕の振るいようがなかった。それでイラ立って酒を飲んではお袋を殴る。でも子供だった俺にはそんなことはわからないから、親父を憎んだよね。

　中野さんといえば、愛犬との交流を描いた『ハラスのいた日々』や近年ベストセラーとなった『清貧の思想』でその名を知る人が多いかもしれない。しかし、すでにドイツ文学の翻訳家として一家を成していた中野さんを小説家として世に押し出したきっかけは、五十歳の時著した『ブリューゲルへの旅』だ。さらに続く『麦熟るる日に』『苦い夏』が彼の小説家としての地位を不動のものにした。

　これら三作を貫く圧倒的な〝力〟の奥には、明らかに、中野さんを長い間苦しめた〝父親への妄執〟ともいえる暗い想いが存在していた。

――ぼくと父の父子関係を不幸なものにした最大の理由が社会と自分についてのそういう感じ方の相違にあったかと思うと……――（『麦熟るる日に』）

――肉親と、自分の生れた家と父親の職業を恥じるという、不幸な性癖は……――（同書）

――これがおれを生んだ人間だと、ぼくはほとんど嫌悪の思いでそういう父を見ていた――（『苦い夏』）

　澱《おり》のように心の奥底に沈み時に黒い淵となって迫ってきた父親への想い、そして父親が象徴する自己の逃れようもない境界……。「三十代、四十代は思い出したくなかった」自らの過去と対峙《たいじ》し、それを作品として昇華させたのが、一枚の絵画との出逢いだった。四十一歳の時、国学院大学教授として渡欧した際、ウィーンの美術館で見たブリューゲルの「雪中の狩人」。

　以来、ブリューゲルの虜《とりこ》となった。そして九年後、『ブリューゲルへの旅』を著した。

やっぱり（ブリューゲルの絵には）自分の精神史に重なる部分があったんだね。自分の父親と、同時に彼が象徴する僕自身の宿命のようなものにあらがってきた心の跡というか……。それがブリューゲルに初めてきちんと対象化して考えることができたんだね。もっとも、ブリューゲルの重要性がわかったのは帰国してからだけど。ブリューゲルは僕の出発点だな。

親父に対する嫌悪感を決定づけたのは、僕が小学校を卒える時だった。どうしても中学に行きたかったんだけど、親父は「中学なんか、やるわけにいかねえぞ」と頑として許さない。分《ぶん》を知れ、職人に学問はいらないというわけだ。もちろん僕は泣いて喰ってかかった。しかしダメだったよ。成績は良かったから担任教師も勧めてくれたけどね。でも、兄貴も非常に成績が良かったのに親に従って中学をあきらめてるんだから、僕のわがままともいえるんだけど、その時の僕には納得できないよ。大工になるつもりはなかったし、「俺は違う。今の俺が俺のすべてじゃない」と信じていたから。

それは、親父が（千葉の）須和田に初めて自分の家を建てた頃だった。路を隔てた前に大木という人の大きな家があって、そこも親父が建てたんだけど、そこの息子が中学に通っていて、いつもレコードを聴いてた。チャイコフスキーの『悲愴』。その曲を聴いた時ほど音楽に陶酔したことはなかった。貧しい労働者の家庭から遠い西洋へ憧れる。俺にとっては息苦しいほどの憧憬だったんだ。

進学の夢を断たれた少年は小学校の高等科を卒え、昭和十四年横須賀の海軍航空廠《しょう》技手学校へ六百人中トップの成績で入学した。しかし、どうしても銃剣術の授業を受け入れることができず、二カ月余りで退学して須和田の実家へ帰った。

須和田の家は前よりは余裕があって、八畳、四畳半に三畳と二畳の部屋があった。僕は東南の角にあった二畳の部屋に一日中閉じこもってたよ。何もかもがイヤだった。近所の人にはずいぶん変な目で見られたよね。いい若いもんがブラブラしてるわけだから。しばらくして仕方なく親父の手伝いをするようになって、少しは物を作る喜びも感じたし、親父も人に「いい跡取りができてよかった」なんて言われて喜んでたけど、こっちは相変わらず絶対大工になる気はなかった。日本の職人もドイツのマイスター制度みたいなもので収入と地位が保証されていれば、親父だってもうちょっといい暮らしができてたんだけど、自分の親父を見てると、こんなに腕が良くても別にどうってことないという現実を目の前にするし、「報われない。やっぱりホワイトカラーがいい」という風になるんだね。

十五歳から五年間、中野さんはこの二畳間で過す。絶望した青年の心の隙間に若い人妻の誘惑が入り込みそうになることもあった。中野さんは「僕には人生で三度の危機があった。中学に行けなかった時、航空廠技手学校をやめた時。そしてT夫人の誘惑」と振り返る。「どれも、つまずけば必ず自分はダメになっていた」とも。しかし中野青年はすべてを乗り越えた。最後の二年間、一日に十四時間の猛勉強を続けて、高等学校入学者資格試験に合格したのだ。熊本の旧制五高に入学した時、成績は六百七十人中トップだった。

東大に合格した時、うちは栃木の父親の実家にひっこんだ後だったんだけど、東大合格者は県内で二人しかいなくて新聞に出たらしいんだよ。親父はそれを持って親戚中に見せて歩いてた。だから、その頃はもう親父も喜んでくれたし、自慢にしてた。

親父の大工としての腕前は確かだったと思いますよ。例の大木邸は戦災に遭わずに今も残っていて会社の寮になってるんだけど、五十年以上経った今もビクともしていない。材料もすばらしい物を使っていて、たとえば縁側の板なんかみんな節《ふし》がある。柱も柾目《まさめ》の柱とかね。つい最近も、〝中野大工〟が建てた家があるという手紙をくれた人がいて、見に行きましたけど、寸分の狂いもなく建ってた。

誇りに思ってるね、今は。親父のこと。そう思えるようになったのは、やっぱり『ブリューゲル(への旅)』を書いてからだろうね。

――もしかするとブリューゲルはアウグスティヌス『独語録』のあの言葉を知っていたのであろうか、とわたしは思った(中略)そして、完璧なもの、完全なものを愛するのはやさしい、一番困難なのはこの「にがいものといとわしいもの」の現実をそのまま受入れることだ、と彼はひそかに反論していたのであろうか、と。――(『ブリューゲルへの旅』)

就職した出版社で知り合った秀夫人と結婚したのは昭和二十七年。一間の下宿で新婚生活を送った二人は、十七年間の団地暮らしの後、昭和四十七年から現在の横浜の一戸建に住んでいる。愛犬のマッホと共に。ハラス亡き後、傷心の五年を経て飼い始めた柴犬だ。

確かに『清貧の思想』が売れて、そこここに手を入れることができたというのはあるね。ああいうのが売れると思わなかったよ(笑)。建坪は四十五坪ぐらいだな。今のこの家は満足してるけど、一つだけ後悔してるのは、縁側がないこと。いや、今からじゃできない。やっぱり造り方が違うから。戦後の日本の家で一番違うのは縁側だよ。縁側というものが消えてしまったことだ。

取材の終わり、中野さんは一昨年建て増ししたという二畳間に案内してくれた。「なぜあえて二畳間に?」という問いに、「遊び部屋だ」と。なるほど文壇名人に幾度も輝く日本棋院四段の中野さんらしく分厚い碁盤が。そして並々ならぬこだわりが窺える硯《すずり》など書の道具も。そして最後に言った、「わざと二畳にした。昔に戻る」と。

たぎる向学への情熱を抱えながら砂を嚙むような若い時を過したあの二畳間。半世紀余りを経た今、寸分違わぬ造りのこの二畳間で、果して中野さんの心に映じるものは……。

(一九九六年六月二七日号)

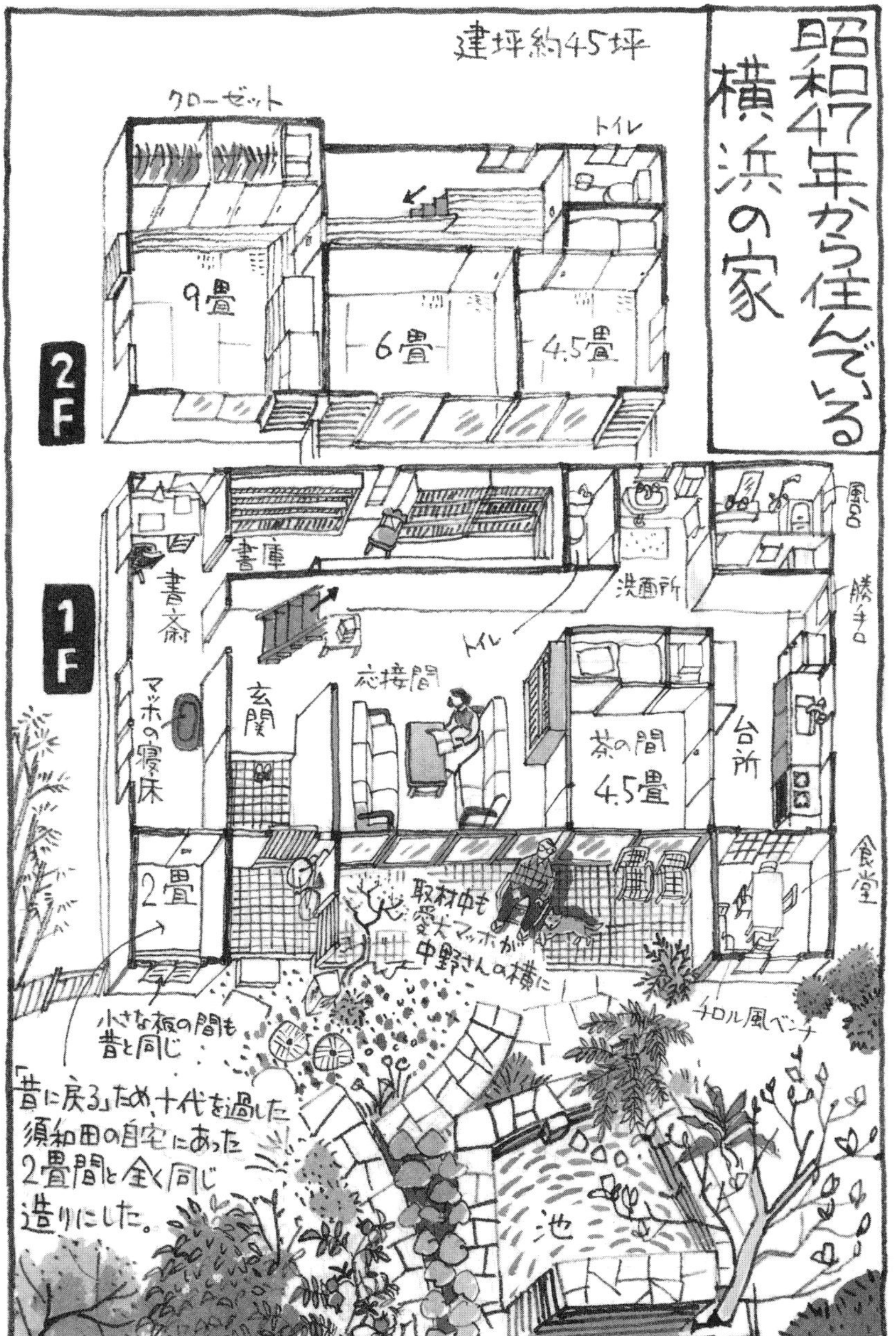
昭和47年から住んでいる横浜の家
建坪約45坪
クローゼット
トイレ
9畳
6畳
4.5畳
2F
1F
書庫
書斎
洗面所
風呂
勝手口
トイレ
応接間
玄関
マッホの寝床
茶の間
4.5畳
台所
食堂
2畳
取材中も愛犬マッホが中野さんの横に
チロル風ベンチ
小さな板の間も昔と同じ
「昔に戻る」ため、十代を過した須和田の自宅にあった2畳間と全く同じ造りにした。
池

淀川長治

（映画評論家）

両親の寝室に並んだ枕を見て、父を憎み母を哀れんだ少年期

一九〇九（明治四十二）年、兵庫県神戸市生まれ。神戸三中卒業。四八年から六七年まで「映画之友」編集長を務める。テレビでの映画批評といえる新しいジャンルを開いた「日曜洋画劇場」の解説等で勲四等瑞宝章受章。著書に『淀川長治自伝』上・下、『私の映画遺言』など多数。一九九八年逝去。

僕のうちは神戸で料亭と置屋をやってたのね。料亭の名は「銀水」。坪数は知らんけど、母屋と離れが渡り廊下でつながってて、風呂場が二つあったな。お父さんもお母さんも僕も母屋に住んでましたけど、僕、寝るのは離れの二階。その前が広い広い庭だったから夏は蟬が鳴いて鳴いて。セミセミセミと鳴くんです。朝、それで目が覚めるのね。庭の向うが料亭やったね。

芸者さんは母屋の二階で寝起きしてるの。七人いてね。名前覚えてますけどさ。淀千代さん、淀丸さん、花蝶さん、珠子さん……。親は芸者さんの部屋へ行ったらいかん言うけど、行ったらお饅頭とかみかんとかあるのね。よう遊んでくれたよ。ジャンケンポンの代わりに藤八拳《とうはちけん》。三味線で踊らされたり。〝戸を開くればチンがいる〟って唄があったの。僕、それ踊ったのね。お妾さんの家にワンワンがいる。お母さんにそれ言ったら、「馬鹿、そんなこと教えられたらダメ」って怒られたの。〝戸を開くればチンがいる〟というのはね、褌《ふんどし》開けたらチンチンが見えるってことなんだ。いかん言われても覚えたんだね、自然と。

朝、淀千代さんたちを起こしに行くでしょう。寝てる頭の所跨《また》いで跨いで、僕がね。みんな寝てるの見たら、焼き芋みたいな顔でね。こんな汚い女のどこがいいの、男って馬鹿だなと。

でも夕方になると、みんな肌脱いで白粉《おしろい》つけるのね。真っ白けに塗って白粉を上に伸ばしていくの、鬢付《びんつ》け（油）で。小皿に入った紅つけて。きれいにするでしょう。背中もやるでしょう。オッパイも塗るでしょう。子供の前だから平気で裸でやってる。だんだんだんだん変わっていくのね。一時間もしたら、おこしらえが来て大きな鏡の前で衣装つけるの。お腰から腰紐まで、ああやってこうやって、全部見ちゃうでしょう。僕、全部できますよ。その時覚えたの。みんなが衣装着ながら「暑いね、今日は」言うたら、男衆《おとこし》さんがね、「つっきやん（芸者さんの名）と今日寝たら汗ばっかりかいて」と言うの。そういう卑猥《ひわい》なこと平気で聞いてね。そして夜七時頃、人力車が来て、「おかぁはん、行ってきます」って、きれいになって乗るでしょう。提灯《ちょうちん》つけて。世にもきれいに見えるのね。あんな化け物がこんなになる。男はこれをきれいと思ってお座敷に呼んで喜んでる。小さい頃から、そういう、非常に冷めた思いで見てね。いけないいな。罪だね。こんな家業しとったから。

淀川家は明治の初め、兵庫県西柳原の港で料理屋を営んでいた。当時本名は〝樽井〟。船で大阪に芝居を見にゆく客の船弁を扱い、財を築いたという。淀川を往来するうち、提灯に「淀川屋」の屋号を。そして本名も〝淀川〟となった。やがて時代の流れと共に港の隆盛は東へ。淀川家も神戸に移った。

けど、芸者さんは化粧するときれいかったよ。中でも淀丸さんなんか一流でしょう。一流の人は鏡台も上等なの。石鹼も外国のソープ。香水もいい香水。安い芸者さんは安物の安物の石鹼、安い安い香水なの。やっぱり女は力があったらいいんだなって、子供心にね。そういう育ち、私。恥ずかしいけど。

淀丸さんなんて自分のいいとこ見せよう思うから、「おかぁはん、ちょっとぼんぼん借りまっせ」言うて、僕を芝居に連れて行くのね。芸者は勝手に芝居見物行けないから、淀丸さんは自分で花つけるの。一流の芸者は自分で花代出して、つまり自前で散財してちょっと威張ってるわけ。芝居の前にカフェへ連れてってくれて、「ぼん、何食べる?」「オムレツ。ねえちゃんは?」言うたら、こんな(小さく)ワイン一つだけ飲むの。「ねえちゃん、お腹空かないの?」「へぇ、これが一番よろしねん」言うからさ、「何でそんなもん飲むの?」聞いたら、「淀川の淀丸とぼんが来たら、みんなが顔見る、桟敷だから。変な顔しとったら淀川の置屋が笑われるやろ。だからね、ぼんと二人の時はキュッと飲んで桃色になっていく。ここ(頰を指して)がね。きれいにして入るの。わかりましたか?」て。そうか、女はそういう武器持ってるのかと。

もちろん、その頃すでに淀川さんは映画少年だった。いや、母親が産気づいたのが映画館だったから、胎内で映画の洗礼を受けていたと言える。記憶に残る初めての映画は、フランスの短編「鞄」。借金取りに追われる男が呪文もろとも鞄の中へ。そして無事逃げきるという筋立て。四歳にして少年は映画の虜《とりこ》となった。

その映画はね、両親と別府の温泉に逗留した時見たの。でもそんな時一番困ったことはね、女中さんに「まあ、ぼんぼん、ええなあ。お母ちゃんとおじいちゃんと一緒で」言われること。お父さんはお母さんより三十歳上なの。だから世間ではおじいちゃんに見えるのね。それがつらくてな。「おじいちゃんと違う！」と言えない、恥ずかしくて。俯《うつむ》いて黙ってる。だからいつも楽しみが削られるの、「おじいちゃん」という言葉で。

その別府の旅館で、僕達の上の部屋に学校の先生らしい、二十七、八の男の人達がいたの。僕、ようその部屋へ遊びに行ったのね。自分とこ芸者屋でしょう。アカデミックなとこ全然ないでしょう。その部屋には本がいっぱい。憧れてね。その若い男の人がお父さんだったらいいなぁと思ったな。鏡台見たら、髭剃りクリームがあるのね、ハイカラな。いいなぁ。僕のお父さんは糠袋《ぬかぶくろ》（笑）。

淀川さんの父親・又七さんは兵庫県明石の人。淀川ならえという女性と恋に落ち、父親に髷《まげ》を切り落とされても恋情やまず、一人息子にもかかわらず淀川家へ婿入りした。だが、ならえさんは子供ができぬばかりか胸の病を得た。そこで自分の妹の娘を夫の妻に迎えた。先妻と後妻が同居する家。四十六歳の男に嫁いだ十六歳の娘、りゅう。それが淀川さんの母親だった。

ならえさんは「二号さん三号さんは持ってもいいけど、子供だけはつくらないで下さい」と言ったの。二号さん三号さんは淀川家の人じゃない。だから淀川の血筋の姪を選んだ。ならえさんの妹は借金だらけだった。それを肩代わりするから娘をくれとね。先妻まだ生きてるの。後妻が来ても。昔の家って無茶だね。それで「どうぞ頼みます。ええ子を産んで」と。子供産むために僕の母親来たの。そしてすぐ姉二人が生まれて、次が僕。ならえさんが僕のお母さんに手ついて、病気なのに起きて座って、「おおきに。おりゅうさん、あんたえらいな」言うて、僕を抱いて三日目に死んじゃったの。じーっと僕見ながら。気持ち悪いね。

十三ぐらいの時それ知って、僕は怒ったの。何でそんなことせんならんと思ってね。つまり僕が独身で淀川の家を潰してやろう思うのは、それなのね。淀川家、淀川家言うて、十六の娘から青春奪って四十六の男の所へ子供つくらすためだけに……。僕、お母さんが可哀相で可哀相でね。小さい時、両親の寝室にきれいなフカフカの蒲団と枕が二つ並んでるの見て、お母さんすごく可哀相だと思った。お母さん毎晩いじめられるんじゃないかと。ハムレットみたいにそう思った。あんな男に手込めになるのかと。お父さんはいいよね。若いコと寝るんだから。僕お父さんが憎くて憎くて、憎くで憎んで。だから死んだ時、バンザーイって思ったの。

ええ、弟もいました。それタブーだったけどね。言いましょう。敏治いうてね、すくすく立派になったけど、東京の慶応（大学）に入った時、四谷の簞笥《たんす》町の下宿で、自殺しちゃったの。僕みんなに聞いたの、「何で死んだの?」と。何もない。わからないの原因が。お通夜に来てくれた弟の友達に聞いてもわからないと言うの。でもみんなが敏治は宝塚の「すみれの花咲く頃」が一番好きだったって。センチメンタルだったらしい。

弟は僕より三つ下。死んだ時は二十歳くらいか……、もう忘れちゃったよ、そんなこと。あんたに聞かれて思い出した。

〝女〟の醜さと美しさ、〝家〟の生贄《いけにえ》になった母への思慕、そしていや増す父への憎悪……。早熟な少年の周囲に渦巻く人間模様は、時に甘美に時に残酷に生の営みを見せつけていった。

少年は映画に溺れた。あらゆる映画を見た。しかしただ一つ、姦通物だけは見たくなかった。十三の時、父親に聞かれたひと言、「お母さんのとこへ誰か若い男、遊びに来たりせんか」。七十歳の父のその言葉が耳から離れなかった。

神戸三中を卒業した長治青年は、上京して雑誌「映画世界」の編集部へ。

毎月毎月投稿してたから、僕が行ったら「神戸の淀川さんでしょう」って、すぐ入れてくれた。当時、双葉十三郎さんが目黒にいたから、僕も目黒にしようと思って、編集部の人達が探してくれた下宿へ行ったわけね。朝飯と晩飯を用意してくれて、昼は外で食べるの。裏の庭のコケコッコーで目が覚めたら、毎朝、下宿のおばさんが卵を出してくれた。部屋は二階。六畳ぐらいだった。

三、四年いたかな。親は僕が大学で勉強してると思ってたけど、そのうちやっぱりわかってきたのね。父親に「そんなことしてもらったら困る。家の商売しなさい」言われたの。

当時、実家は神戸の会下山《えぎやま》に。上下三間ずつの一戸建て。

その頃、置屋はもう流行らなくなってて、姉さんが金持ちと結婚してうんとお金あったから父親のお金と合わして、神戸の生田筋に「エヴァンタイユ」という美術品の、和光みたいな店をやってたの。僕、二年間働きましたよ。「エヴァンタイユ」の番頭はんになったわけね。ゲランの香水、チェコのガラス、ベルジュームの金属、ドイツのファニチャー……。神戸の有名な絵描きとか詩人がしょっちゅう来てましたよ。谷崎潤一郎さんもしょっちゅうみえたし。

きれいな物いっぱいありましたよ。フロアランプなんて、ぐるりにガラス管が巻いてあって、「これ何するの」思ったら、中に水を入れて魚入れて下さいと書いてあるのね。溝になって魚泳げるの。電気つけるのね。すると壁に魚の影が映るの。白い壁に金魚の形。

だから、色街で芸者のいろんなの教えられて、今度は「エヴァンタイユ」で西洋の物ばっかり教えられたの。

どんなに儲けても、クライスラーとオースチンのある生活でも、商売が嫌で嫌で仕方なかった淀川さんは、たまたま近所に住んでいた映画関係者にどこかの映画会社に入りたい旨を告げた。二つ返事でOKしてくれたが、指定されたMGMの大阪支社に行くと、他に五人の青年が。聞けばテストがあるという。約束が違うと思ったが、命ぜられるままに試写室で「キューバン・ラブソング」を見て、英語のプレスを読み、課題の宣伝文を即座に書き上げた。翌日電話が入り、「三人のうちの一人に残った。その中から選ぶ」と。もうイヤとその足でかねて投稿していたユナイトの大阪支社へ。即採用となった。MGMから採用通知が来たのはその二日後だった。

大阪ユナイト宣伝部には七年くらいかね。住まいは会下山から鴨池通りいう、今の神戸駅の近くに移ってました。「エヴァンタイユ」は戦時色が強うなって「贅沢は敵だ」いうことで潰れちゃったね。

昭和十三年に東京へ転勤しろ言われたの。東京みたいな田舎へ行くの嫌だって言ったら怒られてね。「モダン・タイムス」東京で封切るからお前行って宣伝せえって。その頃、うちは贅沢がたたって家は傾いて傾いて傾いて、その日暮らしみたいになってたのね。お姉さんは家を離れて温泉回りして遊んでた。僕はしょうがないから両親連れて東京へ移りました。行く時悲しい悲しい思いしたのはね、三等に乗るの。昔は一等だったのにね。しょうがないのよ。みんな送りに来た。昔の淀川家知ってる人達が。残ってる財産いうたら一つだけなの。脇息《きょうそく》。それ一個だけ。それを昔のお付きの人が持ってきて、「淀川はん、これでんなぁ」て。情けなかったな。つらかった。でもね、贅沢したらこうなるんだということで、僕いまだにケチなの。

僕が先に一人で上京した時、「映画之友」いう雑誌の社長さんが、横浜の鶴見に家建ててくれたの。テニスコートの番人の住む所へ十三坪の家をね。そこはちょうど崖っぷちに建っててね。双葉君がお祝いに来てくれた時、「これは『チャップリンの黄金狂時代』の家だ」と言ったのね。崖の上でグラグラするあの家(笑)。そこにお父さんお母さんを呼んだのね。可哀相な時代。でも新築だから、畳も襖《ふすま》も真っさらなの。三間あったね。家賃いらない言われたけど、ただはイヤだから少し払ってたの。

その家に呼んだ時、お父さんが僕へのお礼いうて八ツ手を植えたの。僕が会社から帰ると八ツ手があるでしょう。僕、「こんな陰気なもの。便所の脇に置く植木。八ツ手の下はたいがい殺人の死体が埋まってるんだ。こんなもの気に入らない!」って全部椿と植え替えたの。考えたら可哀相なことしたな。せっかくお父さん、懐に金ない時にね、植木屋に頼んで僕にプレゼントしたのをね。可哀相に。でも、僕、お父さん憎んでた。毎日殺してやろうと思ったくらい。

父親はこの家で死んだ。上京して六年目。九十一歳だった。生涯父親を憎み続けた淀川さんがたった一度だけ「神様ありがとう」と思ったことがある。親子三人で有馬温泉に泊った時、父親が母親のために麦藁の文箱を注文して帰った。十日程して届いたその文箱には、傘をさした小野道風のそばで柳に跳ぶ蛙の絵が。少年は思ったという、「柳は〝おりゅう〟。お母さんの名だ。蛙はお父さん。お父さんはお母さんを愛しているんだ」と。そして心が救われたと。

父親の死期が迫った時、医者に「こんな家でお父さんを死なせるのか」と言われ、同じ鶴見区の馬場に敷地約百坪の家を建てた。淀川さんはこの家で二十六年間、母親と二人きりの幸せな日々を送る。

その時が一番お母さん幸せな時だね。その頃、僕、馬鹿だから、しょっちゅう聞いてたね。「お母さん、幸せですか」。いつも返事は決まってた。「はい」って。母親は父親と一緒の時ちっとも嬉しそうじゃなかった。父親が年とってからは、夜中も寝ないで世話してね。だから僕お母さんを本当に一生大事に大事にしてやろうと思ったのね。

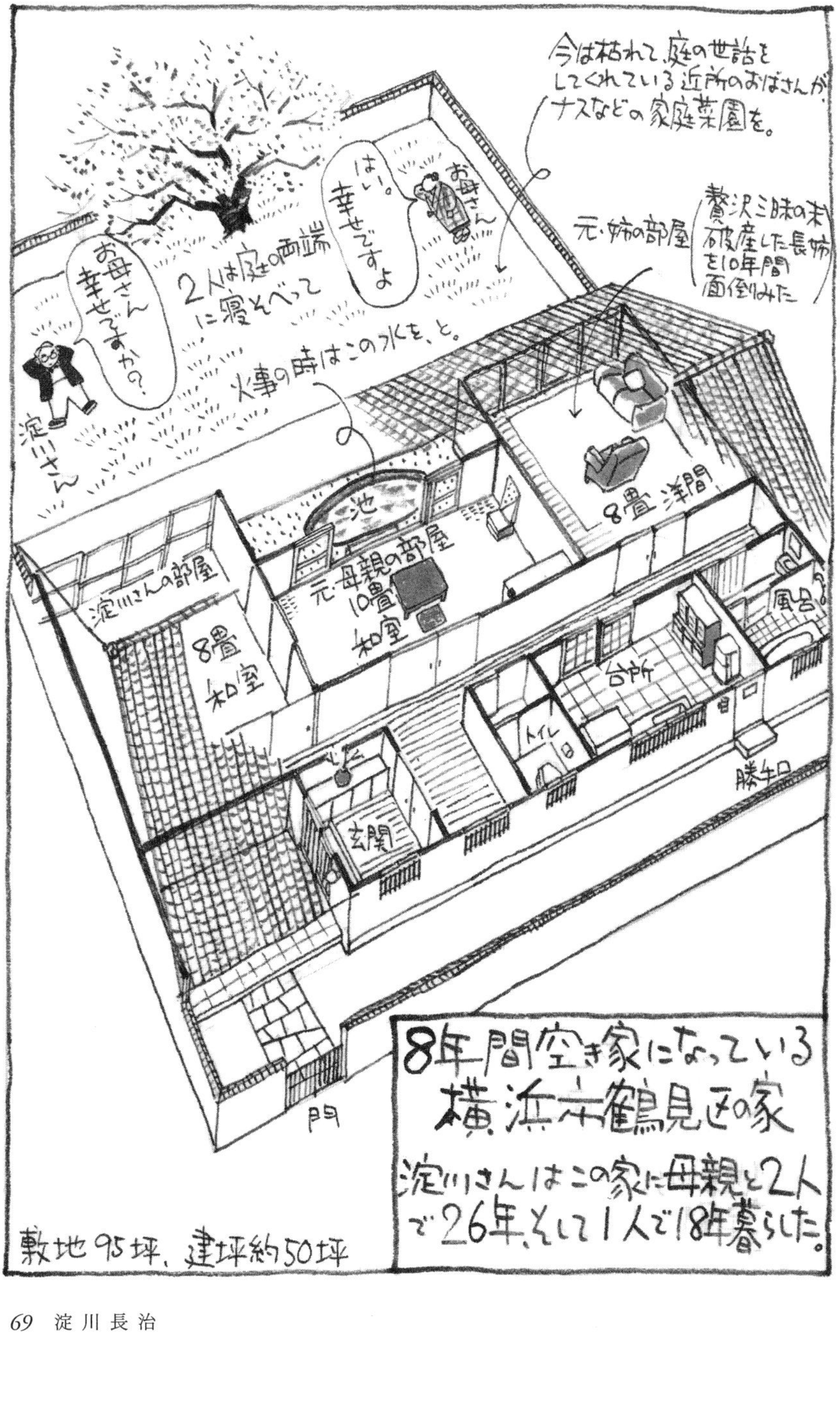

今は枯れて庭の世話をしてくれている近所のおばさんがナスなどの家庭菜園を。
お母さん
はい。幸せですよ
お母さん〜幸せですかの？
2人は庭の西端に寝そべって
淀川さん
火事の時はこの水を、と。
元・姉の部屋
贅沢三昧の末破産した長姉を10年間面倒みた
池
8畳 洋間
元・母親の部屋 10畳 和室
淀川さんの部屋
8畳 和室
風呂
台所
トイレ
玄関
勝手口
門
8年間空き家になっている
横浜市鶴見区の家
淀川さんはこの家に母親と2人で26年、そして1人で18年暮らした。
敷地95坪、建坪約50坪

かけがえのない、最愛の母親は、昭和四十六年八十五歳で逝った。入院している間、六十一歳の淀川さんは日に二回病室を訪ね、死の三日前からはネクタイもとらず徹夜で看病した。

医者が「ご臨終です」言うたらね、お母さんの喉仏が止まっちゃったの。死んだらあかんてお母さんの耳元で「お母さん、ありがとう」言ったら、涙が流れたの、お母さんの閉じた目から、一筋ね。それが最期でした。

僕、お母さんが百パーセント好きだったでしょ。こんな男が嫁さんもらったら、嫁さんどんなに不幸だろうと。だから結婚できなかった。そしてもう一つ、淀川家を潰すために。

淀川さんは八年前から都内のホテル暮らし。通勤時間の節約と快適さに魅せられたと。

鶴見の家は今もありますよ。あんた、住んでもいいよ。母が亡くなって二十年近くあの家で一人で生活したけど、寂しくないの、絶対に。「お母さん、見ててちょうだい。一人でやれるから」という気持ちがあるからね。寂しいなんて思ったらお母さんに悪いしね。今もそう。映画があるからな。一所懸命やって、一所懸命やって、一所懸命やることがお母さんへの孝行だと思ってる。お母さんはいつも僕のそばで見ててくれてるの。

僕、ホテルへ来た時、いっとう最初にエレベーター見たもんな。自分の棺桶乗せられるかなと。葬式代もいつも持ってますよ。今でもちゃんとここに（胸ポケットを叩いて）入ってるの。持ってないと死ねないもんな。

健康法？　ちっともないけど映画を毎日見ることが健康の源《もと》やな。その年代の新しい新しい映画、若さとエネルギーが入ってくるのね。いい映画見たら元気になるね。いい映画見たら、一日元気だね。

（一九六八年八月一五日号）

佐藤　慶

（俳優）

嫌《いや》なものには徹底的に「NO」でも〝家〟はカミさん任せです

一九二八（昭和三）年、福島県会津若松市生まれ。本名：佐藤慶之助。五二年俳優座養成所入所。同期に仲代達矢、中谷一郎など。五九年「人間の條件」で映画デビュー。以来冷徹なキャラクターで映画、テレビなどに活躍。主な作品に映画「儀式」「日本の悪霊」「白日夢」、テレビ「白い巨塔」「風林火山」など。二〇一〇年逝去。

会津って漆器が有名でしょう。僕の家はその漆器の原形、つまり山から木を伐り出して乾燥させて、お椀《わん》とか重箱なんかの粗削りの元の形を作っていたそうです。もっとも僕が生まれた頃にはすでに廃業してました。

家はわりに大きかったですね。二階は何故か一間きりでしたけど、一階は大小合わせて十ぐらい部屋数がありました。台所がバカに広くて三十畳。昔はその板の間で職人達が仕事をしていたそうです。台所の柱に戊辰《ぼしん》戦争の時の刀傷が残ってましたから、かなり古い家ですね。現在は兄夫婦が住んでいて、今風にかなり縮小されてます。

僕はこの家に二十二歳までいました。父は入り婿で、家族はお袋の母親、両親、母の妹、兄、僕、妹の七人。親父は初めは会津工業学校で応用化学を教えてたそうですが、その後、会津電力、今の東北電力に勤めました。僕が物心ついた頃はまだ会津電力でしたね。とにかく毎朝きちんと出勤するサラリーマンでした。酒もあまり飲まず、温厚な、いわゆる真面目な勤め人。うちには畑があったんですが、親父が一人で勤めの合い間に世話してましたから、とても働き者だったんですね。僕とは大違いだ（笑）。家を維持するのはさほど大変でもなかったみたいですよ。近所に家作《かさく》をたくさん持ってましたから。お袋は家付きの長女ですから、おっとりして、でも身体が弱かったですね。

僕はお祖母ちゃん子でしてね。小さい頃はよく祖母の部屋の次の間の三畳で寝てました。大変僕のことをかわいがってくれまして。それはいいんですけど、この祖母が酒好きで（笑）。まぁ三十代で寡婦になって五人の子供を育てたんですから、酒で紛らわせたというのもあったんでしょう。僕が小学校の時、学校から帰ると、もう酔っ払ってるんですよ、昼間から。それが嫌でね、酒臭いのが。で、抱き締められるんですよ（笑）。僕には祖母がお袋みたいな感じだったなぁ。今思うとその頃の祖母はまだ五十ちょっとだったんですよねぇ。亡くなったのはですね、ちょっと待って下さい。昔のノートを持ってきましたから……。

これは、取材当日ご本人が描いてきてくれた見取図（1/2縮小）。上京してガリ版屋でアルバイトを始めた慶さんは、国定教科書などの版下作りを。俳優座に入ってからも、入所試験問題や機関紙をガリ版で制作。驚くのは、それらの〝作品〟をすべてファイルして保存していること。息子さんの学園祭の食券原稿があったのは微笑ましい。

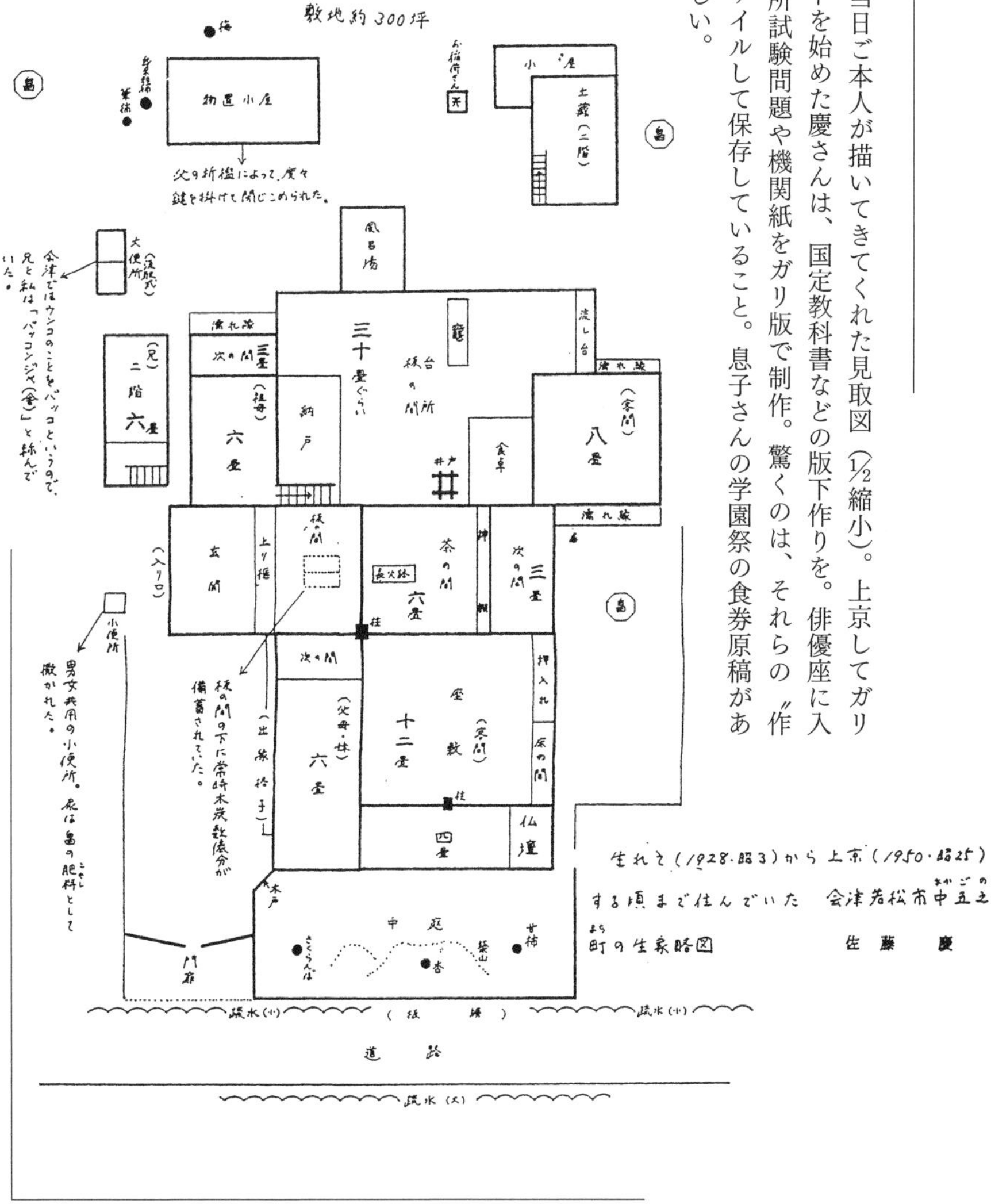

と、鞄から取り出したノートがすごい！　自身が出演した舞台、ラジオ、テレビ、映画の全作品が年代別に、それも印刷と見紛うばかりの几帳面な字で整然と記されている。その下の欄外に私生活のトピックスがメモ書きに。それによればお祖母様は一九六一年七十九歳で亡くなっている。

あと四、五年長生きしてくれてたら、僕がテレビに出てるのを見てもらえたんですが。

あ、このノートですか？　僕こういうことするの好きなんです。子供の頃から、字を書いたり、新聞広告のレタリングを真似たり。うちの物置から出てきた古い謄写版を使って小学校の時間割表をガリ版刷りして友達に配っては喜んでました（笑）。明るい子でしたね。あのね、僕は小さい頃、寄席芸人になりたかったんです。特に咄家《はなしか》なんか面白いなと。小学校ではエノケンやロッパの物真似をしてみんなにウケてましたよ。大人気者。とにかく人前で何かやりたくてしょうがない子だったの。今のイメージと正反対だね（笑）。

腹に一物ある会社重役、インテリヤクザ……。慶さんの役はほとんど「重く」て「暗い」。誰が「ひょうきんな」お坊ちゃま育ちを想像するだろう。「バスター・キートンと由利徹さんが好き」というから、人は見かけによらない。嬉しくなる。

会津工業学校を卒業した慶之助（本名）青年は昭和二十年四月、中島飛行機株式会社宇都宮工場へ。しかし時局柄、憲兵が常駐する職場の雰囲気と重労働に嫌気がさし、よく仕事をサボっては映画館に。黒澤明の「姿三四郎」など科白《せりふ》を諳《そら》んじるほど観たという。ついに七月、父親に頼んで肋《ろっ》間《かん》神経痛の診断書を医師にもらい帰省する。そして会津市役所に就職するが……。

字が割に上手だというんで戸籍係に配属されたんですが、もともとヤル気ないですから。親父のコネで入っただけで（笑）。そのうち仲間と会津新劇研究会というのを作りまして、ただでさえ勤務態度が悪いのに、稽古や公演で役所を休むわ、役所の紙を使って自分の席で仕事中に台本のガリは切るわで、結局二年でクビになりました。直接のきっかけは、県のコンクールで優勝した芝居の凱旋公演に出てるのを役所のお偉方に見られて「アイツは欠勤届を出してるのか」と。助役に呼ばれてクビ。「あ、そうですか」てなもんです（笑）。組合の委員長にも「君だけは弁護できないもんな」って言われました（笑）。

そして決意する。映画「大曾根家の朝《あした》」での悪役ぶりに強く惹かれていた小沢栄太郎が所属する俳優座に入ろうと。柳行李《やなぎごうり》一つで上京。二十二歳だった。

まずは千葉県船橋市の叔母の婚家に居候するが、夜中でもアルバイトのガリ版切りをするので、しまいに夫婦喧嘩の種に。次に世田谷の知人宅に少しの間居候した後、新宿区柏木（現北新宿）にナホ夫人と所帯を持った。六畳一間の離れに流しとトイレ。家賃は七千円だった。

カミさんは同じ会津出身で、新劇研究会にいた頃知り合ったんです。勧銀の会津支店に勤めてたんですが、僕が上京すると、後を追って、職場も勧銀の東京本店へ移ってきちゃった（笑）。昔の銀行はそんなことできたんですね。初めは別々に住んでましたけど、僕が俳優座に入ってすぐ結婚しました。と言っても式も披露もナシです。柏木の離れには二年近くいたんですが、泥棒に入られ、不用心なので同じ柏木（現西新宿）でアパートを借りました。二畳と四畳半の流し付きで共同トイレ。家賃は一万二千円。この引越しは仲代（達矢）も手伝ってくれてます。

かつて、作家の長部日出雄氏は慶さんを〝ノー人間〟と名付けた。「NO」と言ったら絶対「NO」の人。昭和三十年に俳優座を卒業する時も、すでにNOの戦歴がある。劇団は「仲代達矢と佐藤慶を残す」予定だったのに、進路相談の面接の時、慶さんは劇団の主事に対して「行きたい所はありません」と言い放った。
僕ね、子供の時から強情なんです。親父に怒られても絶対お詫びしない子だったんです。兄貴は素直に謝ってましたけどね（笑）。この面接の時も主事が尊敬できなかった。たとえばパントマイムの授業なんかで、その幹部は女の子のお尻を触ったりする。そういうのが嫌で嫌で。そんな人間が面接の時は「お前らの生殺与奪の権はオレが握ってる」みたいな顔をするんです。だから「行きたい所はない」と。他の仲間は「俳優座に残りたい」とか「映画に行きたい」とか希望を言うんですけどね。で、ホントに行き場がなくなっちゃったんです（笑）。

途方に暮れていた慶さんは誘われて、真山美保が主宰する新制作座の全国巡業に参加した。この旅でも「NO」ぶりは発揮されている。
何カ月も乗り打ち乗り打ち、つまり列車で移動しては芝居を打つ。出発する前に支度金みたいなものはカミさんに置いていったから、僕は泊る所と食べる物を与えられるだけ。これ〝アゴアシ〟って言うんですけど。旅の間、つなぎ、あ、これも芝居用語ね（笑）。食事と食事の間が仕事上どうしても長く空くから、つなぐために何か食べる。そのつなぎ用として八十円渡されたんです。十円玉八個。これが嫌でね。八十円だとキツネうどんとか、食べられる物が自然と限定されるわけです。自分の食事が十円玉八つで決めつけられる。堪えられないんです、そういうのが。だから元から無い物と思おうと。持ってるのが嫌だから、汽車の窓から瀬戸内海なんかに向って投げるんです。十円玉を一枚一枚、ピーッとね。

旅から帰って俳優座の衛星劇団の一つ、新人会へ。しかしその公演終了後、慶さんは四十度の高熱を出して倒れた。診断は肋膜炎。即入院を迫られ、奥さんは銀行を辞めて退職金を治療費にあてた。結局それでも続かず、「恥を忍んで」会津へ帰ることになる。一年近く田舎で療養し、奥さんが先に上京して用意した沼袋（中野区）の六畳一間のアパートへ戻る。しばらく劇団にも休団届を出して、医者が命ずる通りブラブラと暮らした。生活は奥さんがタイピストをして支えた。

芽が出たのは三十一歳の時、小林正樹監督の「人間の條件」ですね。オーディションがあったんですが、初めからあきらめてました。いつもダメだからね（笑）。でも肋膜のヤミ上りで体重が四十キロしかなく、くらーい感じが、インテリ脱走兵・新城の役にピッタリだったみたいで、受かりましてね。ああ、この映画から「之助」をとったんですよ。映画館でカミさんが「佐藤慶」の名前を見た時はさすがに泣いたらしいですね。僕自身も感激ですよね。本当だろうかなって……。でも、その後すぐに続けざまに仕事がくるかと思いきや、それが全然で（笑）。

とは言え、翌年の「青春残酷物語」を皮切りに大島作品に連続出演。新藤兼人作品にも。映画賞も獲得。野性と知性が同居する役者「佐藤慶」は一気に花開いてゆく。

超多忙となった昭和三十五年から、住まいも千代田区、港区、世田谷区、杉並区と目まぐるしく変っている。

世田谷と杉並の家は僕が仕事で留守の間にカミさんが決めて越したんです。だから撮影が済んで帰ってくると駅から家に電話して、「オレどこに行けばいいんだ？」って（笑）。

今の杉並区久我山の家は昭和四十四年に建てました。敷地は四十坪。上下六部屋の二階建て。女親というのは安定した巣が欲しくなるらしいですね。僕は家なんて仮住まいでいいと今でも思ってるんですけど。

今でも「NO」は言ってます。僕はCMは絶対やらないんです。役者の本業じゃないと思うから。最近も缶コーヒーのCMに出てくれって言われて断わりました。テレビ見たら矢沢（永吉）さんが出てるんですね。

カミさんも「出ろ」とは言いません。もし僕が変節したらむしろ怒るんじゃないですかね。でも「ノー人間」の割には選ばずに仕事してますけどね（笑）。

（一九九六年九月一九日号）

谷 啓

（俳優）

新築の家が全焼。持ち出せたのは
クレージーの衣裳と楽器だけ

一九三二（昭和七）年、東京・田園調布生まれ。本名：渡部泰雄。逗子開成中学で音楽部に。五三年原信夫の「シャープ・アンド・フラッツ」に入りプロの道へ。五六年「クレージーキャッツ」に参加。「ガチョーン」など数々のギャグを生んだ。バラエティ番組などに出演する傍ら、俳優としても映画やテレビドラマ、舞台などに多数出演、音楽活動も続けた。二〇一〇年逝去。

親父が日本製鋼という会社に勤めてたので、引越しのほとんどは転勤のためでした。田園調布（大田区）で生まれて、五歳ぐらいまでに広島、また東京という風に移ってます。生まれた家のことは全く覚えてないんですが、広島で記憶に残ってるのは、家の前の川端に寝そべって川を眺めていたら自転車に轢《ひ》かれたこと。僕は全然ダメージを受けなかったけど、両親が大騒ぎしてました。三歳頃かなぁ。あと、当時お手伝いさんが一人いて、その人に連れられて近所の原っぱを散歩してる時に、その人をビックリさせるために、僕がカラカラになった犬の糞を拾って自分の口に突っ込んだこと。どんなお手伝いさんだったか覚えてないですけども、驚いたでしょうねぇ（笑）。子供が天使なんて嘘ですよ。僕は母にその人を叱らせるためにその人がしてもいないこと言いつけたりしましたし。今、孫が五人いますけど、そいつらも無邪気な顔して遊んでるようだけど、心の中には秘かに悪魔がいるんじゃないかって（笑）。

東京へ戻ってきた時は多摩川の傍で、十二間道路と言ったかなぁ、それを横浜に向ってちょっと左へ入った所でした。わりと洒落《しゃれ》た西洋館で出窓があって。それを外から眺めるのが好きでした。でも家の中のことは覚えてないです。

この家の頃から幻覚や幻聴が始まったんです。五年くらいは続きましたよ。最初は親父と夕方多摩川の土手を歩いてた時。きれいな丸い月が出てたんですけど、その脇にもう一つ月が出てるんです、三日月が。その中に玉っころが三つ入っていて、真ん中のは実に鮮やかなオレンジ色に光ってるんですよね。それで親父に聞いたんですけど、親父には丸い月しか見えない。

泰雄（本名）少年はその後も、夜布団に入っていると天井が膨れて徐々に下りてくるので圧迫感に苦しんだり、寝る前に乱れ箱に入れたはずのゴム毬が夜中に廊下でトントンとつかれる音を聞き、朝恐々《こわごわ》確かめると毬はやはり廊下に転がっていて家人は誰も夜中についていないことがわかった、という奇妙な体験をしている。

俄《にわか》には信じ難い話だったが、聞き進むにつれて、確かに彼は〝見て〟〝聞いた〟のだろうと、妙に納得できるその人柄が見えてきた。

小学校に上がる少し前に、神奈川県の金沢文庫と金沢八景の間くらいの所に移りました。なかなかいい所でね。今は埋め立てられてますけど、当時は庭先が海で、親父と庭から釣り糸を垂れたり、庭に舟着き場があったから日曜には親父にボートに乗せてもらって平潟湾を巡ったり。元は別荘だったんでしょうね、東屋《あずまや》もあったから。家は五部屋ほどの和風の平屋でした。

親父は物静かな人で、お袋はざっくばらんな性格だから人づきあいもよかったけども、親父は外に出ると周りの物が目に入らないというか、近所の人が会釈しても気がつかないから、無愛想な男だと思われてたみたいですよ。

小学校三年の時に六浦（同県）の新築に移ったんで。すがたぶん親父の会社が建ててくれたんだと思います。ひと夏だけ洲崎（同県）という所に間借りしたから、家ができるまで待ってたんでしょうね。

洲崎にいた時思い出に残ってるのは、隣りが八百屋だか酒屋だか、いろんな物を売ってる店だったんですが、ある昼下がりに、印半纏《しるしばんてん》のいなせな感じのおじさんが店の奥にズカズカッと入っていったかと思うと、キュウリを一本取ってここら辺（セーターの袖を指して）で拭いてね、傍の味噌をしゃくると、カクッと食った。すると店のオヤジが「あいよ」って枡《ます》に酒をトットッとね。おじさんはそれをグーッと飲むと、「うめぇ！」って。なんでそこまで詳細に見てたんだか（笑）。きっと僕は店の前で見てたんでしょうねぇ。子供心に酒が飲めるようになったらああいう風にやりたいなぁと思ったの覚えてます。いえ、僕、下戸です（笑）。

六浦の新築は西洋館の応接間と和室四部屋の日本家屋が棟続きの平屋だった。庭には石炭小屋。そこから深夜ズルズルと石炭を盗み出す数人の人声を聞いた。それが少年の最後の幻聴だった。この頃から彼は探偵小説を読み漁《あさ》りSF作家を夢みるようになる。中学一年の時には「第二宇宙」という小篇を書いている。

この家は僕と弟があっという間にボロボロにしました。障子を破ったり、押入れの中から襖《ふすま》を破って出るような遊びをしたりして。

僕はよく障子に火をつけてすぐに消すというスリルを楽しんでたんですが、ええ、親には見つからないように上手くやるんです。ところがある日、僕が庭で穴を掘ってたら、っていうのも変ですけども（笑）、僕、穴掘って入るのが好きなんですよ。近くの原っぱで春先になると、自分が横になれるくらいの穴を掘って上から草を被せて目だけ出してジーッと空を見るのが好きでした。あ、それで、穴掘ってたら、「ふやぁ、ふやぁ……」って変な声が聞こえるんです。見ると、弟が障子に火をつけて燃え上がってる傍で喜んでるんですよ。弟は三歳下ですけど、小さい時高熱を出したのが原因で知恵遅れになりまして、今でもそうなんですが、その時はよく喋れなくてやっと歩けるくらいの状態で。とにかく僕はあわてて風呂場に走って、洗濯物のいっぱい入った盥《たらい》を火に叩きつけたんです。ボヤで済みましたけど、親父が帰ってきて、俺、思い切り張り倒されました。弟は日頃僕がやってるのを見てて真似たんですよ。

僕はあのまんま成長してたら変な人間になってたと思いますよ。結局、ジャズやってまともになったんじゃないかって。

逗子開成中学に入り、家は金沢文庫近くの寺前町に。そして、まもなく、彼を〝まともにした〟ジャズと出逢う。

中学の入学式の時、戦争中だから校長先生が閲兵式みたいなことをして、その横で〝振武隊〟と言ってた音楽部が演奏をしたんです。それに感動しましてねぇ。カッコよくて。よーし、お国のために死ねるぞみたいな。単純ですよね。それで式の後すぐにそこら辺の事

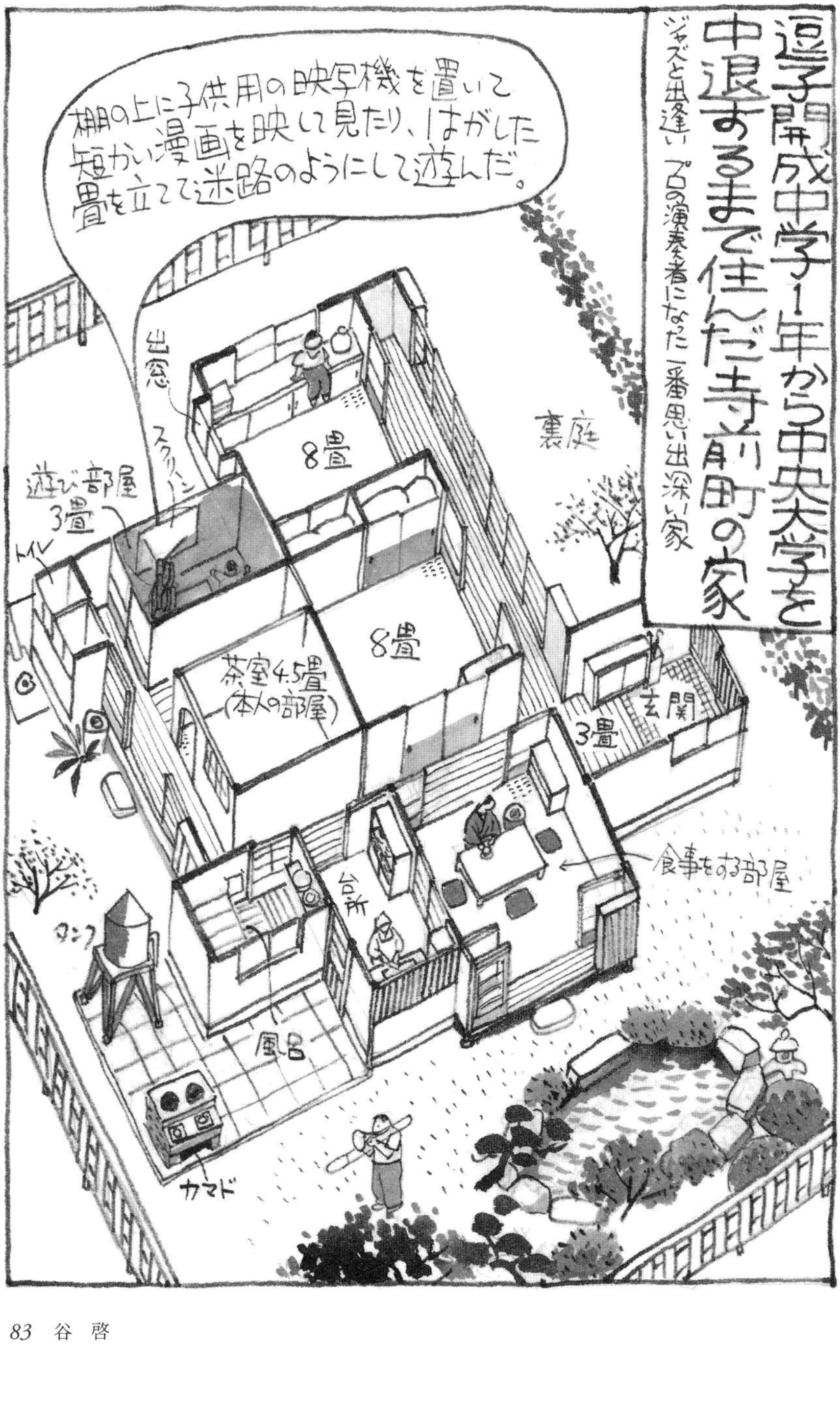
逗子開成中学1年から中央大学を中退するまで住んだ寺前町の家
ジャズと出逢い プロの演奏者になった一番思い出深い家
棚の上に子供用の映写機を置いて短かい漫画を映して見たり、はがした畳を立てて迷路のようにして遊んだ。
裏庭
出窓
スクリーン
8畳
遊び部屋
3畳
トイレ
8畳
茶室4.5畳
(本人の部屋)
玄関
3畳
食事をする部屋
台所
タンク
風呂
カマド

務所の窓を叩いて「今演奏した音楽のアレに入りたいんだけど」と。全く積極性のない男が（笑）。トロンボーンを初めて見たのも振武隊です。他の楽器と違って伸ばしたり縮めたりして面白いなぁと。目立つし（笑）。消極的なくせに目立ちたがり屋なんです。

音楽部には入りましたけど、学徒動員で葉山に植林に行ったり、池子の火薬庫で火薬の片付けしたりで、音楽部の活動はないんです。それに開成は軍事教練をやるような徹底した学校で先輩のしごきもひどくて……。そういう生活にホトホト嫌気がさして、僕は学校へ一切行かなくなったんです。二、三カ月して終戦になったからよかったけども、あのまま終わらなかったらどういう目に遭ってたかね。軍隊で言えば逃亡兵だから。

家でブラブラしてる時に玉音放送聞いて。そして進駐軍放送がジャズを流し始めたんです。ものすごくショックでしたよ。一番自分に合った音楽を発見したと思いましたね。だから寺前町の家は思い出深いです。バンドボーイのアルバイト始めたのも、プロになったのもこの家ですから。

中央大学在学中に、楽団「シャープ・アンド・フラッツ」にスカウトされ、まもなくフランキー堺さんに誘われて「シティ・スリッカーズ」に。そして昭和三十一年「クレージーキャッツ」に参加する。

大学へ行ったのは、長男だからちゃんとしなきゃと思って。不良になりたくてジャズ始めたのに根っから不良になれないというね（笑）。

シャープの頃は九品仏《くほんぶつ》（世田谷区）に移ってたと思います。ここも平屋で、玄関入って右手に応接間、左手に座敷が二つあって……、四部屋かな。庭がわりに広かったです。きっと親父が会社から借りてたんだと思います。

フランキー（堺）に引っ張られたのもここです。いや、別に演奏が上手いとかじゃなくて、椅子に坐って足でトロンボーンのスライドを動かしたり、そういう曲吹きみたいなことしてたから、「アイツは狂ったようにショーアップするぞ」と噂になってたようです。消極的なのにノルと何するかわからないというような（笑）。大学を辞めたのは、日劇に出てる時、休憩時間に授業料払いに行ったら窓口に長い列ができてて、金払うのに並ぶのもシャクだから帰ってきて、そのまま自然退学（笑）。

　好きだった米喜劇俳優のダニー・ケイに音を似せて「谷敬」に。しかしクレージー時代、ファンから「谷底から敬《うやま》ってたらいつまでも上に上がれない」と助言され、現在の「谷啓」が誕生。
　結婚は二十七歳。ペギー葉山さんの付き人だった奥さんと巡業先で出逢った。

　彼女（奥さん）もジャズが好きで、それに鎌女《かまじょ》（鎌倉女学院）の出身だったから開成の僕の友人を知ってたりで、話が合ったんです。四年ぐらい付き合ったかな。デートの時、僕は当時高かった携帯ラジオというのを無理して買いまして、お茶飲んで食事した後十一時頃になると、人通りのなくなった丸の内界隈を二人してラジオを聴きながら歩くんです。何も喋らずに。そして二人とも好きだった「ラブレター」という曲を決まった時間に流す喫茶店があったんですが、そこで会う時は、その曲が流れ出すと、二人でソッと書いてきたものを渡すというね（笑）。

　なんとロマンティックな。「ガチョーン」の人と同一人物とは思えない（失礼）。が、こんなことを物語る谷さんが不自然でないから不思議だ（再度失礼）。

　娘が二人生まれて調布に越したんです。親父が家を建ててくれて同居しました。初めての二階家で嬉しかったんですけど、近くの小さな川がちょっとの雨でも溢《あふ》れるんで、増幅工事のために立ち退きになったんです。それで今の三鷹に。これは親父と僕が共同出資して建てました。

ところが一年もしないうちに全焼したんですよ。あの時はひどかったですよ。いや、火事もそうだけど、その時の家族の有様が。まともにあわててるのはお手伝いさんだけ。親父なんか燃えてる最中に建設会社の社長と次の家の相談してましたから。お袋は飼ってた秋田犬と猫を抱えて野次馬の中にいて「犬と猫を一緒に持つのは大変だ」って、訳のわかんないことこぼすし。あきらめがいいっていうか。備え付けの消火器を全部使ってそれでも間に合わないとわかると逆に落ち着いちゃったんですかねぇ。俺は……、こんなことを言うと不謹慎だけどビデオ回して……。でも類焼がなかっただけ幸いでした。クレージーのユニフォームと楽器だけは持ち出せました。

幻覚ですか？　もうないと思いますよ。繊細ってこともないんでしょうけど、考え過ぎて没頭するというか……。調布にいた頃、東京オリンピックがありまして、オリンピックの選手に憧れて、それに比べると俺は何て小さな人間なんだろうと。毎晩二階の部屋でオリンピックのハイライトを観ながら落ち込んで泣くんです、家族に内緒で。そんな毎日だから、子供達が寄ってきても、不憫《ふびん》でね。心の中で「俺はこんな小さな人間なのに、お前達、俺んとこへ寄ってきてもダメだよ」と。

選手に間違われたくって、赤いブレザーにサングラスして、夜、選手村まで出かけて行ったりなんかしたんです。家ではずっとトレパン姿で胸に「NIPPON」ていうのをカミさんに縫い付けてもらってね。そして、重量挙げの時手につける粉を家のあっちこっちに置いて。本物はマグネシウムとかなんだろうけど、そんなものないからメリケン粉。それで、生まれたばっかりの長男を風呂に入れた、湯の一杯入った盥を、本当に真剣に、粉つけた手で「よしっ」と気合と共に持ち上げて、あれ技術いるんですよ、タップタップするから、それを風呂場まで持って行ってバンッとあける。それを日課にしてました。オリンピックがもっと続いてたら、自殺してたかもしれない。ほんとぉに辛かったから。

（一九九七年二月一三日号）

結婚後十年間住んだ団地が
僕の俳優としての哀歓を知っている

藤岡琢也

（俳優）

一九三〇（昭和五）年、兵庫県姫路市生まれ。肺結核のため関西学院大学中退。五七年声優を目指して上京。アテレコや脇役を経て六二年TBS「俺ら次郎長」で注目され、続くNHK「事件記者」「横堀川」で不動の人気を得る。九〇年よりスタートした「渡る世間は鬼ばかり」は晩年の代表作となった。二〇〇六年逝去。

記憶に残る最初の家は、小学校に上がる前から中学まで住んでた姫路の五軒邸《ごけんやしき》ってとこです。六畳二間と八畳の平屋という質素な家でした。

親父は日本フェルト工業株式会社という所に死ぬまでおりました。旧制の商業学校を出て、一番下の事務員から最後は会長でした。ええ、努力の人だと思いますよ。ライバルに大学出がいっぱいいる中でね。ただ、この頃は全くの平社員で、家も借家でしたから家計は苦しかったはずですよ。でも僕は結構裕福だと思ってたんです。お袋が偉かったんでしょうね。弁当など工夫して、三色弁当ね。肉なんか使わない。卵と海苔とタラコ。タラコを、こう薄く敷きましてね。見た目が綺麗でしょ。友だちに羨ましがられて……。

僕はお袋とコミュニケーションが強かったというか。妹が二人いるんですが、この頃はまだ僕しか役に立たないから、母の手伝いをして町場へお使いに行ったり。お袋もなかなか要領がよくてですね、僕が行くと店の人がオマケしてくれるんです（笑）。自分で言うのも変ですけど、僕は可愛かった（笑）。「こんちワ」「ありがとうございました」ってちゃんとお辞儀するもんですから、大人に可愛がられましてね。

あと七輪に火をおこす。だから小さい時から「夏下《かか》冬上《とうじょう》」なんて言葉覚えまして。ご存じですか？「夏下冬上」。今時だと七輪の底に炭を置いてその上に油をひいた新聞紙などをね。夏は逆です。あと鰹節かいたり風呂を焚いたり。いえ、面倒なんて思いませんでしたよ。手伝うのが当然だと思ってましたから。

成績は小学校六年間総て優等、総代で卒業。そして兵庫県屈指の名門・姫路中学から広島陸軍幼年学校へ。

つまり、琢也少年は修身の教科書から抜け出たような優等生だったのだ。

が、運命は時として本人の与《あずか》り知らぬ所で大鉈《おおなた》を振るう……。

我ながら順風満帆でした。それが日本の運命と共にガラッとね……。

　終戦を迎えたのは広島の山奥でした。幼年学校全体が疎開したんです。でなければ原爆で今僕はいなかった……。玉音放送を聞いた時、もう、とにかく頭の中が真っ白になるような……。死のうと思いました。全員で自決しよう、そう話し合っている所へ当時の生徒監の沼田先生という方がいらして、「お前達の気持ちはわかる。だがお前達が無事故郷に帰って日本を立て直すのが最上の任務である。言うことが聞けないのなら、俺が先に死ぬ」と、日本刀をギラッと抜いて切腹しようとするんです。それで僕らは慌てて止めて、おっしゃるようにしますからと。まだ十五でした。たった六カ月の教育でそういう風に。でも僕は今でもそういう気持ちを後悔してません。愛する家族を守り国を守るのが男の役目だっていうのは決して間違ってないと。

　家は幼年学校へ入る前に市内の北条口に移ってました。この家にはいい思い出がないんですよ。日本の国と一緒に挫折して復員した家。ここで僕は肺結核になるんです。元々ツベルクリン反応が陽性になりにくい体質の上に、幼年学校での生活がちょっと過酷だったのかもしれませんね。時に発熱してましたから。

　戻ると姫中がガラッと変わってましてね。それまで大日本帝国万歳って言ってた先生がですね、みんな共産党みたいになっちゃった。それで僕は不信感を抱いて……、関西学院の予科へ変わりました。

　焼け野原に流れるアメリカのリッチサウンド。
少年は音楽に光を見出した。

　僕の洋楽好きはお袋の影響です。幼年学校に入る一カ月程前のある晴れた日、今でも忘れませんけど、北条口の家の縁側に蓄音機を出して、ドイツのバルナバス・フォン・ゲッツイというタンゴバンドが演奏する「碧空《あおぞら》」を聴いてたんです。空きっ腹に、仰げば真っ青な空をB29が一機、スーッと飛行雲をひいて飛んでいるのが見えた。そしたらなぜか涙が滂沱《ぼうだ》と流れましてね。それが何だったのか……。あのね、僕、幼年学校へ行くって気持ちとタンゴにしろジャズにしろ、好きだっていう気持ちは矛盾してないと思ってるんですよ。軍歌は歌ったことない。音楽的レベルが違う。

ただの軍国少年ではない。

進駐軍放送のジャズに身震いするほど魅せられたが、金管楽器が手に入らず、少年は古道具屋で安いバイオリンを買う。そして独学で初級教則本「ホーナー」をマスター。しかし次の「カイザー」でさすがに独学の限界を悟り、関学のタンゴバンド部へ。折りからのダンスパーティブームでバンドはひっぱりだこ。その時アコーディオンを弾いていたのが〝浪花のモーツァルト〟キダ・タローだったという。

バイオリンを抱えて片道三時間、彼は関学に通った。

が、再び彼の夢は散った。結核が悪化したのだ。

音楽を諦めました。でも入退院を繰り返している間に写真に興味を持ちましてね。友だちの親父さんから「アサヒカメラ」という雑誌を借りてとにかく読む。口絵から何から全部。初めは書いてある技術的なデータなんか全然理解できないけど、何カ月も読んでますと、そのうちね、写真見ただけで、これは五・六の絞りでシャッター二百分の一だなとかわかるようになるんですよ。で、ついに親父にねだってねだって、カメラを買ってもらって、雑誌に応募したんです。「アルス写真年鑑」では特選に入りました。

選評は「イタリアンリアリズムの新星現る」。カメラもライカに至るという、プロの域に達した。だが、しかし、あろうことか彼の夢は三度《みたび》砕かれた。

胸郭成形術って言ってました。右の肋骨を七本切るんです。これしかないと。肺切除はできない、癒着して。結局、以前入院してた京大の結核研究所の傍にある小さな病院で手術することになったんです。そこで親父の知人が手術に成功したというんでね。でも肋骨七本も切ると上体が曲がるんです。それが嫌だと言うと、お袋が強硬に手術を勧めましてね。曲がったっていいじゃないか、命さえあれば。病院の前で焼き芋屋したっていい。とにかく生きなきゃダメだと。陸軍の将校めざして、音楽めざして、写真めざしてやってきたのが……焼き芋屋って……でも「お母ちゃんも手伝うから」って……お袋が……。

後は言葉にならなかった。

謂《いわれ》なく三度まで夢を奪われた息子。それも、幼い時から口応え一つせず勤勉に生きてきた孝行息子である。「死ぬな」と励ました母の心中はいかばかりだったろう。

眼鏡をはずして目頭を抑える藤岡さんに、かける言葉は見つからなかった。

ですから僕はね、手術室に運ばれるストレッチャーの上で麻酔で半分朦朧《もうろう》となりながら、僕を覗き込むお袋と親父の顔を見た時ね、絶対生きて出てくるぞ！と思ったですよ。

「優等生は健在でしたね」と言うと、涙を照れるように藤岡さんは大声で笑った。

息子が病と闘う間、父も闘っていた。会社役員となり、手術後の息子を市内宮西町の社宅に迎えた。

かつて結核研究所に入院中、ラジオドラマに興味を持っていた藤岡さんは、声優を志す。手術を前に大学を中退した彼には、望む演出家への道は遠く、学歴を問われぬ唯一の、そして最後の残された道だった。

二十六歳。運命に阻まれた男の遅すぎる春だった。

大学の放送研究会にいた時、ある人が東京の劇団を教えてくれたんです。まず新劇を勉強しなさいと。医者は止めましたよ。右手はバケツ半分の水を持つのが限度だと。でも僕が、台本は軽いし左手で持ちますからって。最後は医者も勝手にしろって感じで。

親父とお袋が姫路駅に送りに来てくれました。二人の姿が見えなくなるまで手を振って。でも姫路城が遠くなると、そっからもう不安の固まりでね。食欲が全く無くなって、固形物が入らない。八時間ミカンばっかり食って、東京駅着いたらミカンの皮だらけ（笑）。いや、両親も僕も泣かなかったです。ああいう時って泣かないもんですね。さっき不覚にも涙が出ましたけど、泣けるのは余裕がある時ですよ。


上の妹さんが嫁いで原宿団地（渋谷区）に住んでいたので、劇団葦の試験を受ける数日間居候し、合格後、下北沢（世田谷区）へ。


南山荘という学生下宿でした。二階の角の四畳半で、共同の洗面所とトイレが外にあって、賄い付きでしたから下に小さな食堂がね。僕以外は全員学生です。家賃は四千円ぐらいでしたかねぇ。

ただ、食事がね。朝は食えるんです、あったかいのが。でも稽古で帰るのが夜中でしょ。すると僕の食事だけ戸棚に残ってるんだけど、冬なんか、丼に入った飯が凍《い》てついてるんですよ。箸差すとジャリッて。食う気がしないけど食わなきゃ身がもたないし。学生下宿だから火は使えない。そうだ、水道水の方が温かいんだろうと思って、ジャーッと水道の水かけながら混ぜてるとほぐれてくる。水漬け。お茶漬けじゃなくて（笑）。

昼は劇団でハンテン。天ぷらが半分のってる天丼ですね。でも食欲がないんですよ。結核の間に油っぽい物が食えなくなってまして。でも一応みんなと食わなきゃと。一口食べると息を止める。オエッとなるから。そこへ薬罐《やかん》の水を飲む。噛まない、息しない、吐くから。そして呑み込む。だから昼も水メシ（笑）。

生活費？　恥ずかしいなぁ、これ言うの。……親父から毎月二万円仕送りしてもらってたんです。親父のお陰で何不自由なくね。ただ、精神的苦労はありましたよ。ここでひどい鬱病になったんです。朝起きると目の前が真っ暗でね。えらいことしたなぁ、姫路へ帰

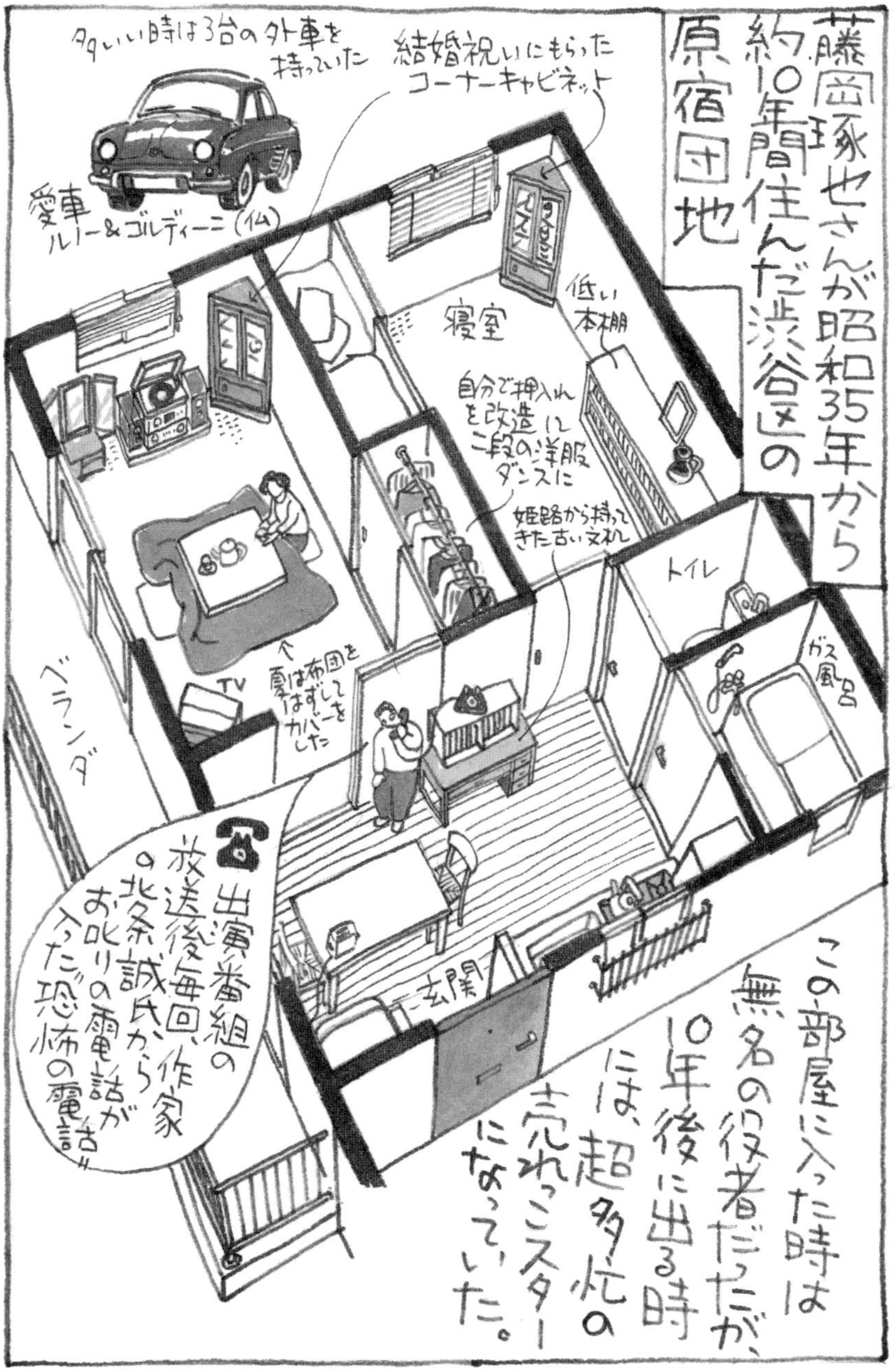
藤岡琢也さんが昭和35年から
約10年間住んだ渋谷区の
原宿団地
多い時は3台の外車を持っていた
愛車
ルノー&ゴルディーニ(仏)
結婚祝いにもらった
コーナーキャビネット
寝室
低い本棚
自分で押入れを改造して二段の洋服ダンスに
姫路から持ってきた古い文机
トイレ
ガス風呂
夏は布団をはずしてカバーをした
TV
ベランダ
玄関
出演番組の放送後毎回、作家の北条誠氏からお叱りの電話が入った"恐怖の電話"
この部屋に入った時は無名の役者だが、10年後に出る時には、超多忙の売れっ子スターになっていた。

りたいなぁ……。でも何とか砂を嚙む思いで朝飯食って、井の頭線の駒場東大前にある劇団まで行く。ところがね、下北沢の駅で電車待ってるでしょう。電車が入るアナウンスが流れてるのに身体が自然と線路の方へ行くんですよ。下がらなきゃと思うんだけど下がれない。誰かが押してる。いや、実際は押してないんですよ。で、脂汗がグーッと……。そこへ電車がバーッと入って来て我に返る。毎日それです。でも劇団に着いて午後になるとフッと楽になる。そのうち、これは午後までもたしゃいいんだなとわかってね。

一年後、新宿区柏木のアパートへ。今度は四畳半に半間の台所。家賃は五千円。

ここから人並みの食事がね。傍の商店街で顔馴染みになってくると、たとえば八百屋さんなら余分な屑野菜分けてくれたり、魚屋さんが鯖の頭オマケしてくれたりしましてね。それで鍋をするんです。鯖の頭なんかいい出汁《だし》が出るんですよ。僕、お袋の手伝いしてたから、雑炊作ったりして。

三年ぐらいいて、次が上落合（同区）。アテレコの仕事も少し来るようになって、収入もちょっと増えたんで、六畳の新築へね。これが安かったんですよ。七、八千円するはずなのに六千円だった。これは掘り出し物だとすぐ借りましてね。そしたら翌日、台所の窓開けると目の前に高い煙突が一本立ってて白い煙がスーッと。大家さんに「工場ですか？」って聞いたら「あれは焼き場です」。落合の火葬場。それで安かった（笑）。

半年で出た。火葬場が嫌だったのではない。結婚したのだ。妹さんが神戸女学院時代の同級生との見合いを勧めてくれた。

初めての縁談が女房なんです。ええ、さしたる横道もなくて（笑）。妹が以前いた原宿団地に一戸空きがありまして。これもお恥ずかしい話ですが、親父が公団の偉い人の伝《つて》を頼んで買ってくれたんです。お恥ずかしい話だ。

この2DKが僕の俳優としての歴史を一番よく知ってくれてます。特にダイニングの黒電話ね。僕の涙も喜びも全部知ってる。「俺ら次郎長」という橋幸夫さん主演の時代劇ドラマに出てる時は恐怖の電話でしたよ。僕を推して役を下さった作家の北条誠先生が毎回オンエアの後電話を下さったんですが、いつも「バカ野郎！　カス！　何だあの芝居は！」って。それが、十五、六回目でしたかねぇ、「おい、今回はよかったぞ」って。その時の嬉しかったことね。女房と抱き合って泣きました。

結婚を機に二万円の仕送りを断わった。そしてこの2DKの十年間に彼は磐石《ばんじゃく》の俳優となる。その後、原宿のマンションに半年、川口アパート（文京区）に十年。現在の渋谷区南平台の家は十七年になる。有名ジャズメンも集う防音装置完備のスタジオ付きだ。

僕ね、もう欲はないけど夢はあるんです。音楽劇がやりたい。ミュージカルじゃない。ステテコにダボシャツのおじさんが赤提灯の前でギターの生演奏で心境を歌う。ステテコミュージカル（笑）。

重なる運命の荒波を越え見事に親の愛に応えた〝優等生〟は、穏やかな笑顔を残して「渡る世間は鬼ばかり」の岡倉大吉になるべく、テレビ局へ向かった。

（一九九七年三月六日号）

下條正巳

(俳優)

月八十本のラジオドラマに出演して
ようやく建てた世田谷の最初の家

一九一五年(大正四)年、韓国・釜山生まれ。二十歳の時監督を志し上京するが、新劇の舞台に魅せられ俳優に。以後、舞台、ラジオ、TV、映画に活躍。「男はつらいよ」シリーズの三代目〝おいちゃん〟として、第一四作「寅次郎子守唄」より第四八作「寅次郎紅の花」まで出演。俳優の下條アトムは長男。二〇〇四年逝去。

両親は長崎の壱岐の出身なんですが、当時皆さんが青雲の志を抱いて満州に行ったように釜山に渡りまして、そこで僕は生まれたんです。姉を頭に男五人の僕は四男坊です。今残ってるのは僕だけですが。

うちは鉄工所を営《や》ってましてね、朝鮮の職工さんが十人ほど働いてました。親父の人柄だったのか、みんな長く勤めてくれて、一番長い人は、十歳でうちに来て結婚して子供が大きくなっても通ってました。僕はここに商業学校を出て二十歳までいたんです。

家は工場の隣にあって、かなり広い地所でしたね。子供が増える度に建て替えてましたから、その都度のことは覚えてませんが、最終的には二階建てで、上に二部屋、下に三、四部屋、広い板の間の台所、風呂、トイレです。いや、生活も何も全部日本と同じですよ。今の方にはわからないと思うけど、外国じゃなく全く日本なわけです。言葉にしても、朝鮮の人は生活するために日本語を覚えざるを得ないけど、僕らは日本語しか使わないから、朝鮮語を覚える必要がなかった(のち昭和十三年日本は朝鮮語使用を禁止)。それほど、日本は朝鮮を日本化してたということです。

僕は朝鮮語を習得しなかった代わりに、人種的な差別も全く持ってないんです。後年飯沢匡《ただす》さんの「もう一人のヒト」という芝居で僕が朝鮮人を演じた時、新聞評も褒めてくれましたけど、何より朝鮮の人が絶賛してくれたことが僕は嬉しかったですね。

僕が初めて東京へ出てきてビックリしたのは、魚屋さんが店先で蚊取り線香を焚いてたこと。まるで死んだ魚を弔ってるみたいだった。今思えば虫除けだったんですよね。蝿取り紙も下がってたから。釜山の市場では、魚が板の上でピンピン跳ねて、タコなんか動いてどっか行っちゃうくらい生きがよかったんです。

あ、有馬(稲子)さんの実家ね、知ってますよ。もちろん年が違いすぎるから彼女が釜山にいた頃のことは知りませんけど、大きな化粧品問屋の実家はうちから歩いて十分くらいの所にありました。


新聞記者や絵描きに夢を抱いたこともあったが、小さい頃から映画好きだった正巳青年は、商業学校卒業後、二年ほど工場の営業面を手伝うと、映画監督を志して東京へ。荷物はギター、バイオリン、蓄音機にレコード。しかしそのいずれもが生活の糧として質に流れてゆくことはまだ知らない。
昭和十一年一月。直後に二・二六事件が世間を揺るがす、その年だった。

親父は僕が卒業する頃亡くなりましたから、跡を継いだ長兄に話したんです。そしたら「お前はそういうことに向いてるだろう」と言って、大学に行かせるつもりで一カ月二十円ずつ三年間仕送りしてやるって送りだしてくれました。夕方釜山から関釜連絡線に乗って翌朝下関に着くでしょう。それから汽車で東京に着くともうとっぷり暮れてますよ。川崎あたりだったかなぁ、〝コロムビア〟ってネオンサインが見えてね。今でもあれを見ると泣けてきて……。

青山学院大学に通う友人が住む洗足（大田区）の下宿に三泊。その後は別の友人の伝《つて》から伝へと紹介された大井の四畳半下宿。家賃は七円五十銭。
ここで約三年を過ごした。

その友人の、そのまた知人が新築地劇団の文芸部にいて、下宿も世話してくれたんです。そして一度新劇を観てごらんというので、観たのが新協劇団の「マンハイム教授」と島崎藤村の「夜明け前」。ああ、世の中にこんなものがあるのかって感動して、映画監督はどっかへ忘れちゃったんです。そして四月に新協の研究生になりました。同期に岩下志麻さんの親父さんの野々村潔さん、一つ下に下元勉君。試験官は滝沢修、三島雅夫、小沢栄（のち栄太郎）の三方でした。「夜明け前」を朗読させられたんですけど、「おー、君はすごい訛りだな」と言われて、僕は「訛りって何ですか？」と。それほど僕は何も知らなかったんです。その後も僕は「釜山生まれなのに結構日本語が喋れるじゃないか」と言われましたよ。つまり、進歩的と言われる新劇の先輩でも、当時の朝鮮の実情を知らなかったわけです。どれほど植民地化されていたかということを。
だからいまだに僕はアクセントにこだわります。アトム（俳優で子息の下條アトム氏）みたいにぶっつけでナレーションやったりできないんです。

大学出の月給が六十円の当時、仕送りの二十円ではいくらガリ版切りのアルバイトをしても生活は苦しかった。「もっと安い下宿を」と、下條さんは一年足らずの間に五、六回転居した。

とにかくタクシー一つで引越してました。布団と机と本だけ積んで。でも夜逃げはしなかった。（笑）。ちゃんと家賃は払ってましたよ。
七回目の赤坂（港区）一ッ木町はよく覚えてます。ラッキーセブンでいい事があるかもしれないと。信欣三（俳優）と、慶大生の江頭君という劇団の同期の三人で六畳と四畳半の下宿を借りたんです。ある日、三人がまだ寝てる時、東京電力の人が来て電気代滞納だから電気切りますって言うんですよ。僕ら「どうぞー」なんて言って、それから蠟燭《ろうそく》生活。一カ月くらい蠟燭でした。そのうち蠟燭を買うのももったいなくってね。

一ッ木のパン屋さんに絵描きと偽って食パンの耳を分けてもらい、消しゴムに使うどころか主食にして凌《しの》ぎ、新劇好きの質屋さんが芝居の切符だけでお金を貸してくれたり、釜山の長兄には「金送れ」と何度手紙や電報で〝病気〟になったことか……。

どうにもやっていけないから、七ッちゃん（信氏の愛称）は下町の実家へ、江頭君は大学やめて九州へ帰りました。僕は三田（港区）に行くんです。前の大井の大家さんが三田に越したのを知って訪ねたところ、しばらくいなさいと言ってくれて。ちょっときれいな未亡人で、妹さんもいました。いや、別に何もなかったですよ（笑）。でもただでいつまでもいるのも悪いから近くのアパートを紹介してもらってそこへ落ち着いたんです。四畳半でしたけど、家賃は覚えてないなあ。

そして昭和十五年、新協劇団解散。左翼劇団として当時の政府に弾圧されたのだ。その間、釜山から友人が下條さんを頼って上京。しばらく三田に同居した後友人は結婚。夫婦は隣の六畳へ移る。

園田君って言ってとにかく音楽が得意な人で、初めは新協の音響効果部に紹介したんだけど、その後うまい具合にＰＣＬ（東宝の前身）に移ったんです。で、砧の撮影所に近い方がいいというんで僕も一緒に祖師谷（世田谷区）へ越して、一軒家を借りて、彼ら夫婦と僕とで二部屋ずつ使い、五十九円の家賃を半々で払いました。それが昭和十六年でした。

二年後、下條さんも結婚。奥さんは子役スターから新劇女優になった田上嘉子さん。同年下條さんは召集されるが〝員数外〟で即日帰郷。翌二十年長女暁乃《あけの》さんが生まれる。

終戦の前の年、僕は移動演劇に参加してたんですが、その劇団が長野の牟礼《むれ》に集団疎開したので、東京の家は知人に頼んで女房と生まれたばかりの長女をそこへ連れてきたんです。でも生後三カ月でしょう、お寺で劇団のみんなと生活してるんだけど、夜泣くんですよ。みんなに「うるさい」って言われましてね。女房も女優だったから家事も何もできないし、子供がお腹空かして泣いてるっていうのがわからないんですよね。夜中二人で暁乃を抱いて外であやして……。これはどっかへ越さなきゃということで、近くの農家を借りたんです。

この頃が辛かったですねぇ。米がないから、着物をリンゴと交換してもらって、闇で買ったメリケン粉と擦ったリンゴを七輪で炊いてカステラみたいな物を食べさせたり。お風呂がないんですよ。寺にはあったけど、池の水を沸かした泥みたいな風呂でね。仕方なく近所の学校の先生のお風呂を最後に使わせてもらって。

トイレは外だから、冬なんか僕が竹箒で雪をかきわけて女房を連れて行ったり……。

そして終戦を迎えて新協劇団が再建されるというので東京へ帰るんです。昭和二十一年の一月か二月でした。雪がいっぱい積もってて、二人でリュック背負って暁乃を抱いて牟礼の駅まで歩くんだけどヤカンなんかぶらさげてるでしょ、三十分くらいかかるから途中で蓋が落っこちるんですよ。それをまた雪の中取りに戻ってね。それで牟礼駅の横の商人宿へ一晩泊まって、朝一番の汽車で東京に向かうんです。朝急いでるのに暁乃のおむつを換えなきゃいけない。僕が「もういい、もういい」って、やっと汽車に飛び乗って。着いたのは赤羽だったと思います。もう大混乱でやっとの思いで家にたどり着きました。

その年の十一月、長男アトムさん誕生。

同じ祖師谷の今の場所に移ったのは昭和二十八年。坪三千円の土地を借金して約六十坪買った。しかし家までは手が回らず、一年間は以前の園田家と一緒の家に暮らし、月八十本のラジオドラマに出演して家を建てた。

十年後、奥さんの両親を呼ぶために立て直し、アトムさん一家と二世帯住宅形式にしたのは六年前。今ではお孫さんも高校生だ。

昭和二十六年、民芸入団、四十七年退団。そして二年後、実にその後三十五作に出演することになる「寅さん」の〝おいちゃん〟役とめぐり逢う。

山田（洋次）監督からお声がかかった時はゲストで一回出るだけだと思ったんです。でも脚本にはそれらしき役がない。聞けば〝おいちゃん〟をということじゃないですか。びっくりして……。悩みましたよ。でも特にお断りする理由もないし、山田さんは素晴らしい演出家だと前から思ってましたしね。

でも正直言うと、つい数年前まで僕とおいちゃんという役の間には距離感というか、ハッキリ言って抵抗感があったんです。つまり、何て言うのかなぁ、たとえて言うなら、「支持する政党は？」と聞かれた時に

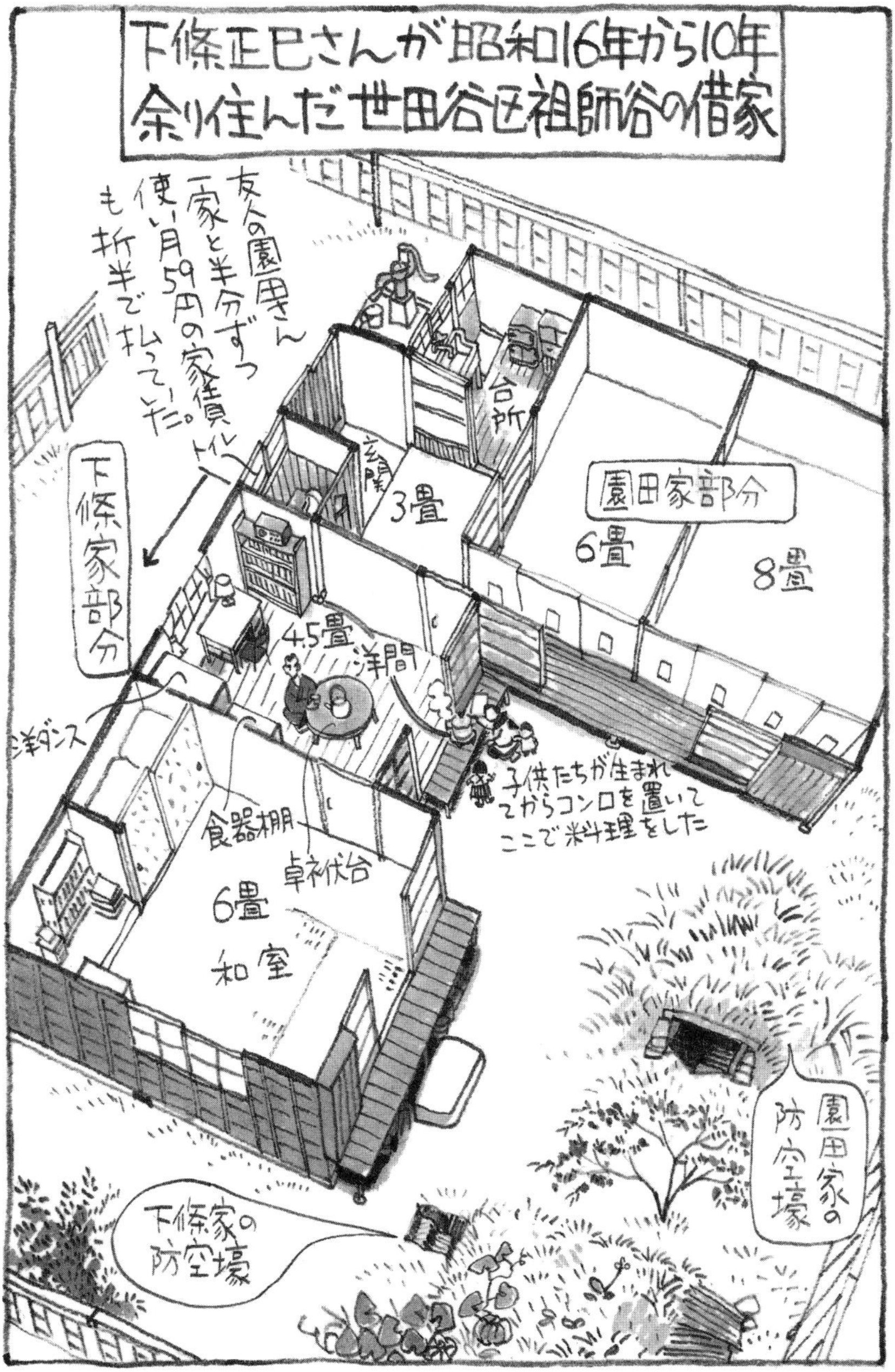
下條正巳さんが昭和16年から10年
余り住んだ世田谷区祖師谷の借家
友人の園田さん一家と半分ずつ使い月59円の家賃も折半で払ってた。
トイレ
下條家部分
台所
玄関
3畳
園田家部分
6畳
8畳
4.5畳
洋間
洋ダンス
子供たちが生まれてからコンロを置いてここで料理をした
食器棚
卓袱台
6畳
和室
園田家の防空壕
下條家の防空壕

おいちゃんは決して〝野党〟支持ではないと思うんですよ（笑）。でも僕は、当時の与党が自民党だとしたら、「自民党に一票入れます」とは言えない。どっか、そういう、世の中に対する見方が、おいちゃんと僕とでは違うんです。

それなのに、渥美ちゃんが亡くなって改めてビデオで全部観直してみたら、すごいと思ったんです。あれほど観客を動員した理由がわかったような気がした。役者としての渥美ちゃんのすごさ。山田さんのコツコツ仕上げていく演出力のすごさ。もしかすると、渥美ちゃんが今はいないという僕のセンチメンタリズムかもしれないけど、確かに演《や》ってる時にはわからなかった魅力を僕は今やっと客観的にわかったと思いました。

静かだが〝己を貫く〟真っ直ぐな力が下條さんには感じられる。六年前、勲四等瑞宝章を辞退したこともその姿勢と無関係ではないと思うのだが……。

ご存じでしたか、そのこと。いや、別に七十代になればだいたいああいう話は持ち上がるんですよ。もらうかもらわないかはその人の自由だから……。僕は演技賞だったら喜んで頂きますよ。でも勲章は僕には似合わない（笑）。もらうような人間じゃないし、もらう理由もないから。

ただ、僕の生き方、どういう姿勢で生きてますかと聞かれれば、勲章をお断りしたこと、それが一つの表れとして一番ハッキリすると思う、それだけのことです。

取材の数日後、下條さんから墨痕鮮やかなお手紙が届いた。「老優はつい余計なことまで喋りすぎました……」と。文字の向こうに〝古武士〟のはにかむ笑顔が見えた。

（一九九七年九月一八日号）

お手伝いさんの部屋の天井裏に乱歩の世界を垣間見た少年時代

久世光彦
（演出家・作家）

一九三五（昭和十）年、東京生まれ。東大卒。学生演劇仲間に中島貞夫監督、文学仲間に作家の大江健三郎氏が。六〇年TBS入社。「寺内貫太郎一家」「時間ですよ」他数々の人気ドラマを生み七九年独立。『一九三四年冬〜乱歩』で山本周五郎賞を受賞するなど作家としても活躍。主な著作に『蝶とヒットラー』『聖なる春』など。二〇〇六年逝去。

当時、昭和十年代の阿佐谷（杉並区）は新興住宅地で、〝胴村《どうむら》〟って呼ばれてたんですよ。定年退職した大学教授とか軍人が退職金である程度の家を買って住んでるケースが多かった。つまり〝首〟がない、胴だけってことなんだけど、なかなか面白い表現だと思った、僕は。だからうちの父なんかこの界隈じゃ若い方だよね。各々の家の外観も、大谷石の門に鉄の門扉、玄関は門柱の上にアールデコ風のカーブした飾りがのったポーチ。入ると必ず横に俗に言う〝西洋間〟というのがある、ちょっと文化的な感じの家でした。

八歳まで阿佐谷にいました。両親と大正十五年生まれの姉、昭和三年生まれの兄、それとお手伝いさんの「たみや」。たぶん「民子」だったんでしょうね。どうして昔のお手伝いさんは「や」がつくんだろう？「ねえや」からしてそうだもんねぇ。でも、「や」の字がつきにくい名前もあるよね。「エイコ」で「エイや」じゃあねぇ（笑）。民やは当時誰もがしてたように髪を後ろでまとめて小さな髷《まげ》をくっつけて着物着てました。それで僕がおんぶすると、なんかねぇ、こう、襟足のあたりがちょっと不潔な感じがしたの覚えてる。いや、別に嫌いじゃなかったの。仲良かったんですよ。歳は……、二十歳前後じゃないかしら。

親父は職業軍人で、最後は陸軍少将でした。お袋は親父と同じ富山生まれなんだけど、当時には珍しく富山から今のお茶の水女子大、東京女子高等師範学校を出て富山の県立女学校で先生してたんです。いや、インテリではないけど、今で言う教育ママ。僕が生まれた時は育児ノイローゼでね。というのは、兄と僕の間にいた二人がゼロ歳とか三歳で病死したんです。それも親父が外地にいて留守の間だったから母親が責任感じたわけ。だから僕をとにかく死なせちゃいけないっていうんで、クシャミ一つしてもすぐ抱えて医者に走るんですよ。夏は日射病になるから、冬は風邪をひくから出ちゃいけない。すると、どうしても家の中っ子になって、いわゆる過保護だから、僕は虚弱だったの。

兄貴は今の日比谷高校から陸軍幼年学校に入ってました。中学二年ですよ、今で言えばね。だから軍服もダブダブで、チビの僕が見ても可哀相みたいな軍人な

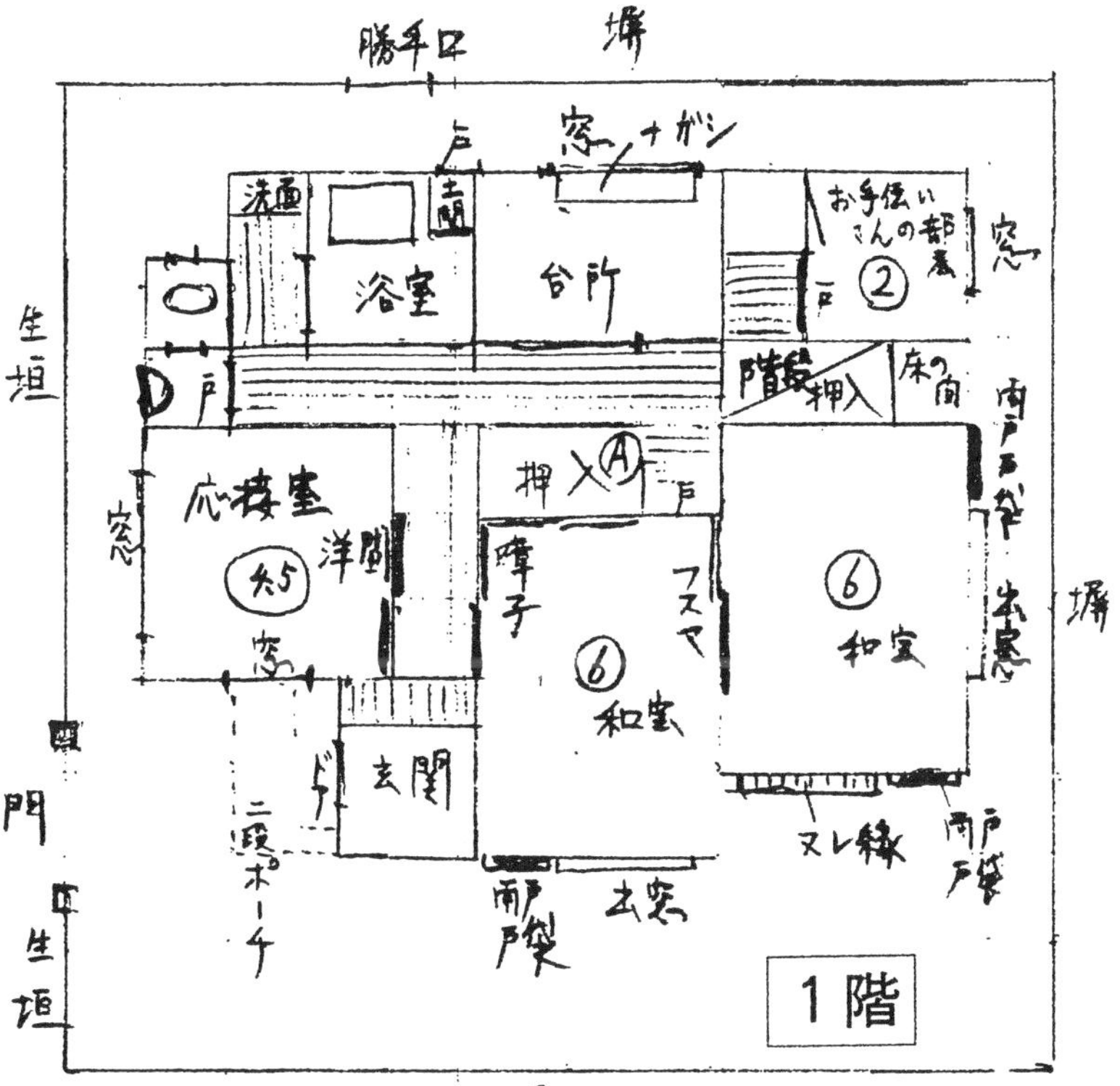

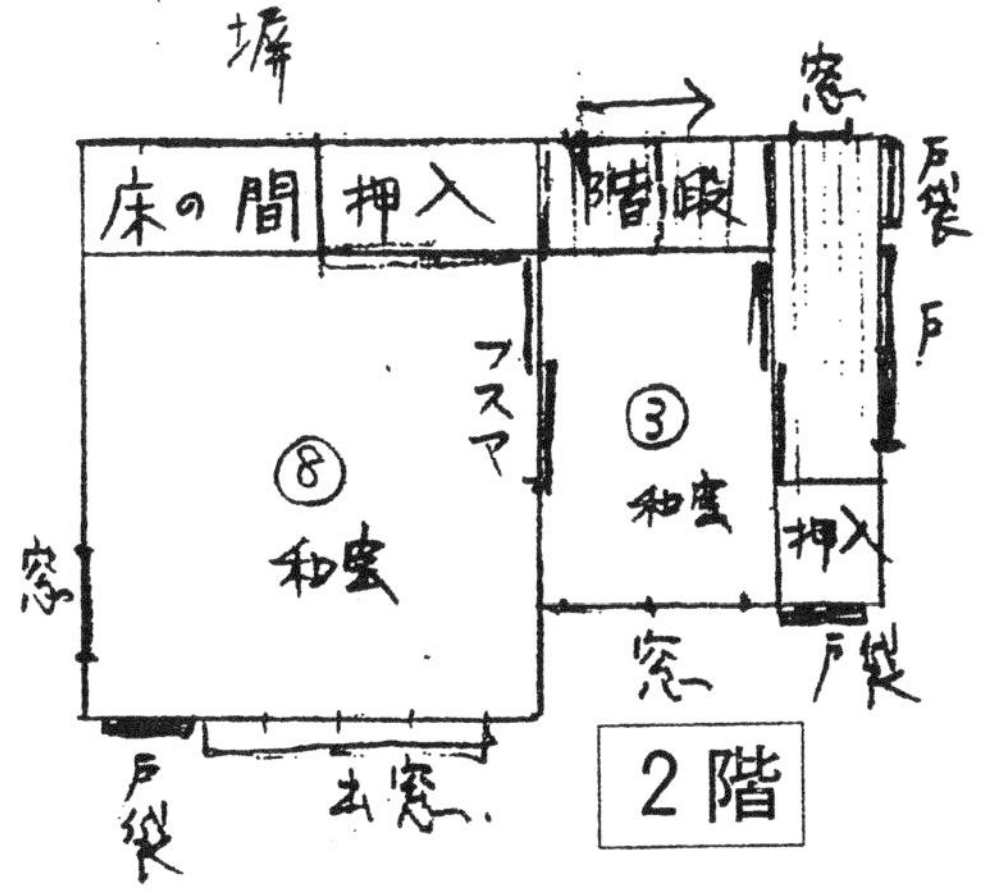

久世光彦さんが8歳まで住んでいた杉並区阿佐谷の家。敷地約35坪。建坪約18坪。
（見取図は久世氏の姉上による）

んだよねぇ。今は自民党の参議院議員してます。

姉は行かず後家なんですよ。一つは、女学校の頃に肺門リンパ腺をやって、当時は肺結核というと不治の病と言われてたでしょ。それで身体に自信がないというのと、あとは要するに好きだった遠縁の男の人がグアムで戦死しちゃったというのもあったみたい。でも今はその姉がお袋と住んでて、ええ、お袋は元気です、九十七で。だから九十七のバアさんを七十一のバアさんが世話してるわけ。「あんたも兄弟ならたまには代わりなさいよ」って姉が文句言ってるけどね（笑）。母親の家系は女が長寿なの。しぶといというか。母の姉が百三歳、妹が九十三歳で生きてる。亭主はみんな半世紀も前に死んじゃってるのに。怖いでしょう。十年ぐらい前まではその三人で旅行してたですもんね。一番下のが「あんた若いから」って荷物持たされてさぁ（笑）。

阿佐谷の家で一番覚えてるのは民やの部屋。父の本棚の大人の本を読むと叱られるから隠れて民やの部屋で読むわけ。それと何故か民やの部屋には「新青年」という雑誌があったんですよ。（江戸川）乱歩がデビューしたくらいの雑誌だから、新人推理作家を積極的に登用して、松野一夫の表紙なんかもとてもモダンでね。でも猟奇、エログロナンセンスみたいな小説も載ってるから、決して良家の子女向きではない。それを五、六歳からコッソリ読んでたんです。それと民やの部屋だけ天井が開いたんですよ、電気の配線工事のためか何かで。僕は民やの茶箱の上に何か積んでそれに乗っかって天井裏を覗くの。梁《はり》に蜘蛛の巣が張ってボンヤリ光がさしてね。乱歩の『屋根裏の散歩者』の描写が浮かんでドキドキしたの覚えてます。


軍人には珍しく、父親は豪放ではあっても、時には剽軽《ひょうきん》なほど明るい人だったという。そして文化に理解があり、短い東京勤務の間にも家族を上野の美術館に伴い、いち早くオルガンやポータブル蓄音機を購入、短歌や俳句も嗜《たしな》んだ。そして父の「キング」に始まり光彦少年の講談社の絵本まで、各人が毎月一冊定期購読するという家庭だった。

〝胴村〟にはいろいろ思い出があって、たとえば妾宅があった。何故妾宅とわかるかというと、仮に村田さんて人が女を囲ったとしますよね。すると表札に「村田　寓」と書くんですよ。たぶん元は粋人が女の人には関係なく別宅を持った時に仮の住まいということでその「寓」を使ったのが始まりじゃないかと思うんだけど、「寓」がほんの一区画の中に四、五軒もあったんです。僕はあんまり外出しなかったけど、それでも春や秋にはね（笑）、近所の表札を見て歩いてたの。そうすると「寓」だらけでしょ。どうしてこの名前ばかりあるんだろうと、不思議だった。母に聞いたけど、当然教えてくれませんでした。一度、向田（邦子）さんのお正月ドラマでその「寓」を使ったら、「子供時分に私もよく目にした。懐かしい」っていう手紙が随分来ましたよ。

それとね、虚無僧《こむそう》が毎日家の前を通った。うん、そう、編笠に尺八、「明暗」の箱を前に下げて。あれが怖くてねぇ。昔の親ってさ、人攫《さら》いとかサーカスに売るとかそんなことばっかり言ってたじゃない。だから虚無僧も子供を攫うんじゃないかってね。それが怖くなくなったのは、阿佐ヶ谷映画劇場っていうのがあって、ある日母とその前を通りかかったら、虚無僧が編笠を上げて牛乳飲んでたの。陳列ケースの中の「次週上映」なんてポスターを見ながらね。髪なんか七・三で普通のオジサンなの。それ見て救われてね。でも虚無僧が牛乳飲むって、ドラマでもこうはいかないよねぇ（笑）。

この人の記憶はどこか人の情念の奥に繋がるようなシーンが多い。そして極めて映像的だ。まさか幼心にカメラワークを考えていたわけでもあるまいが……。

昭和十九年六月、父親の札幌転属を機に、一家は幼年学校に通う兄を残して転居。広大な北海道での一年は楽しかったという。

敗色濃厚となった翌年の初夏、妻にも任地先を明かさず父は単身、五島列島へ。沖縄陥落の次に米軍が狙っていた島々であった。少年は母と姉に従い、両親の郷里である富山に移る。

富山で三回越すんです。市内の叔母の家、空襲で焼け出された後は郡部の農家の離れ、二十年の暮れに父が復員してからは市街地に近い借家という風に。結局小学校を五回転校したから、忙しかった。

父親は陸軍少将だから、それだけで公職追放ですよ。とにかく生涯軍人だった人だから、ツブシがきかないわけ。友人の会社を手伝ったり、焼け跡に畑作ったりしてましたが、燃え尽きたというんでしょうか、精神的に空っぽになってました。だから剽軽じゃなくなった。寡黙の人であり無能の人であり……。そして二十四年に病死しました。最後に言った台詞が「陛下に申し訳ない」。そういう人間がいたんですよ。

母親は教職に復帰し、女手一つで三人の子を育てた。

昭和三十一年、久世さんは二浪して東大に入学。「可愛いコがいたから」演劇サークルへ。

僕は東大でなくてもよかったんだけど、経済的に国立しか行けなかったというのと、兄貴が東大に行ったせいか、母親の方が執着したみたいです。でもさすがに三度目の受験の時は、「お金は何とかするから、早稲田と慶応ぐらい一緒に受けてちょうだい」って言われましたね。変なもんで、試験が一番できなかったと思ったその年は早大も慶応も東大も全部受かったんです。

浪人時代から母と埼玉に住みました。姉は叔父の家を継ぐために富山へ残って。兄が自治庁の仕事で埼玉県庁にいた関係で、初めは浦和の借家、次は川口の公団アパートです。

本当は仏文を望んだが、二年までの成績順に志望学科が決まるため、担当教授に「美学かインド哲学しかない」と言われ、美学美術学科を選んだという。

それと夏目漱石の『吾輩は猫である』に出てくる迷亭って人物がいるでしょう。いつもわけのわからないことを言って人を煙に巻く。何故かあの人物が好きでね。迷亭が美学者だったというのもある。まぁ言い訳かもしれないけど。

昭和三十五年TBS入社。博報堂とコーセー化粧品の宣伝部にも合格していた。落ちたのは日本テレビ、そして文藝春秋だとか……。

日テレは正力松太郎の紹介状があるのに落ちた。でも聞いたらみんな持ってるんですって(笑)。文春は面接まで残ったのに、何でだろうなぁ……。

演劇じゃ食えないというのはわかってたし、それに当時TBSは「私は貝になりたい」とか、秀作をたくさん作っていて〝ドラマのTBS〟と言われ始めてた時だったんですよ。でも入社一年目に週五本のドラマに演出助手としてついたの。正気の沙汰じゃないよね。川口の家に帰る暇がないからほとんど会社の傍の旅館に泊まりっきり。

数々のドラマの中で「時間ですよ」は平均視聴率三〇パーセントを超える〝お化け番組〟と評判になり、以後も向田邦子とコンビの「寺内貫太郎一家」など〝TBSに久世あり〟と言われる。昭和五十四年、独立して制作会社「カノックス」を設立した。

向田さんとの初の仕事は森繁久彌さん主演「七人の孫」。初めて向田さんと会って脚本を書いてきてもらったんだけど、これがねぇ、わけがわからないんだよねぇ(笑)。「シーン一　茶の間」って書いてあってさぁ、みんなで飯食ってるんだよね。で、シーン二がまた茶の間。人数はちょっと違うんだけどまた飯食ってる。シーン三も茶の間で飯。アバンギャルドだと思ったね、僕は(笑)。時間経過もわからないし、仕方ないから「テレビドラマというのはですねぇ、たとえば朝の食卓がプロローグだとすると……」って、もう一から教育ですよ。だから後年の彼女の才能はその時は全然感じなかったね、正直な話（笑）。

結婚後港区に転居。いろいろあって都内を転々とした後、今から三年前世田谷に初めて一戸建てを購入。現在は再婚した奥さんと息子さんとの三人暮らしだ。

今、久世さんは作家でもある。『一九三四年冬―乱歩』では山本周五郎賞受賞。雑誌「オール讀物」（小社刊）では初の時代小説「逃げ水半次無用帖」をスタート。江戸の薄闇に息づく人々が背負う様々な〝業〟を、その艶っぽい空気と共に匂いさえ伝わる鮮やかな筆致で描き切り、〝久世時代劇〟とも言える独自の世界を構築している。

なんせ文筆は五十過ぎてからですからねぇ。映画少年の部分はテレビドラマという形で何とか埋めたんだろうけど僕の中の文学少年がどうも不満を残してたというかねぇ。

でもテレビは百人の個性が作る仕事。役者、美術、音効……そして演出家。そういうのがある種フラストレーションになってきたというか、飽きてきたというか。一人で背負いたいんですよ。褒められても貶《けな》されても。文筆は編集者がいるとしても一応一人の世界でしょ。その百対一の違いがね。でも僕はずっと両方やると思います。向田さんも今生きてたらそうだと思うな。つまり各々に面白さがある。両方を真剣に遊べたら嬉しいと思うね。ただテレビの演出家っていうのは色気が無くなったらダメなんですよ。僕ももうボチボチじゃないかと思ってるけどね（笑）。

「恥の人生なんですよ」と吸いさしのショートピースを灰皿にジリジリと揉みながら、暗く微笑んでみせたその片頬には〝色気〟が漂っていた。

（一九九七年一一月一三日号）

清川虹子
（女優）

最愛の人の遺産相続を固辞、意地で買った七百坪の豪邸

一九一二（大正元）年、千葉県生まれ。本名：関口はな。神田高女を中退し川上児童楽劇団へ。以後貴重な喜劇女優として活躍する一方、映画「女侠一代」で主演他、黒澤明（「どん底」）、今村昌平（「復讐するは我にあり」「楢山節考」）等名匠作品の脇でも光る。一九九〇年勲四等瑞宝章受章。二〇〇二年逝去。

二つ半で父に死なれるまで千葉の松戸に、両親と父の妹二人と住んでました。父が下駄の製造をしてまして、広い庭に材料の丸太がたくさん積んであったのは覚えてます。写真もないから父の顔は知らないんです。でもあたしのことを可愛がって裸おんぶしてくれたこと、それと父のお葬式のことを覚えてるんです。物心ついてから叔母に「叔母さんに抱っこされて、あたしが泣きながらお棺の中に何か撒いた人はだぁれ?」って聞いたら、叔母がびっくりして「覚えてるの? あれがあんたの本当のお父さんよ」って。

家は父の死後、借金の形《かた》にとられました。近所の人五、六人に騙されて父が母に内緒で保証人の判子を押してたんです。本人は死んだし、結局父一人がかぶっちゃって。でも悪いことはできないもんで騙した連中は全部倒産しましたよ。唯一親切にしてくれたブリキ屋さんだけは今も栄えてて、父のお墓参りに行く度に挨拶に寄るんです。

十代の叔母二人は奉公に。母娘は日本橋馬喰町の母親の姉の家に身を寄せる。花柳界の中の小さな二階家で、少女は近所の芸者衆に可愛がられ、彼女たちが白粉を塗る様を眺めながら育った。

五歳の時、母親が伯母の世話で会社員の関口幸蔵氏と再婚、母娘は墨田区錦糸町へ。

婚礼の翌朝、新しいお父さんが出勤する時「おじさん、いってらっしゃい」って言ったら、母が「おじさんじゃないの。今日からあんたのお父さんよ」って言ったの覚えてます。私を可愛がってくれて、よく相撲や芝居見物に連れてってくれました。少しすると父は会社を辞めて、ブリキのバケツを作る事業を始めたり夜店で古着屋をするようになったんです。今でも夜店でカンテラの油の匂いを嗅ぐと、父の横にチョコンと座ってる自分の姿が目に浮かぶんです。

やがて両親は淡路尋常小学校の用務員として住み込み、清川さんは校舎内の四畳半から〝通学〟し始める。

狭かったですけど、家賃要らないし二人が働くから、生活は楽でしたよ。だから、あたしに長唄や三味線を習わせてくれたり、女学校にもやってくれたんです。でも一つだけイヤだったのは、トイレが遠いこと。校庭横切って行かなきゃいけないから、夜は怖いし、冬は寒いし。だからあたし思ったんですよ。よしっ、大人になったら、寝てる傍に便所作るんだって、アハハハ。

普通なら「小使いの子」ってバカにされた時代だけど、あたしは絶対そんなこと言わせなかった。と言うのは、自分で言うのも変だけど、学校ができたの。一番。成績のいい子はクラスの七、八人ずつを受け持って予習復習を教えるんですけど、あたしは本が大好きだったから、図書館で借りて読んじゃあ、みんなに話して聞かせるの。あたし、本名〝はな〟ちゃんていうんですよ。だから昼休みの半分は〝はなちゃんのお話の時間〟。ダンスもやるから、みんなが「はなちゃんの班に入りたい」って。人気があったの、アハハ。

清川さんはよく笑う、極めて気持ちよさそうに。人を明るくする。「はなちゃんの班に入りたく」なる。

大正十二年九月一日の関東大震災の時も、一ッ橋の図書館で本を借りた帰りだったの。写真屋さんの前で写真眺めてたら、中の写真がこう、大きく揺れるじゃない。ハッと周りを見たら、市電がグラグラ揺れてんですよ。見る間に火の手が上がった。お昼時でしたからね。その頃は七輪《しちりん》だから。やっと淡路町まで帰ったら、もう近所は燃えてました。父は大八車に荷物積んで後から行くから、母とあたしに先に神田橋に行けって言うから、人に押されながら行ってたら遠くで誰かが「神田橋に行ったら死ぬぞー」って叫んだの。それで母と上野に行って助かったんです。地震で神田橋が落ちたのを知らないで大勢が後ろから人波に押されて川に落ちて死んだんですよ。そして上野の松坂屋の傍まで来たら、飴屋があって、あたし飴が食べたくなったの。そしたら、飴屋さんが秤《はかり》で、ホラ、昔の秤って天秤棒の小さいみたいなのに重りを走らせて量ってたでしょ。あれで少しばかりの飴を厳密に量るの。傍まで火が来てるんですよ。それにひきかえ、隣の果物屋さんは西瓜を包丁でザッザッて切ると、「持ってきなー」って、逃げてる人にただで配ってんですよ。あたし、子ども心に世の中の明暗を見た思いでした。そしてどれだけ人の死骸を見ましたか。道端で重ねてボンボン焼いてるんです。見るに忍びなくてねぇ。でもしょうがない。放っといたら暑くて腐るから。それに千葉の叔父の家に行った時も荒川を無数の死体が流れて。男は下向き、女は上向いて、水死体って何故か川を上るんですよ。ブクブクに太って。地獄見ましたよ、あたし。

それが……、九つ？　ううん、十二の時よ。年三つごまかしてたの。勲章もらってバレちゃった、アハハハ。マネージャーが「ネズミは似合わない。寅にしろ」って言うから。本当は大正元年の子年。

確かに豪快すぎるネズミではある。

復興はめざましく、一家は神田のバラックに。はなちゃんは名門の神田高等女学校に入るも三年で中退。両親に「音楽の先生になるため」と偽り川上児童楽劇団へ。多摩川脇の寄宿舎で他の合格者八人と共同生活。初舞台は台詞《セリフ》ナシの女給役。客の顔が一人一人見えたというから、恐るべし。

神田のバラックもトイレが外。共同で。だからまた思った。絶対、寝室の傍にトイレを作るって。だから帰らなかったわけじゃなくて母がよく寄宿舎に来てくれたの。でも土手を帰る後ろ姿を送りながら、申し訳ないなぁと思いました。母は私を教師にしたがってたから。

川上児童楽劇団から新劇団・市民座、カジノ・フォーリー、喜劇爆笑隊、そして映画界へ。清川さんは喜劇の女王の道をひた走る。芸名は市民座主宰の清水将夫が命名。

この間、清川さんは二人の男性と出逢う。新劇俳優・中條《ちゆうじよう》金之助、活動弁士・生駒雷遊《いこまらいゆう》。独り暮らしのお茶の水の間借りから、中條氏と結婚して淡路町の一戸建てへ。妻がいた生駒氏とは谷中で同棲。各々の子供を産むが、共に相手の浮気で清川さんから三行半《みくだりはん》を。

ええ、あたしは別れる時はスパッと別れるの。浮気されたらもうイヤ。まぁ生活力があるからできるんでしょうけどね。男は男っぷりじゃないですよ。

そしてもう一人。爆笑隊の座長・伴淳三郎。まさか後に生活を共にし、ましてや別れて二十年後に死に水まで取ろうとは当時十八歳の清川さんは知る由もない。

昭和十四年、世田谷区祖師谷に七十坪の土地付き平屋を百万円で購入。戦前の百万。清川さんの人気ぶりがわかる。「男より何よりもと思って買った」家は……。

トイレ。初めて実現したのよ。寝室の傍にお便所がある家が。アハハハ。

そして、逢うんですよ、あたしの生涯最愛の人に。

少女のように瞳を輝かせて言った、その人とは、大沢商会の創立者を祖父に、後の東宝社長を兄に持つ、大沢清治《きよはる》氏である。

東宝からすごい横槍。「あれは女房にするタイプじゃない。根っからの女優だ」って。清治のお金目当てだとも言われました。でも清治が「親も会社も捨てる。今持ってる小さな工場だけで君と一緒になる。だから君も仕事を辞めて僕だけの奥さんになってくれ」と。そこまで言われてご覧なさい。女として、あたしね、そこまで惚れられたら。まぁ惚れられた経緯は長いから省略するけど。だから伴さんが大金積んでスカウトに来たのも断った。「あたし結婚するの。女優辞めるのよ」って。

でも子ども二人は両親に預けました。清治が正直な人で「子どもたちは可愛がる。必ず将来の面倒もみる。でも一緒に住むのだけは勘弁してくれ。君が他の男を愛した印だと思うと、毎日顔を見るのが僕は辛い」って言いましてね。

昭和十七年、当時最新のお茶の水のホテルマンションで清川さんは〝妻〟になりきった。「女優に未練はなかった。愛する人を待つ毎日は幸せだった」

終戦間際、世田谷区松原に一戸建てを購入。が、空襲で全焼。同区経堂の借家で終戦を迎え、清治氏も無事復員。近くに二階家を買い、「これから方々へ世界旅行をしよう」と言う彼の言葉に、幸福な生活が本格的に始まるかに見えた。だが、わずか一年半後に……。

清治が以前手術してた痔が悪くなって、会社の人が紹介した医者で治療されて、お尻半分の肉が腐っちゃったんです。薬の量の間違い。あたし訴えようかと思いましたよ。でも徐々に肉も盛り上がって治ったと思ったら、身体が弱ってる隙に昔の結核が再発したんです。最後はあたしの腕ん中で血をパーッと吐いて……。あたし「神様ー」って叫びましたよ。死ぬ前に清治が言いました。「神様、あと十日命を下さい。そしたらはな子と籍が入れられる。やっと親も許してくれたから」と。

死んだ後、東宝の関係者に「清治君の財産はこれだけある」って、もうものすごい株券の山を見せられました。でもあたし、そんなお金要らないって言ったの。一緒になる時、「清川はお金目当てだ」と言われたことが悔しくてねぇ。日赤の結核病棟に清治の名前で寄付してくれって言ったんです。でも怖いのよぉ。この前テレビで「今一番知りたいことは？」って取材されたから、そのお金がどんな風に役立ってるか知りたいって調べてもらったら、なんと一銭も寄付されてないの！

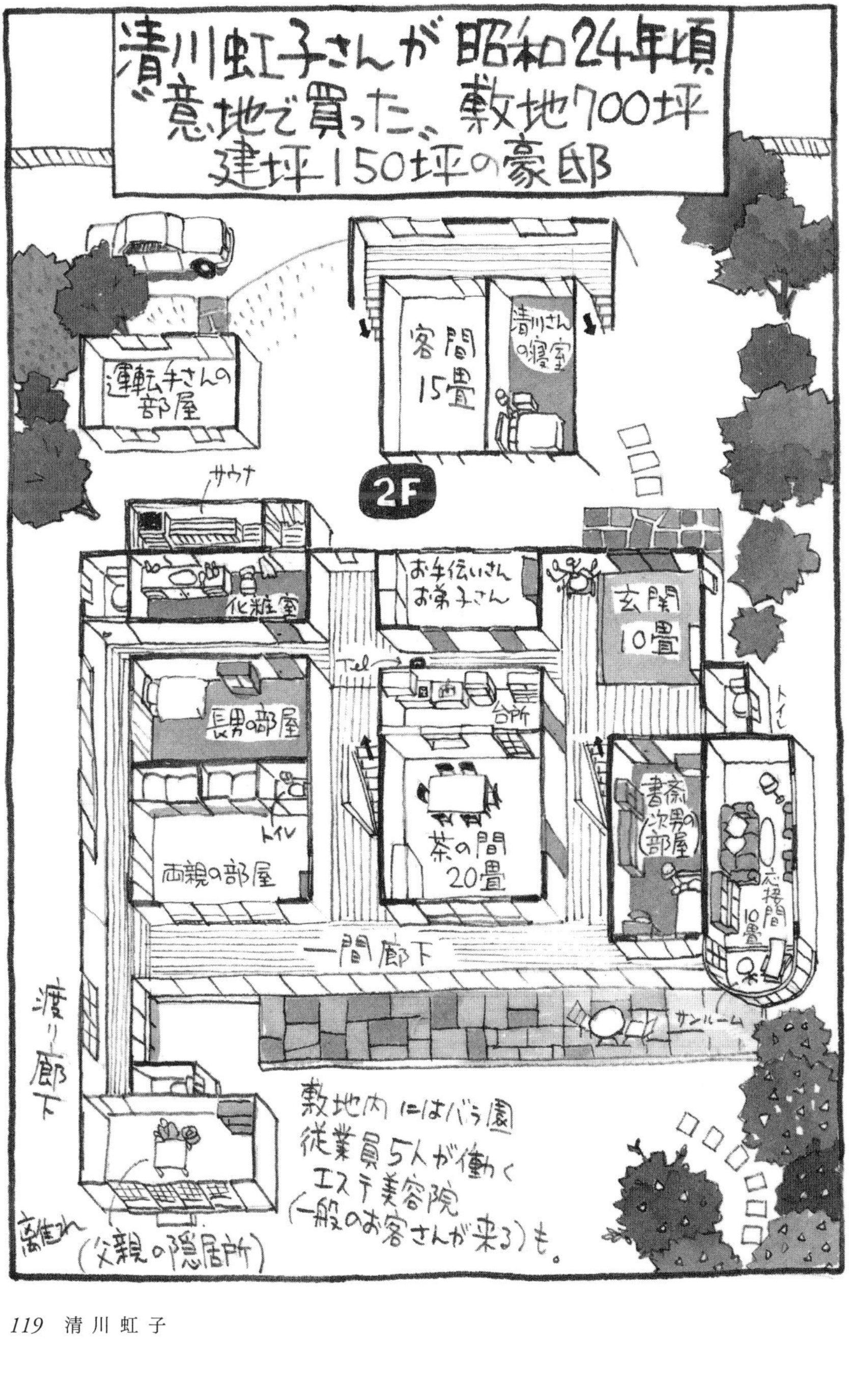
清川虹子さんが昭和24年頃
"意地で買った"敷地700坪
建坪150坪の豪邸
運転手さんの部屋
客間15畳
清川さんの寝室
2F
サウナ
化粧室
お手伝いさん
お弟子さん
玄関10畳
Tel
台所
トイレ
長男の部屋
トイレ
両親の部屋
茶の間20畳
書斎
次男の部屋
応接間10畳
一間廊下
渡り廊下
サンルーム
敷地内にはバラ園
従業員5人が働く
エステ美容院
(一般のお客さんが来る)も。
離れ
(父親の隠居所)

清治氏の死後半月足らず、「待ってたぞ」と新東宝の渡辺邦男監督から声が。昭和二十三年「愛情診断書」で、一時は死まで決意した清川虹子は笑いと共に甦った。そして世田谷区千歳船橋に敷地七百坪、建坪百五十坪の豪邸を購入する。

意地で買った家です。よぉし、死ぬもんか。清治のお金なんか当てにしてない。あたしの腕一本でもってこれだけの家を買えるんだってね。

昭和二十六年から三十八年、多い年は二十五本、少ない年でも十三本の映画に出演、新東宝から借りた家の資金を完済。だが生来の人の好さが祟《たた》り、豪邸も次の同区岡本に建てた「一番気に入ってた」和風家屋も詐欺同様に失っている。この間、伴淳さんとの有名な同棲は麴町の借家で。

一年半くらい一緒にいたかしら。「お前だけを愛してる」だなんて。奥さんにも同じこと手紙で書いてたの。それがバレた時のあの人の台詞が上手い。「死刑囚にも恩赦があるではないか。許してくれよ、虹子さん」ときたんですよ。それで一晩中泣きながらあたしの身体さすってました。しょうがないですよ、そこまでされたら。でも結局騙された。あの人は若い女と再婚しました。でもねあたし、あの人の芸が好きだった。だから死に水も取って山形で納骨もしたの。

九年前、現在の川崎市の家を買う。玄関が二階なのが不満だとか。「二人の子どもを放ったらかしたのが間違いだった」と清川さんは述懐するが、五人のお孫さんに恵まれ、今はその内の二人と暮らしている。

先日テレビでもって同級生に集まってもらったんですよ。みんなお婆さんになっちゃったのね。もう、あたし、絶対会うまいと思って、アハハ。あたしの好きな人はみんな死んじゃうのに、あたしだけ生き残ってる。五年前に肝臓癌を宣告されたけど、入院した後検査したら「癌じゃない」ですって。どうしたのかしらね、アハハ。まぁ神様って人がいるならば、あたしには、「もっと人を喜ばせなさい、楽しませなさい」って使命があるような気がするの。だから死ぬまで人を楽しませるわ、アハハハハ。

（一九九七年一二月四日号）

座敷に積まれたピンクの座布団を見て
母の再婚を痛嘆した小二の秋

梨元　勝

（テレビレポーター）

一九四四（昭和十九）年、東京都中野区生まれ。法政大学社会学部卒。「ヤングレディ」取材記者を経て、七六年テレビ朝日系「アフタヌーンショー」に出演、元祖〝芸能レポーター〟となる。二〇一〇年、肺癌のため逝去。自主規制の強い地上波の芸能報道に異を唱えつつ、亡くなる直前まで仕事をこなした。

〝勝《まさる》〟という名前でもわかるように、僕が生まれた頃は戦争でもう日本が負けそうな時で、空襲の真っ只中を母が中野の家の防空壕を出たり入ったりしているうちに出産したそうです。そしてすぐに母方の祖父が仕事の関係で住んでいた長野の丸子に疎開するんです。父親は僕の顔見ないで戦死しちゃったんですよ、インドシナ沖を船で移動中に……。

丸子の家も全然記憶にないんです。七五三の五歳の記念撮影をしたのを覚えてる頃からが埼玉の与野市だと思います。祖父の転勤で会社の寮に入るんですが、そこは長い廊下がドーンとあって、広ーい部屋を幾家族かが間仕切りして使うわけ。炊事場とトイレは共同。トイレがすごく遠くて僕は祖父母に甘やかされてるから、僕専用のおマルを部屋の近くに置いてましたね(笑)。

二年生の終わりに母が再婚するんです、歯医者さんと。向こうにも僕よりちょっと下の子供が二人いて、その子たちと仲良くしろって言われるんだけど、母親を取られたような気がして、僕はその子たちを苛《いじ》めちゃうんだよね。で、やっぱり無理だというんで、僕は祖父母と寮に残って、少しして大宮の一軒家に移るんです。借地の持ち家で三畳二間に六畳の平屋でした。

母の行った先は歩いて十五分くらいの所だったからしょっちゅう行き来してました。母も僕が不憫《ふびん》なのかすぐ何か買ってくれて、ただでさえ祖父母に甘やかされてるから、高二で母が亡くなるまで僕はずっと過保護だったんです。男の子と馬跳びとかしてると、祖母が「首の骨でも折ったらどうするの!」って怒るわけ。だから男の友達は「梨元と遊ぶとあそこのお祖母ちゃんに怒られる」って全然遊んでくれなくなって、兄弟もいないし、僕は四年生くらいまで女の子とままごとばっかり。ゴザの上で「ハイ、お花のごはんですよ」とかって(笑)。

本当は大好きなのに、わざと母に反抗したりしてましたねぇ。デパートで何か買ってくれると言うと、いきなり「顕微鏡!」とか滅茶苦茶高い物を言ったり、映画の「ウエスト・サイド物語」が人気だった時は、行きもしないくせにわざと派手なジャンパー着て「今からウエスト・サイド観に行くんだ」とかって母を心配させたり。よく斜めにならなかったと思うんだよね。やっぱり祖父母のお陰ですよ。

別に一人で泣いたなんてことはないけど、小学校二年の、母が再婚する時、学校から帰ったら座敷にピンクの座布団が積んであって、僕は最初何だかわからなかったんだけど、それはお嫁に持っていく物だったわけ。それがすごく悲しかったのを今も覚えてる。

高校の時、祖母と母が相次いで亡くなるんです。祖母は一年の時に癌で、母は二年の時、肺炎をこじらせて。浅草橋の病院に入院するんだけどまさかその時は死ぬなんて思わないから、僕は病室にお小遣いもらいに行って、母がくれたのに、「もっとくれよ」って。母が「それだけあげたんだからいいじゃないの」って言うと、僕は「お袋が死んじゃったらもらえないからね」なんて厭味言って。それが最後になるんですよ……。

高校の成績は急降下。遂に二年で留年する。

いや、留年は母の死とは関係ないんです。自由な校風の浦和西高で生徒会と演劇部やって、勉強以外の楽しいことに夢中になっちゃったんだよね。制服が厳しい時なのに、生徒会で「帽子をやめよう」って決めると先生たちも僕らの自治を支持してくれたり、すごくリベラルだった。あの時代が僕の人生の大切な部分を作ったと思いますね。

転校すれば進級できたんだけど、僕は西高が好きだったから、「残りたい」と言ってもう一回二年をやるんです。初日が大変でね。僕が二年のホームルームに行くと、僕は生徒会やってたから、「生徒会の連絡ですね。ハーイ、みんな静かにー」ってなるわけ。だから「いや、そうじゃなくて、僕は留年して今日からこのクラスなんだ」。すると今度は気遣いが始まるの。声をひそめて「大変だ、大変だ。みんな、梨元さん落第した、落第……シィー」って感じで(笑)。それが別の組との合同授業に行くと、また「生徒会の連絡ですか?」。そこへもう事情を知ってる子が飛んできて小声で「違う、違う。落第……」。その「落第、落第」の波が教室中にザワザワザワーって。それ三回やってやっと定着みたいな（笑）。

でもすぐ慣れましたよ。いまだに八方美人なんだけど、原点はここだよね（笑）。前の同級生は同情してくれて「よくやるよなぁ、梨元。偉いよな」とかっていうのがあって、下の方は「何だか面白い人だ」って風で。

修学旅行も二度行ったんです。先生が「一回行ってるし、金もかかるから……」って心配してくれたんだけど、「いえ、是非行きたいです」と言って。西高には修学旅行で一緒に歩きたい女の子に事前に申し込むというのが昔からあって、その時は「屋上に行って下さい」がキーワード。芸能界で言えば「自宅の電話番号教えて」とかさ、あれと同じ。前回は断られたんだけど二回目はなんと学校一のマドンナが僕に「屋上に行ってくれませんか?」って言うじゃない。ホラ、見ろと。これぞ留年の役得だ、彼女は俺を頼ってると。でもまぁ、で、行ってみたらもう二人女の子がいるの。でも一人じゃ言いにくいからなんだなと。僕、勝手によく解釈してるから。そしたら三人声を揃えて「梨元さん、去年も行ってて詳しいですよね。私達、京都を案内してほしいんです」。要は単なるガイド。この挫折感を、「あ、うん、喜んで」と笑って隠すという心情はですね、これはもう大変なもんですよ（笑）。

昭和三十九年、法政大学入学。生徒会の延長気分で自治会に入るが、政治的な思想を持たぬ彼はたちまち嫌気がさし、「自治会の五十メートル以内には近寄らない」と決意する。

四年の時思ったんです。僕の学園生活は何だったのか。一年はデモで嫌になり、二、三年はアルバイト。本にブックバンド巻いて芝生に座ってなんて光景は一度もなかったと。だから卒業後改めて学士入学しようと。政治学科なら面接だけなんです。僕、面接は得意だから（笑）。それで面接の時「将来は大学院に進み法の世界へ」なんて言ったから印象よかったんじゃな

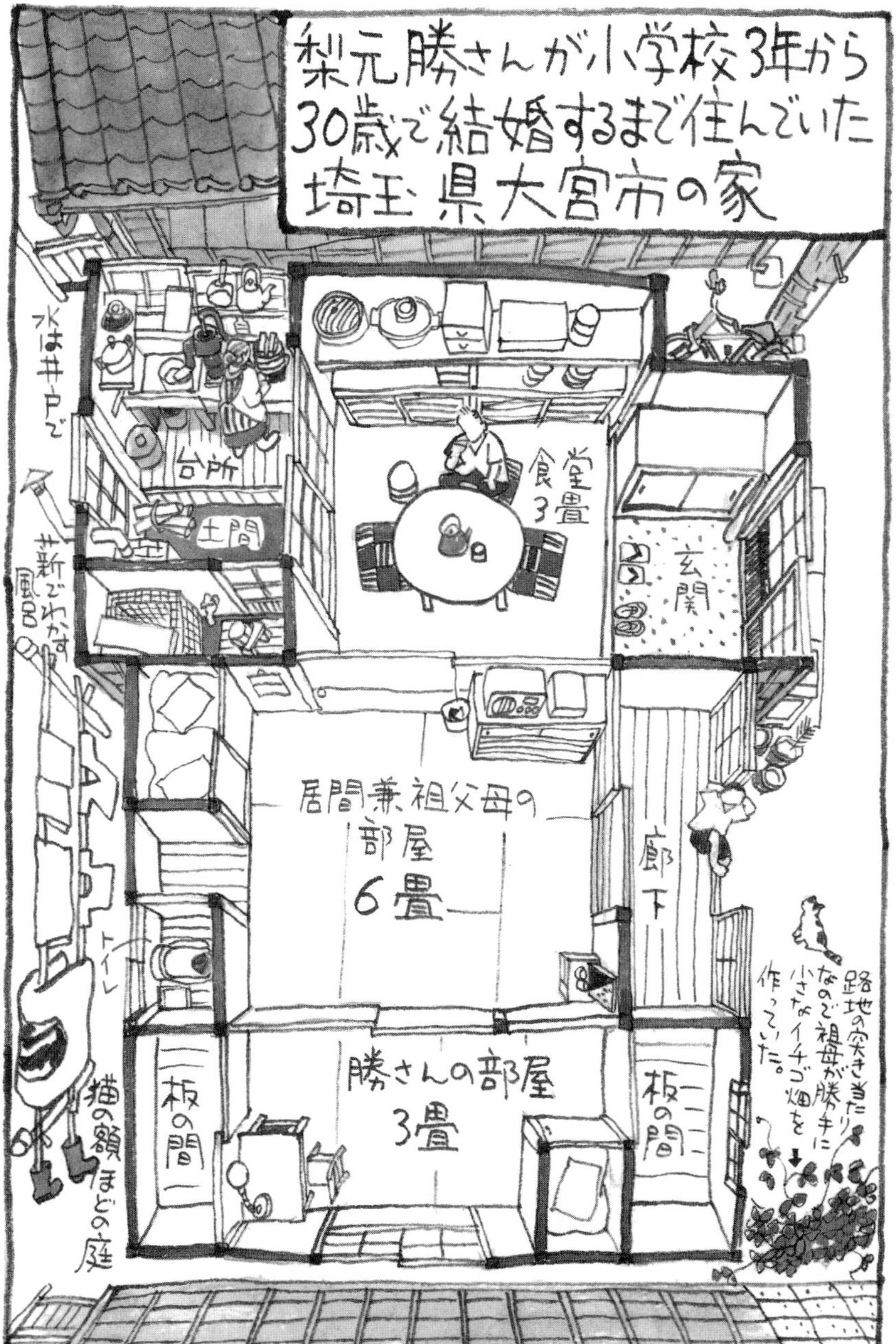
梨元勝さんが小学校3年から
30歳で結婚するまで住んでいた
埼玉県大宮市の家
水は井戸で
台所
土間
薪でわかす風呂
食堂3畳
玄関
居間兼祖父母の部屋6畳
廊下
トイレ
勝さんの部屋3畳
板の間
板の間
猫の額ほどの庭
路地の突き当たりなので祖母が勝手に小さなイチゴ畑を作っていた。

いの、受かっちゃったんですよ。

そこで、前からお世話になってた松竹の助監督で横堀さんという先輩に報告に行ったところ、すごく怒られて、「誰のお陰で卒業できたんだ。お祖父ちゃんが一所懸命にお金を工面してくれたからじゃないか。なのにお前はアルバイトの金も家に入れないで。一日も早く卒業してお祖父ちゃん孝行をするのがお前の役目だろう！」と。その人が講談社の「ヤングレディ」に紹介してくれたんです。

昭和五十年、三十歳の時二十八歳の玲子さんと結婚。

高校時代の仲間と演劇部の先生の軽井沢の別荘に行った時、僕ら恒例の〝軽井沢の夜〟に彼女もいたんです。最後まで残った連中で酒を飲みながら数日間の思い出を順に語るんだけど、次第に「〇〇ちゃんが好きだった」とか告白になって、僕は本当は先に帰ったコに気があったのに、残ってた女性が女房だけだったんでつい八方美人が顔を出して、「僕は福田玲子さんがいいと思いました」って言ったわけ。そしたら女房も自分の番に「私は梨元さんが……」って。彼女はお返しで言ったと思うんだよね。すると例の横堀さんが「模擬結婚式をやる」と。彼はクリスチャンだから牧師役になって僕と女房に誓いの言葉なんか言わせて。それが朝の四時半。またいい具合に朝日がガラス越しにサーッと差すわけ。もう演出効果満点。感激して泣いてるヤツとかいてね（笑）。それで東京へ帰って何日目かに女房に結婚を申し込むの。なんかもう完全に流れで。別に照れて言ってるわけじゃなくてさ、だから今うまくいってないとかってことでもなく（笑）。お互い三十と二十八でしょ、言うなら上野駅の最終に乗り遅れそうになって必死でホームを走ってたら、横でもう一人走ってたみたいな（笑）。

急ぎ大宮の家を銀行のローンで新築に。一階は約十畳のＬＤＫと祖父の四畳半。二階に夫婦の部屋と四畳半。

結婚した翌年に「ヤングレディ」を辞めたんです。僕は入った時から原稿が苦手で、取材したのを喋ってを説明するのは得意だったんですよ。だからライターじゃなくてスピーカーって言われてた（笑）。そしたらテレビ朝日が芸能総決算番組をやるんで週刊誌の記者に出てほしいと。デスクが「スピーカーの梨元行け」と言うから「アフタヌーンショー」に出たら、「話が面白いからまた出ませんか」って言われて今まで来たというね。

だが五年後、梨元さんは番組を降りる。タレントのキャシーから同性愛の相手との別れ話を電話で告白され、彼女を番組に出演させて大反響を呼ぶが、第二弾放送を前に局から中止命令。相手の歌手Sが同局の人気クイズ番組にレギュラー出演していたからだ。従うか辞めるか二者択一だった。

後悔はしてないです。偉そうなこと言うようだけど、僕は番組を取らずにレポーターという職業を取ったと今でも思ってますから。でも正直困りましたよ。一番困ったのは連絡先。前は局で連絡がとれたけど、辞めた後はいちいち大宮まで帰らなきゃいけない。

その頃、祖父が死んで娘が生まれるんですよね、昭和五十五年。やっぱり事務所が必要だということで、今の六本木の一DKを七万七千円で借りてオフィス梨元を作ったんです。でももう局の深夜宅送はないから、大宮までタクシー代が大変で、勢い事務所に泊まることになる。一方女房は実家に子供を預けて、まだ大宮が連絡先として定着してるから事務をするわけでしょ。何かっていうと電話で口論になって、このままだとお互い大変だからＴＢＳの番組が決まったのを機に千代田線沿線の代々木八幡の三ＬＤＫのマンションに引っ越すんです。

そして大宮の家を売るんだけど、土地は借地。こっちは売らなきゃマンションの頭金ができないから、結構買い叩かれて、その時、なかなか世の中厳しもんだっていうのがわかりましたよ。

今の代々木上原のマンションは昭和六十二年に一億円弱で。ハワイのコンドミニアムは、うちの税理士さんに勧められて八年前に買ったんだけど、彼が「国内のマンションを」と言ったのを僕が聞き違いして。だから正直両方のローンが大変なんですよ（笑）。

お馴染みの早口。屈託のない笑い方で場を和ませる。「職業柄、自分にプライバシーはない」と言う梨元さんは今年、芸能記者生活三十年目。口癖の「恐縮です」に象徴される、この人の他人への気遣いが、〝芸能レポーター〟のパイオニアとして、ある種別格の存在感を生んでいるのではないか。

〝芸能レポーター〟の命名は「週刊文春」ですよ。昔、三船敏郎さんの離婚裁判があった時、僕がずっと傍聴していて、それを「文春」に書いたんですが、肩書をどうしようかということになって、当時の担当者が「芸能レポーターにしましょう」と言って。

僕はワイドショーというのはテレビの中の雑誌だと思ってるんです。人間を追いかけるという点で。この「家の履歴書」だって、「家」という本来無機質な物からこれだけ人間に話を広げるというね。ただお茶の間に支持されなくなったらワイドショーは存在しない。今僕が一番イヤなのは、発表物しかしない記者会見。大手のプロダクションに取り込まれた形の会見は意味ないし、見てる人をバカにしてると思う。タレントさんも、宣伝したい時には大いに書いて下さいと言っておいて、自分の都合の悪い事になると「プライバシーの侵害だ」と言う。僕は見て下さる方が「やり過ぎだ」ということには耳を貸さなきゃいけないと思ってます。それと、人間は絶対イコール、平等だというのはいつも思ってます。

ダイアナさんと田中真紀子さんを取材して思ったんだけど、同じ芸能物ばっかり取材してるとある意味で麻痺してくるんじゃないかと。他の分野も同じです。だから今後はジャンルの垣根を越えて取材したいと思ってます。

もし娘が芸能レポーターになると言ったら？　大いに勧めますよ。本人は演劇やりたいって言ってますが、まだ親子二代のレポーターっていないから「今がチャンスだ」って娘には言ってるんです（笑）。

（一九九八年四月二三日号）

名古屋　章（俳優）

今の家を建てる時、建築家に
イメージを聞かれ「筵一枚橋の下」と即答

一九三〇（昭和五）年、東京都千代田区生まれ。旧制九段中学卒業後、NHK東京放送劇団へ。文字座、劇団「雲」を経てフリーに。映画デビューは五五年「ノンちゃん雲にのる」。舞台「釘」で紀伊国屋演劇賞、「雨」で芸術祭賞優秀賞受賞他。テレビドラマやナレーションの仕事などもこなし、幅広く活躍した。二〇〇三年逝去。

最初は千代田区麴町二丁目のささやかな貸家でした。でも五歳くらいまでだったから全く覚えてないなぁ。次が中学二年までいた高円寺。ここもささやかな貸家で、当時、高円寺周辺というのは、地方から出てきた勤め人たちのために多くの貸家ができた時代で、小さな家が櫛比《しっぴ》してました。それでもちゃんと小さな門と庭があって。間数は三間、いや玄関前の二畳を入れると四間か。そこが僕の勉強部屋でした。この家で八つ下の弟と妹二人が生まれるんです。

両親とも厳しくてね。今でも覚えてるのは小学校四年の夏。僕が学校から帰ってカバンを投げ出して遊びに行って戻ると、僕の学校の物が全部庭に放り出してあるの。「そんなに勉強が嫌いなら、これ全部焼いちゃうから」って。そういうことは容赦なかったねぇ。僕は泣いて「家出てやろう」と思った。放り出された物を風呂敷に包んで泣きながら当てもなく歩いてるうちに真っ暗になって、しょうがないから帰った。僕の思惑では、今頃両親は後悔してると（笑）。ところが帰ると雨戸が閉まってるんです。でも庭で泣けばきっと親が心配して飛び出してくると思った。それが全然開かないの。だからもう少し大きく泣いたら、雨戸がガラッと開いたんで「しめた！」と思ったら、親父が出てきて首根っこ掴まれて張り倒された（笑）。

父は区役所の税務課に勤めてました。検察官志望だったんですが司法試験に失敗して、すでに僕がいたから尚《なお》も試験を受けるのは家計が許さなくて、アルバイトで勤めてた区役所に正式に入るんですね。両親は山梨の出で、母は甲府の大きな骨董屋の二人娘の一人だったんです。そして地元の名士だった祖父が娘婿の候補として近郷の見込みのある青年から選んだのが、大学生だった僕の父というわけです。

両親は僕にはいい親でしたけど、仲はよくなかった。母にしてみれば自分の意思なんてぇものは絶無の婚姻関係で、それに父は貧農の出身で、生活も全く違う。だからしょっちゅう夫婦喧嘩してました。悲しかったなぁ。

親父はとにかく謹厳実直。今の役人に見せたいくらい。四畳半いっぱいになるほどの付け届けを母に返してこさせてました。趣味は囲碁だけ。酒も煙草も嗜《たしな》む程度。祖父が早死にしなければ司法試験を受け続ける援助もしてもらえたのに、家族を養うために自分の夢を捨てたわけだから、親父なりに辛い面もあったんだろうなと、今は思いますね。

戦火が激しくなった頃、家は千代田区一番町へ。「何で選りに選ってこの時期に東京のど真ん中に」って友達にも言われたけど、英国大使館の真裏だから絶対に焼夷弾は落ちないと思ってましたよ。何でも、親父が面倒見てた老夫婦の方がとても安く譲ってくれたそうです。

結局山梨に疎開するんですが、僕は田舎がイヤでねぇ。起居してた狭い蚕《かいこ》部屋に丸太ん棒みたいな青大将が出るの。太すぎて蛇に見えないけど、移動するから棒がだんだん細くなって、「あれ？　……ア～！」ってなるわけ。気持ち悪いの何のって。それと百足《むかで》。二十センチはあるヤツ。寝てると上でシャカシャカシャカっていうから、見ると、天井に張りついて歩いてる。もう僕は死んでもいいから東京へ帰りたかった。自分はつくづく〝街のネズミ〟だと思いましたね、イソップじゃないけど。セザンヌの絵の如き田舎はいい。でも魔が住む自然はごめんなんですよ、僕は。

意外だった。井上ひさし氏作「雨」の主人公・徳、和田誠氏監督「麻雀放浪記」の上州虎……あらゆる役柄が〝土臭い〟。だが、ラフなシャツに薄い絹ジャケットを着て、小脇に清水邦夫氏の戯曲を抱えている名古屋さんは、どう見ても大学教授だ。ただし出世欲のない。

一番町の家は高等下宿として建てた家だったから、下が家主の居住空間で二階に六つの貸間と大きかったんですが、帰京すると丸焼けでした。だからほんのちょっとしか住んでないんです。それで父親の知人の飯田橋のアパートが焼け残ってたもんですから、そこにしばらくいました。六畳一間に一家六人だから、もうすし詰め状態（笑）。

そして僕が旧制中学を卒業する少し前に件《くだん》の一番町にバラックを建てるんです。六畳と四畳半、風呂はありました。その後少しずつ大きくしてずっと両親と弟が住みました。

この道に進んだのは先輩の勧めです。卒業前に先のことを考えた時、演劇部にいたから、芝居と好きな絵が一緒になってる世界ということで舞台装置というのがあるなと。それで、僕らの九段中学の先輩で、日本で初の構成舞台を作った舞台装置家の河野国夫さんという方に相談したんです。その方は母校の演劇部の面倒を熱心にみて下さってたんですが、いきなり「お前、役者になれ」と。僕は役者は美男美女がなるもんだと思ってたからビックリしましたが、その方を非常に尊敬してたし僕の芝居もよく見てくれてたんで、素直に聞いたんです。そして「ＮＨＫの放送劇団で募集してるから、推薦状を書いてあげる」と。だから、こう、後ろから押されるように。その一言がなければ今の僕はないわけですから、その方の炯眼《けいがん》というんですかねぇ……。

親父は大反対ですよ。でも親父が僕を殴ろうとした時、初めて僕が親父の振り上げた手を止めたんです。その時の親父の悲しそうな顔、今でも忘れません。その時親父は自分の息子との間に目に見える距離感を実感したんでしょうね。もうそういうことは効かない、子供ではないんだという、複雑な思いが去来したんでしょう。でもよく殴られました。その頃の子供はホント親から殴られたねぇ。学校の先生だってブン殴るし。だから子供は絶えず殴られることに戦々恐々としてましたよ。でも別にそれを恨みもしなかったしね。それが躾けだった。その中で矯正されていくわけです。今は殴れないでしょ、恐くて。殴ったら何されるかわかんないっていう。どうしてこんなことになっちゃったのかねぇ……。子供ってのはやっぱり悪党ですから。天使なんてもんじゃないですよ。エネルギッシュでワイルドで残酷、命の固まりなんだから。

二十七歳、世田谷区豪徳寺の公団アパートに独立。ラジオで活躍していた当時、ファンレターが柳行李一杯来たとか。確かに魅力的な声だ。「ロックフォードの事件メモ」でジェームズ・ガーナーの吹き替えで人気を博したことを記憶している読者も多いだろう。英国ナショナルシアターの俳優に「君の声は英国人も羨むディープボイスだ」と褒められたこともあるほどだ。

結婚するつもりで公団に入ったんですが、いろんな事情で結婚できなくて、一人で住みました。六畳と四畳半に台所と風呂、トイレ、ベランダ。今までの家族と一緒の生活に比べれば、もう破格。やっと一人で気《き》儘《まま》な生活ができるようになったんですから、その開放感は天にも昇る心地でしたねぇ、僕は自炊は平気だし。

二十八歳、ラジオの売れっ子だったにもかかわらず、名古屋さんはあえて文学座の研究生になる。

当時ラジオに集まってくる錚々《そうそう》たる人たち、滝沢修さん、宇野重吉さん、杉村春子さん……、そこへ縁あって一番下っぱで出たりすると、どうも自分のやってることは違うなと。それでここを捨てて舞台をやろうと思ったんです。仲間は当時次々に開局した民放のラジオへいきました。ギャランティーが格段によかったから。でも僕はそういう経済的なことには興味なかった。それより俳優としてあるべき姿、って言うとカッコよすぎるけど、それは一体何だろうと。

三年考えました。その間、暇さえあれば絵を描いてたんです。洋画家の方に付いて。僕は小さい頃から絵が大好きで、蠟石《ろうせき》でいつも道に絵を描いてた。武者絵、鎧兜《よろいかぶと》の。道行く人が「坊や、上手いねぇ」って。自分で言うのも変だけど、上手かったんです。学校の先生にも「君は身体が弱いから」、今誰も信じないけど(笑)、蒲柳《ほりゅう》の質で、いつも風邪で肺門リンパ腺が腫れて首に包帯巻いてたから、「身体が弱いけど絵が上手いから絵描きになったらどうかな」って言われてました。それで絵を描きながら考えて、文字座が自分に一番合ってると思って決めたんです。

千鶴子夫人と結婚したのは三十二歳の時だ。

　これが最後だと思って結婚したんです。つまり、今結婚しなかったら、もう面倒臭くなって、どうでもよくなっちゃうんだろうなと、自分自身の精神構造が。結婚するんなら今年が最後かななんて漠然とね。それと、これから新劇の世界でやってゆくには、やっぱり家庭があった方が仕事に熱中できると。野球選手じゃないけど。だから付き合ってる相手がいてそろそろ結婚しようかっていうんじゃなく、結婚ということを前提に周りを見渡したというか（笑）。カミさんも放送劇団の女優です。結婚してやめさせたけど。

　昭和三十八年、劇団「雲」の創立に参加。五十年に解散してからはフリー。

　今の杉並の善福寺はもう三十年です。建てる前、建築家の方に「家についてどういうイメージがありますか？」って聞かれて、「僕の家に対する一つの概念は〝筵《むしろ》一枚橋の下〟なんです」って答えたら彼、困り果ててね。そりゃそうですよね、家のイメージがない、言ってみればホームレスってことですから。建築家に対して無礼千万なことを言ってしまったんですが、正直、僕の実感はその通りでした。

　役者というのは、旅から旅へ人様の庇《ひさし》を借りて、そこで一差し舞っておひねりを頂いて生きていくもんだという、かなり頑固な考えが僕の中にはあるんですよ。ただし実行するには相当な体力と意志が要るんですが……。

　八畳の応接間、六畳の居間と寝室、四畳半のDK、すべてが洋間。柱を使わず面の接続だけ、大きな屋根がワンスロープという洒落た家ができた。そして今から二十年前、二人の息子さんの成長に合わせて、二階を加える大改築をした。

もう息子たちは結婚して家を出てます。二人とも堅《かた》

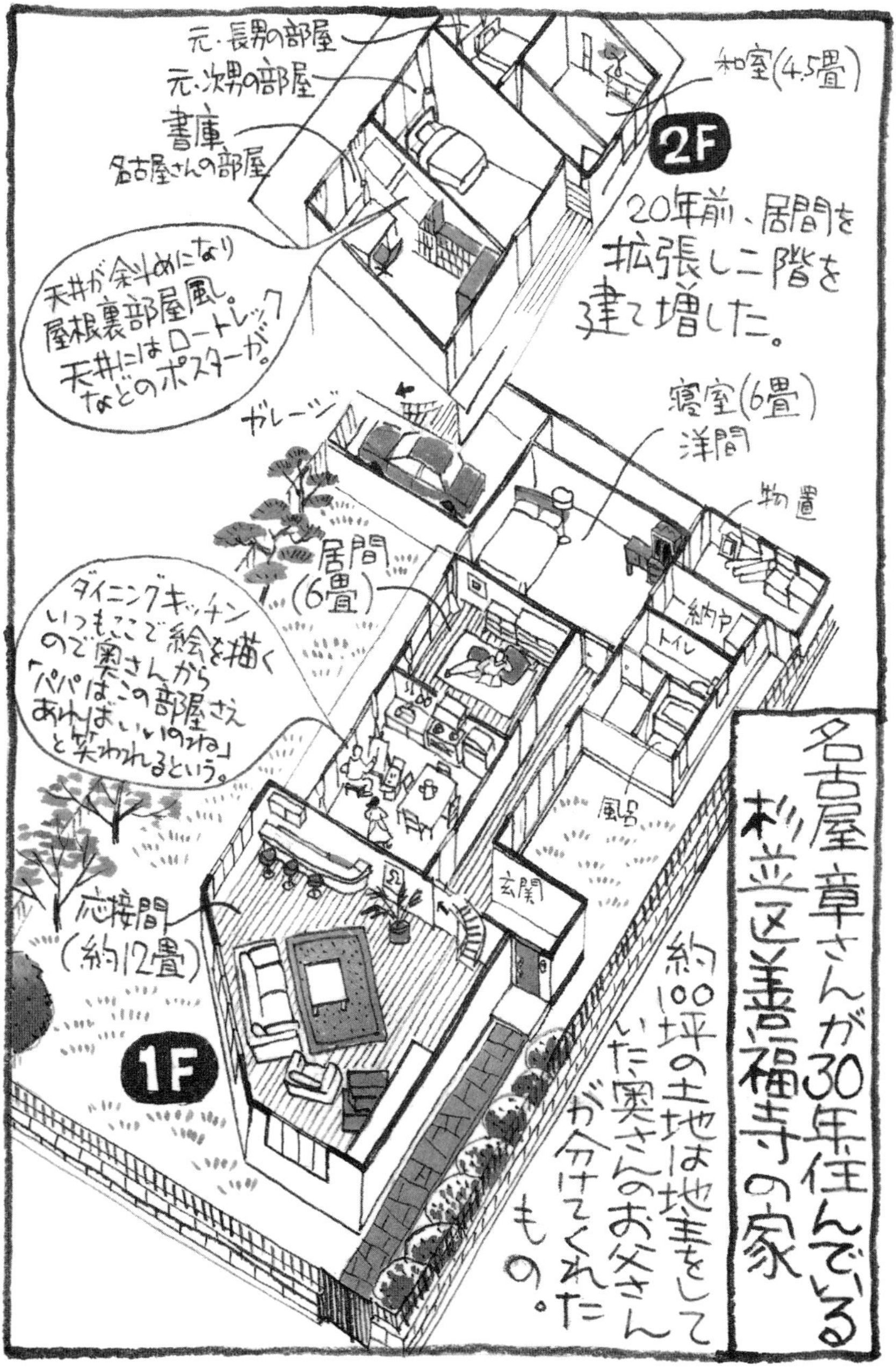
名古屋章さんが30年住んでいる杉並区善福寺の家
約100坪の土地は地主をしていた奥さんのお父さんが分けてくれたもの。
20年前、居間を拡張し二階を建て増した。
2F
元・長男の部屋
元・次男の部屋
書庫
名古屋さんの部屋
和室(4.5畳)
天井が斜めになり屋根裏部屋風。天井にはロートレックなどのポスターが。
ガレージ
寝室(6畳)
洋間
物置
居間(6畳)
納戸
トイレ
ダイニングキッチン
いつもここで絵を描くので奥さんから「パパはこの部屋さえあればいいのね」と笑われるという。
風呂
玄関
応接間(約12畳)
1F

気《ぎ》で（笑）、商社と建築会社。そうしてくれてよかった。僕の世界は努力が必ずしも報われる世界じゃないし、「何でこの人に陽が当たらないのか」という人がいっぱいいますしね。そういう所へ子供たちを招きたくないです。でも考えれば、弟も商社勤め、妹たちも堅気に嫁いでるから、僕は一家の〝寅さん〟だなぁ（笑）。

名古屋さんは煙草を吸わない。

僕は「雨」という芝居を十一年、五百回近く演ったんですが、その時煙草をやめたんです。それまではピースの缶持って歩いてましたよ。あれは実にいい作品でしてね、それだけに演るほうにとってはまるでトライアスロンです。ちょうど風邪気味で喉の調子も悪かったから、それを機に。やめると呼吸法が全然違う。水泳するとわかりますよ。煙草吸ってると二十五メートルでもう苦しくて立っちゃいますけど、今は千メートル泳ぎます。自分でも思うことあるけど、〝階段〟を降りだすとドンドン降りて行くね。楽だから。僕はまだ多少とも自分のテンションを高く保つのが苦しくないけど、きっとそのうち億劫になるんでしょうね。扇と同じで、年とると上は開いて感覚的な世界は豊饒になる代わり、肝心の要の部分、体力は小さくなるんでしょう。でも、人間に関心を持ったり、いい意味での野次馬根性は失いたくない。「僕は絶対、休日にジャージ着て犬連れて公園散歩する人になりたくねぇ」って友達によく言うんです。僕は何もない時にはジムに行ってます。でなきゃ、歩く。仕事に行く時も、たいてい荻窪駅まで歩いちゃう、四十分。

お世辞でなく、若い。外見だけではない。六十七歳とは決して思えない、いい意味での〝角〟がある。妥協した〝丸さ〟がないのだ。

仕事を抱えている時こそ絵を描くという。帰宅しても心が溶鉱炉のように燃えているから、その火力を鎮めるために描くのだと。

芝居をやめようと思ったことは一度もありません。中川一政さんの展覧会に行った時「絵は私にとって生業である」という言葉を見て、いい言葉だなぁと思いました。僕にとっても芝居をすることが生きることです。

（一九九八年六月四日号）

笠原和夫

（脚本家）

転校先新潟で遭った同級生は
代表作「仁義なき戦い」を暗示する〝俠客〟

一九二七（昭和二）年、東京・日本橋生まれ。日大中退。海軍特別幹部候補生から戦後混乱期に様々な職を経て、東映宣伝部へ。五八年脚本家デビュー。任俠映画を中心に執筆。著書に自伝『妖しの民」と生まれきて』や『破滅の美学　ヤクザ映画への鎮魂曲』『「仁義なき戦い」調査・取材録集成』など。二〇〇二年逝去。

菅原文太扮する広能昌三《ひろのしょうぞう》が殺された兄弟分の葬儀に現れ、遺影を見つめて吐く、「テッちゃん、こんなぁ（君の意）、こがなことしてもろて満足か。満足じゃなかろうが。わしもおんなじじゃ」。そして懐からコルトを出して祭壇に乱射。元凶、山守組の親分（金子信雄）が凄む。「広能！　おどりゃぁ、腹括った上でやっとるんか！」

応える広能の低い一言。「山守さん、弾ぁ、まだ残っとるがよ」

――「仁義なき戦い」（昭和四十八年東映作品）のラストシーン。男性ファンならずとも全身が粟立つ珠玉のラストである。

あれは窮余の一策なんです（苦笑）。第一稿では女との別れを最後にしたんですが、広能のモデルになった人が「わしゃぁ、こんな女知らんゾ。女とゴチョゴチョ言うとるのはやめてくれ」。でないと映画化はダメだと言うもので。

僕は群像劇を書きたかったんです。よく僕らの世界で言われるのは「一対一の晴れた日の空中戦は書くな」。でも日本映画はすべて「一対一」です。僕はそれは違うと思ってます。やはり乱雲の中、大編隊がぶつかり合うのが面白いわけです。それは机上で考えてもできない。「仁義……」は京都の宿に籠もって書いたんですが、僕は深夜二時頃、知恩院の奥にある墓場に分け入り、そこの鐘撞堂《かねつきどう》の周りをグルグル回るんです。初めは雑念が入りますが、二時間目くらいになると頭が集中してきて複雑な人物設定や状況が系統づけられてくる。そうなったらもうその晩は酒飲んで寝ちゃうんです。すると翌日目が覚めた瞬間に、それまで書いた内容がフィルムとなってダーッと頭の中を走る。次に、前夜考えた続きがスーッと流れて行く。その流れが自然であれば出来たも同様です。ボクシングと同じで、練習した型通りの戦法では絶対相手をKOできない。思わず出た左パンチとか右のストレートが効くんですよ。

一作きりのはずの同作は爆発的大ヒット、人気シリーズを生み、日本映画史に鮮烈な足跡を刻んだ。

でもねぇ、僕にとっては必ずしも愛着のある作品じゃないんです。僕はもっとリリカルな物を書きたかった、「天井桟敷の人々」のような。でも自分の気に入った作品は全部〝お蔵《くら》〟(笑)。ただ、僕もプロフェッショナルですから、会社を儲けさせ家族を養わなきゃならない。脚本家というのは軍隊で言えば作戦参謀だと思うんです。だからその意味では成功したのかもしれないけど、志には反しましたね。

親父は七人も女房を替えた男で、生母は二人目です。入籍されたのは二つ下の妹が生まれた後でした。戸籍の出生地が日本橋なのは、親父が、日本橋で女給をしていた生母に僕を生ませたためです。

覚えてるのは杉並にいた四、五歳の時から。確か小さな借家でした。そこに異母姉二人、僕と妹、父と継母が住んでました。それまでは横浜と蒲田（大田区）にいたそうですが、僕の記憶はありません。その間姉たちの母親と住みながら僕の生母とデキて、僕と妹が生まれたところで、また継母とデキて。だから〝妻・妾・妾同居〟みたいな、ややこしい時期もあったようです。

杉並には小学校一年までいたんですが、唯一の思い出はある日家の中で遊んでたら、夕方急に悲しくなって表に駆け出して行き、家の前の電柱の傍で二時間くらい立ち尽くしていたことです。やっぱり生母が家を出たことが子供心にショックで、そのために記憶がなくなったんだと思うんです。喘息《ぜんそく》の発作もそこからきてるんじゃないかと……。

東芝を辞めナチス系の商社に勤め始めた父親は渋谷区幡ケ谷に大きな二階家を新築。近隣から「お大尽《だいじん》」と呼ばれたその家で小学校二年から五年までを過ごす。

新潟の貧乏寺に生まれた親父は苦学して早稲田の理工科を出たんですが、ある時、古い戸棚で親父の学生時代のノートを見つけましてね。見るとビッシリ方程式とかが書いてあって、あれま、こんなに勉強してたのかと。それが社会に出て金儲け一点張りになっちゃったんですね。だからうちには文学書なんて一冊もなかったです。その上、「サベージ（野蛮）」の異名をとるほど頑健だったから、朝、僕が喘息の発作で登校もできず寝込んでると、「またか。駄目な奴だな」とせせら笑って出勤する。弱者に対する惻隠《そくいん》の情なんか爪の垢《あか》ほどもない人種なわけです。唯一後年役に立ったのはよく映画に連れていってくれたことですね。

だんだんハイブロ一になった親父は、下町的な環境を嫌って、（現）武蔵野市に大きな洋館を建てました。八部屋のほとんどが客用で、僕等子供四人は一部屋に押し込められて蚕《かいこ》ベッド。そして前の家は妾にやってしまったもんだから、ただでさえ継母と揉めてたのが一層険悪になって、ある時なんか日本庭園の石灯籠の脇で継母の髪を引きずり回してまさに地獄絵図でしたよ。

この家は昭和四十五年まで残りますが、土台はすぐにダメになりました。建てて三年目に開戦、十九年からはB29の爆撃でしょ。一帯が黒土で柔らかいために爆弾がズボーッとめりこんで地下で爆発するから毎日大地震です。あれだけの家なら普通二十年は持つのに、わずか六年でガタガタ。しかも終戦で親父の会社はナチス系ですから雲散霧消。下水管がひん曲がっても電気の配線が切れても、もう親父にはメンテナンスにかけるお金がなかったんですね。

この家は、笠原さんのこの後の波瀾に満ちた青春を見つめ続けることになる。

親父の意志で僕は新宿の高千穂中学五年から親父の母校である新潟の長岡中学に編入します。親父の気持ちを善意に解釈すれば、名門長岡中学に行く方がいい高校に入れるという慮《おもんぱか》り。悪意にとれば、反抗期を迎えた僕が疎《うと》ましくなった。

でも長岡でのわずか三カ月に生涯で唯一の〝俠客〟T君に出逢うんです。彼は地元でも有名な番長でした

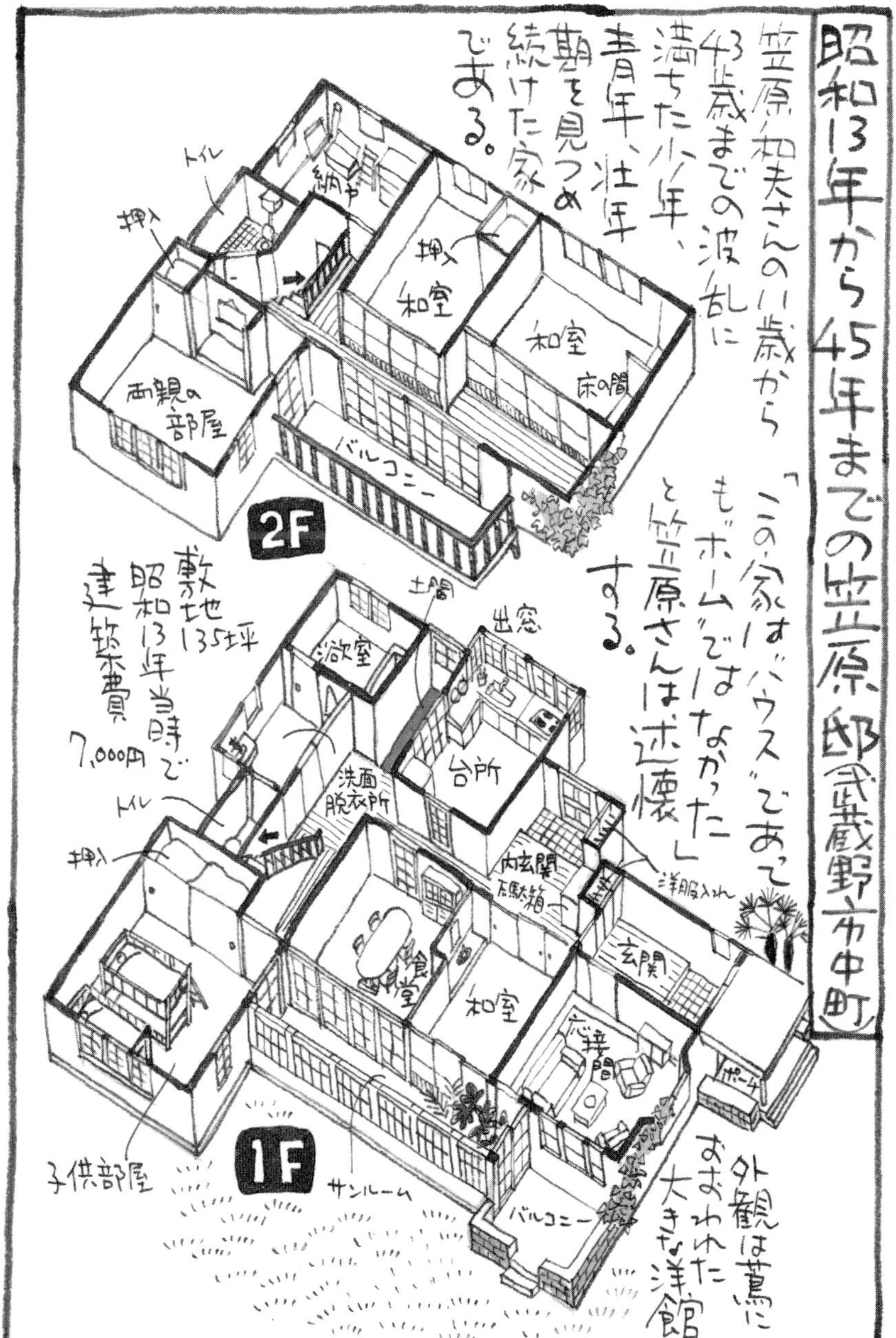
昭和13年から45年までの笠原邸（武蔵野市中町）
笠原和夫さんの11歳から43歳までの波乱に満ちた少年、青年、壮年期を見つめ続けた家である。
「この家は"ハウス"であって"ホーム"ではなかった」と笠原さんは述懐する。
2F
トイレ
納戸
押入
押入
和室
和室
床の間
両親の部屋
バルコニー
敷地135坪
昭和13年当時で建築費7,000円
土間
浴室
出窓
台所
洗面脱衣所
トイレ
押入
内玄関
下駄箱
洋服入れ
食堂
和室
玄関
応接間
ポーチ
子供部屋
1F
サンルーム
バルコニー
外観は蔦におおわれた大きな洋館

が、僕だけは殴らないどころか庇護してくれるようになりました。十九年の夏から翌三月まで名古屋に勤労動員に行って寮生活をした時も、僕はTを含めた猛者《もさ》連中と同室になって、例えば他の部屋の奴が僕に絡んだりすると、その晩そいつはTにサンドバッグ代わりにされて顔がひん曲がる。そんなことが二、三度あると誰も僕には手出ししなくなりました。でも彼は弱い者苛《いじ》めは一切しなかった。三月の大空襲の時も、彼は火の海になってる天井裏に這い上がって行って率先して火を消しましたよ。

無口で寂しそうな顔をしていてね。その代わり、喧嘩の強いことといったら……。出雲崎の漁師の子だったんだけども、両親が死んで親戚に引き取られて。愛情薄い環境に育ったため、誰かを守ってやりたいという愛情の飢えみたいなものがあったんじゃないかと。それとある種の「貴種憧憬」。これは決して身分の低い者が高い者に憧れる場合に限らず、〝異なる者〟に対する憧憬です。戦前のように階級差がある時は顕著に出るんですね、男女間だけでなく。

遠視が利《き》く笠原さん一人は予科練に選ばれたが、拒んだために一晩中教官に吊るし上げられた。そのことを知ったTは翌日「来いや」と笠原さんを誘うや、教官を袋叩きにしたという。

東京は焼け野原で食べる物もない、長岡には帰りたくない。下宿していた寺は親父の実家とはいえ、血縁は絶えていたから居づらかったんです。例えば弁当にしてもフカフカにしか詰めてくれないから、開けた時には半分になってたり……。結局行き場がなくて食うために広島の大竹海兵団に入りました。そこで不思議な符合があるんです。僕がもらった兵籍番号が呉志水(志願水兵)八六八九三。つまり〝ヤローヤクザ〟(笑)。

Tとは終戦直後に三鷹駅で邂逅《かいこう》し言葉を交わした。Tは闇屋になっていた。後から思えば、自分に会いに来たとしか思えぬ再会だったという。その後Tの消息を知るのは、やくざ映画を書くために得たその筋の名簿の中。そしてさらに後年「田中金脈」に関連した事件にTが連座して告発されたことを新聞紙上で知る。

終戦の九月から暮れまで静岡にいました。長姉は医者になり、次姉は日劇ダンシングチームに入って自活してたので、継母と妹の疎開先に行ったんです。親父は武蔵野の家で料亭の女将と同棲してました。かつて引きのあった商社の顧問みたいなことしながら。

映画界を志し、当時唯一芸術科のあった日大へ。だが予科は三島。笠原さんは実に往復八時間余をかけて通うが、さすがに四カ月目からは三島市内の下宿を転々。が、父親が学費を出してくれたのは一年だけ。結果、授業料を捻出するための労働に追われ中退した。

リヤカー運送が一番辛かったですね。船の太いロープや鋼材を日本橋から千葉や埼玉に運ぶんです。ええ、一人で自転車踏んで。荷が重いから平坦に道でもヨロヨロしか走れないんですよ。この頃、大日方伝《おびなたでん》さんの所でも働くんです。

下北沢の映画学校で知遇を得た戦前の大スター大日方氏の書生となり、玉川学園の氏宅へと通ううち、氏が経営する銀座の米兵相手のラブホテルを任される。そこに出入りする娼婦たちの生態を見つめながら、笠原さんは脚本の習作に励んだ。

昭和二十七年、大日方氏はブラジルに移住、ホテルは閉鎖。やはり映画学校で知った脚本家・笠原良三氏（血縁ではない）の伝《つて》で助監督の道が開けるかに見えたが、叶わず、東映宣伝部で映画の梗概書きを無給のまま続けるしかなかった。

来る日も来る日も、廃屋と化した武蔵野の家の応接間でボロボロのソファに座ってキュウリをかじりながら「タイスの瞑想曲」を聴きました。レコード盤が擦り切れるほど、繰り返し繰り返し……。あの頃が今考えると一番青春らしかったという気がします。あの時、僕は非常に大きな〝貯金〟をしたと思うんです。それはライターになってからも同じです。書いても書いても突き返されて、終いに注文も来なくなる。そういう時、僕は積極的に展覧会や音楽会に行きました。本も仕事と関係のないものばかりを読む。すると次に仕事が来た時、確実にワンステップ前へ進んでるという気がするんです。人間というのは順調に仕事がある時には意外と進歩がなくて、どん底やスランプの時こそ財産を貯めるんですね。

「絶望して死のうと思ったことは？」――一瞬笠原さんの眼が光った。だがすぐに幼子を諭すように「自殺という考えは僕等戦中育ちにはないんです。生きるために戦ったんですから。」

昭和二十九年、東映は量産体制に入り、笠原さんは宣伝部の常勤嘱託となる。二年後、社内のシナリオコンクールで優勝。三十三年「ひばりの花形探偵合戦」で脚本家デビューを果たす。そして同年新人女優と結婚するが半年で破鏡を迎えた。

四十五年に武蔵野の家を壊して姉たちと土地を分け、自分の場所に小さな家を建てたんですが、六十一年に今の保谷のハーフオーダーメイドの家と交換する形で売りました。

妹は……、女学校を出て銀行に勤めたんですが、一年も経たぬうちに米軍宿舎のメイドになり、〝TOKYO WIFE〟、ホステス、そして白血病で死にました。二十九歳でした。死ぬ前の晩、僕の目を見て心細そうに「抱いて」と……。でも僕にはできなかった。今思えばどうしてあの時そうしてやらなかったんだろうって……。

妹の通夜で初めて生母に会いました。その後も手紙が来たり、この家にも訪ねてきましたが、いつも女房に相手をさせて僕は書斎に籠もって会いませんでした。冷たいという人もいましたが、僕にはどうしても「母」の実感が持てなかった。長岡にいた時も、遥か鋸山を見ながら「あの向こうに東京がある。母さんがいる」と思いました。でも思い出そうにも顔が浮かばない。覚えてないのですから。重いリヤカーをひいてた時も母親のことを想いましたよ。でも、やはり顔は浮かばなかった。それがいきなり二十八年振りに現れて「お母さんだよ」と言われても……。僕にとって母はやはり育ててくれた継母のいちさんなんですよ。

　真喜子夫人と結婚したのは昭和四十年。知り合った時、夫人は京都・高山寺で行儀見習いをしていた。そこは奇《く》しくも、かつて妹さんの霊に供えるために素焼きの人形を買った寺だった。

　妹が引き合わせてくれたような気がしましてね。それともう一つ不思議なことは、名古屋時代の寮母さんがとても親切な人で、その人が三重県の出身だったんです。以来、僕の中には「三重の女性はやさしい」というのがインプットされて。だから女房が三重の出身と知った時、もうパチーンと。まぁ相手は悪縁だと思ってるかもしれないけど（笑）。

　一時は「美空和夫」と綽名《あだな》されるほど〝ひばり映画〟を書き、次に母もの、そして「博奕打ち・総長賭博」「仁義なき戦い」シリーズ「浪人街」など多くの作品を手掛けた笠原さんは、平成六年、引退を決意する。

　膿胸《のうきょう》に罹った時、「俺は一体幾つまで仕事したらいいんだろう」と言ったら、女房がいいこと言ってくれましたよ。「あなたは遊びたいから今まで一所懸命働いたんでしょう。じゃあ、もうこの辺で遊んだらどうですか」って。ええこと言うなぁ、三重の女は（笑）。それでピタッと辞めたんです。

　やくざ映画そのものは好きじゃないし、ずーっと意に反しっ放しの映画人生でしたけど、志通りにいってたら僕は芽を吹いてたかどうか。ひょっとしたら、この意に反した中にこそ僕の本質があったのかもしれないと思うんです。

現在、笠原さんは前立腺癌を始め数多《あまた》の病を抱えている。だが一男一女に恵まれ、やさしい〝三重の女性〟に見守られている姿には、戦い終えた男の勇姿がある。夫人が仏壇の奥から出してくれた素焼きの小さな人形を見つめる笠原さんの、その脳裏には今どんなフィルムが流れているのだろう。

（一九九八年七月三〇日号）

山城新伍

（俳優）

父親が盲腸を施術する傍で母親が糸繰り内職をする貧乏医院だった

一九三八（昭和十三）年、京都生まれ。本名：渡辺安治。五七年東映ニューフェイスに。TV時代劇「風小僧」「白馬童子」で人気者に。七四年東京12Ch「独占！ 男の時間」で歯に衣着せぬ独特の魅力を発揮。八〇年には「ミスターどん兵衛」を初監督し、九八年には新派公演に初参加。テレビ番組の司会やCMなど、幅広く活躍した。二〇〇九年逝去。

京都・西陣の千本という所で生まれたんです。すぐ傍に千本釈迦堂、俺ら子供は「銀杏坊主《ぎんなん》」って呼んでたけど、イチョウの木がいっぱいあって、銀杏採りに行くと坊主が箒《ほうき》持って怒鳴りに来るような。そこが俺らの悪戯の原点みたいな所だった。焼酎しみ込ませた布に火をつけて火の玉飛ばして肝試ししたり、合同慰霊塔に入ってかくれんぼして中にある骨をザクザク踏み倒したり……。いつかそこの本堂が国宝に指定されちゃったんだよ。今思えば、ずいぶん不謹慎な目茶苦茶なことしてたんだよねぇ。

渡辺（本名）家は代々「たちばなや」の屋号を持つ老舗の醤油醸造元だった。五歳で父親を亡くした山城さんの父・寿之助《じゅのすけ》氏は家業を継がず医者に。だが、ロバをペットにしていたような大店《おおだな》のぼんぼんに算盤勘定ができようはずもなく、瞬く間に広大な地所は人手に渡り、結婚する頃には残る一画で細々と開業する〝赤ひげ医者〟となっていた。

近くには、今で言う被差別部落や在日の人たちの集落があって、患者さんにも民族名の人がいるわけ。お袋が呼ぶ聞き慣れない語感の名前が子供心におかしくて、僕が笑ったんですよ。そしたら親父が「言葉や名前はその国の人たちの誇りなんだ。それを面白いって解釈だけでお前は笑うのか！」って張り倒された。親父の口癖は「〝人は生まれながらにして平等である〟というが、あんなもんまやかしや。人はなぁ、生まれながらにして不平等だらけや。人はなぁ、生まれながらにして〝人〟なんだ。故に平等でなきゃならん！」。

でも親父はいい事言うわりに世事には全く疎《うと》い人でね。小学校の時、僕と弟でうちの煙突を掃除したんですよ、長い竹の先に束子《たわし》のついたのでスースーやって。夕飯の時、僕の顔に煤がついてるのを見て、親父が「ご苦労さん。煙突掃除したんか」って言うから、「うん」って言ったら、「そうか、大変やなぁ。あれ、煙突の中に体ごと入るんか？」って。それ聞いてた母親が怒ってね。なんぼ世の中のこと知らんいうても、十

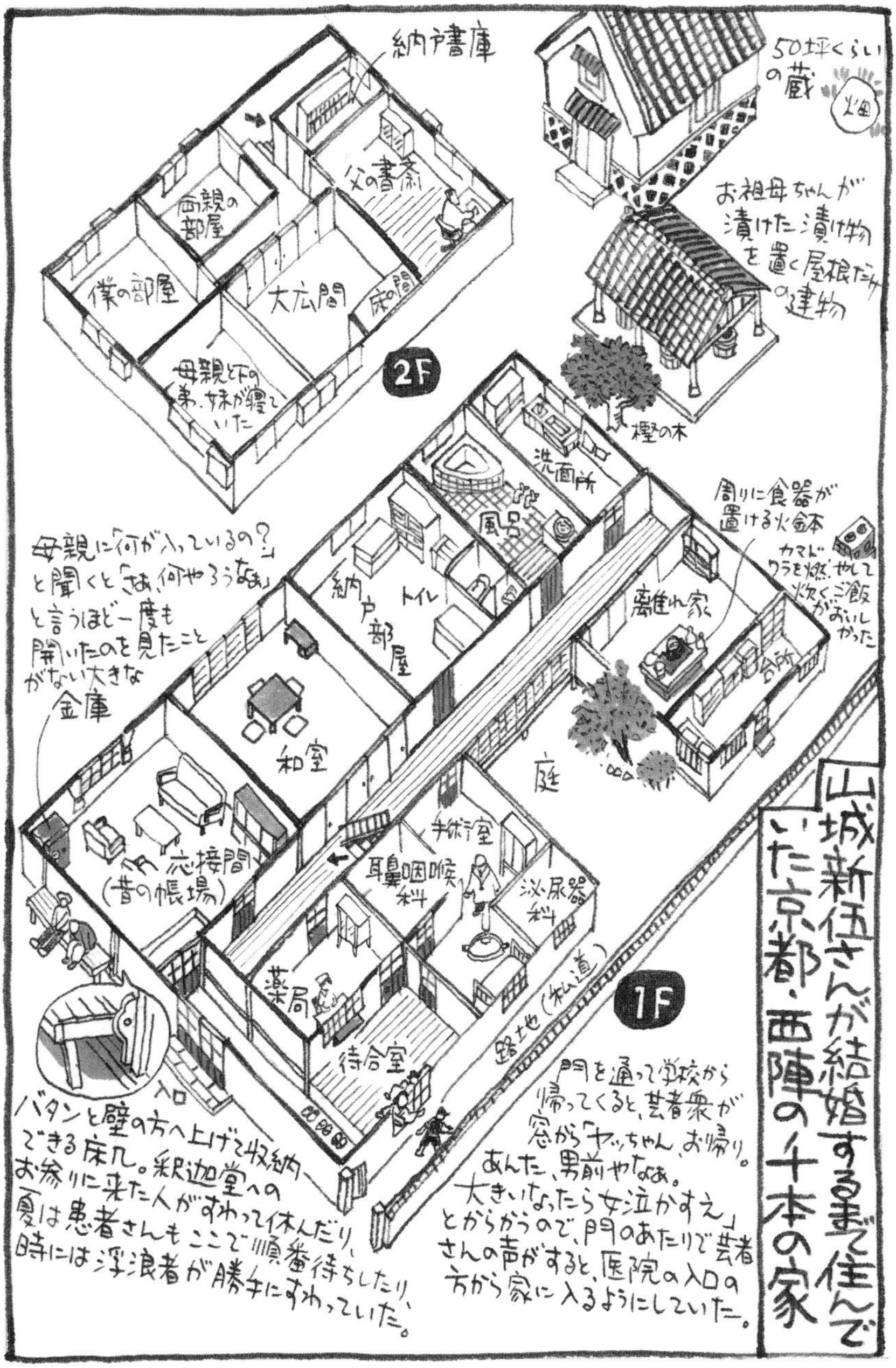
山城新伍さんが結婚するまで住んでいた京都、西陣の千本の家
納戸
書庫
父の書斎
両親の部屋
僕の部屋
大広間
床の間
母親と下の弟、妹が寝ていた
2F
50坪くらいの蔵
畑
お祖母ちゃんが漬けた漬け物を置く屋根だけの建物
欅の木
洗面所
風呂
納戸部屋
トイレ
周りに食器が置ける火鉢
カマド
ワラを燃やして炊くご飯がおいしかった
離れ家
台所
庭
母親に「何が入っているの？」と聞くと「さあ、何やろうなあ」と言うほど一度も開いたのを見たことがない大きな金庫
和室
応接間（昔の帳場）
手術室
耳鼻咽喉科
泌尿器科
薬局
待合室
路地（私道）
1F
入口
バタンと壁の方へ上げて収納できる床几。釈迦堂へのお参りに来た人がすわって休んだり、夏は患者さんもここで順番待ちしたり、時には浮浪者が勝手にすわっていた。
門を通って学校から帰ってくると、芸者衆が窓から「ヤッちゃん、お帰り。あんた、男前やなあ。大きいなったら女泣かすえ」とからかうので、門のあたりで芸者さんの声がすると、医院の入口の方から家に入るようにしていた。

歳の子供の体が入る普通の家の煙突て、どんな煙突や。銭湯やあるまいしって。だから俺もその時「この親父に世間のこと言っても無駄だ」と思った（笑）。

　その上全然かまわない人だから、往診の途中で顔見知りの芸者さんに遭うと、「今から座敷か？　おんなじ方向やから乗っていき」って自転車の後ろに乗っけるんだよ。僕が下校途中に行き合うと、芸者さんが「ヤッちゃーん（安治）、寄り道せんと帰りやぁ」って大きな声で。そうそう、まさに「青い山脈」。俺はその芸者さんを知ってるからいいんだけど、一緒にいる友だちが「なんや、ヤッちゃんの親父、無茶苦茶やな。あんな女乗せて」って（笑）。

　「先生、先生」と慕ったのは、何も芸者衆ばかりではない。近隣の貧しい人々やその日暮らしの門《かど》付《づ》け芸人など、医者に掛かるのが決して楽ではない市井の人々が渡辺医院の〝お得意様〟だった。

　そして父親もそれに応えるように、治療費代わりに快く大根や芋を受け取り、自転車も登れぬような山間まで往診に行った。

　家はわりに広くて、二階に五部屋、下が医院と醤油屋時代の帳場兼応接間、祖母の部屋。渡り廊下を行くと、ご飯食べる離れ家。裏には祖母が漬けた漬け物をいっぱい置いてる建物とか、畑、五十坪もある大きな蔵。だから子供にとってはすごく面白い家だった。

　でもそんな昔風の商家で医者やってるもんだから、肝心の医院の部分がチャチなんですよ。専門は外科だけど、耳鼻咽喉科も泌尿器科もあって、何でも診てた。一番多かったのは淋病。五番町とか有名な遊廓街が近いから、映画監督や役者が泌尿器科でおチンチン洗ったり（笑）。だから後に俺が役者になるって言った時、お袋が「映画の人間なんかろくなもんやない」って。

　手術でも、今なら医師会で問題になるんじゃないかと思うんだけど、盲腸とかの手術してる同じ部屋の隅で母親が糸繰りの内職してるんですよ、貧乏医者だから。あれ、繊維でも飛んで傷口に入ったらって……。親父も金ないせいか、あんまり麻酔を使わないから患者が「痛い、痛い」って叫ぶのを、〝ムッちゃん〟って八十キロくらいある看護婦さんが組み伏せて。患者が「痛い！」って言う度に、お袋が糸を繰りながら「痛くない、痛くない」って。俺、絶対こんな医者に手術してもらうのやめようと思ったもん（笑）。

医術以外は「夢みる夢男さんだった」父親とは対照的に、母・さよさんはしっかり者だった。十数戸しかない福井の寒村から奨学金で看護学校に進み、京都府立医大附属病院に勤務した人だ。祖母が「うちの嫁に」と見込んだのも頷ける。

小学校直前から二年生の初めまで母の里へ疎開しました。福井の小浜《おばま》という半農半漁の所で、今なら風光明媚のいい所なんだけど、当時は電気も来てない、冬なんか日本海から吹きつける風に吹き飛ばされそうになりながら深い雪の中を何キロも歩いて学校へ行くような、いわば僻地ですよ。そこにいた時、首からジュクジュク膿《うみ》が出てる青年がいて、子供の僕が見ても、もうダメだなと思うような。家が貧しいのか無関心なのか何の手当てもしてないんだよね。それでお袋が入院の手続きをしてあげたんだけど、次に行った時にはもう死んでいなかった。だから、たぶんお袋は少女時分からそんな人をたくさん見てて、看護婦になろうと思ったんじゃないですかね。

僕、お祖母ちゃん子でね、中学生になるまで祖母と一緒に寝てたんです。祖母は「冷や飯食ってる者はろくな者じゃない」って、昼になると学校へ炊きたてのご飯の弁当を持ってきてくれた。だから教室の戸がトントンっていうと、「ホラ、来たぞ」ってみんなにからかわれてね。有名だったんですよ、小学校卒業するまで毎日だから。もうすごく可愛がってくれましたねぇ。

お祖母ちゃんは九十歳の天寿を全うし、曾孫である山城さんのお嬢さんの顔も見た。母方の祖母も百歳に近い長命を得、母・さよさんは八十歳を過ぎた現在も矍鑠《かくしゃく》。だが、女系の長寿にひきかえ、父・寿之助氏は五十歳の若さで逝った。

僕が高校二年の時、糖尿病から結核を併発して。ずっと家にいて、体調がいい時は診察してた。今思うと、もう入院しても駄目だと自分でわかってたんでしょうね。部屋で寝てる時は、野球が好きだったから、ラジオでナイターを聴きながら何か手帳に書いてるんですよ。同人誌に載せる詩でも書いてるのかと思ったら、自分が選んだベストナイン。俺に見られたのが恥ずかしそうでね。だから俺、わざと「このファーストは違うと思うわ。俺やったら……」とか言ったら、親父の表情がフッと和らいで、「治ったらナイター連れてったるしな」って言うんですよ。俺、もう行けないのわかってたけど、「待ってるから」って……。

葬儀の日、家の周りは「渡辺先生」を慕う人々で埋め尽くされた。

最近まで、京都の町歩いてるとヤクザみたいな人が声かけてきて、「見てみぃ、この汚い傷。お前の親父がやったんや。無茶苦茶やゾ」ってシャツ捲って手術の痕を見せるんですよ。でも、それは恨み言じゃなくて感謝なんです、親父に対する。それで「何かあったら言うてこいよ」って。こういう形で親父は遺産を残してくれたんだなぁと。

高校卒業後、東映第四期ニューフェイスに。同期に佐久間良子、作家の山口洋子、後に結婚する花園ひろみさんなどがいた。

役者になるっていうのは自然に決めてたね。たとえば、お袋が医院の仕事で忙しいから、毎日夕飯ができるまで映画館に入り浸ってたし、それとか小学校の学芸会の時、祖母は「ヤッちゃんが一番きれいや」とか言って齧付《かぶりつき》で初めから観てるんだけど、忙しいお袋は遅れて来るわけ。後から僕が「お母ちゃんは○○の場面から来たやろ」と言うと、祖母が「この子は役者向きや。おさよさんが入ってきたの、私でも知らんかったのに、この子は舞台の上からちゃんと見てる」と。患者さんは患者さんで、芸者さんなんかが「ヤッちゃんは男前やなぁ。大きぃなったら、女泣かすえ」って言うんですよ。俺は意地悪して泣かす意味だと思うから、「そんなことせんわい!」って。こういういろんなことが幼心に残ってたんでしょうね。そして近所ではしょっちゅう映画のロケ。役者になるないうのが無理な環境ですよ。

最初十カ月は俳優座で基礎訓練を受けるため、目黒にある東映の重役専用寮に。現代劇の東京組、時代劇の京都組の配属で山城さんは京都へ。昭和三十五年、乗馬の腕が買われてテレビ時代劇「白馬童子」の主役に。撮影中は保谷市の定宿暮らし。主役を射止めたのは、いわば通行人役をさぼった怪我の功名と言える。

俺、なぜ通行人がイヤかと言うと、エキストラが大勢来るでしょ、アルバイトの。山城高校は太秦《うずまさ》の撮影所に近いから、ラグビー部の後輩とかが合宿の費用を稼ぐためにエキストラやるわけ。そこで俺が通行人やってたら、映画に入ったというので学校で話題になってるのが、「先輩は役者のはずなのに、俺らと同じ恰好してた」って言われるじゃないですか。だから極力通行人をやらないためにはどうすればいいか考えた。目立たない通行人だと何度も使われる。一番いいのは虚無僧。虚無僧が何回も出てきたら意味ありげでしょ、筋に関係あるみたいで。あと飛脚。これも何回も現れると不自然だしね。

だから朝九時に名札入れたら、一回通行人やって、後は撮影所の鉄条網を破って外に出る。入口は人事部とかが棒持って見張ってるから、逃げないように(笑)。それで俺は乗馬の練習するの。危険手当てもつくし、一回馬に乗る役やったら通行人役一日分の三倍はギャラくれたから。

昭和四十年結婚。俳優座で机を並べた時からラブレターを書き続けた成果なのだが、本人曰く

「授業が退屈で他にすることがなかったから」。もちろんこれは山城さんの照れ。その後の人生を思えば、このヤンチャ坊主を掌に乗せられるのは花園さんだけと、すでに直観していたと言える。

女房が妊娠八カ月くらいまでは右京区双ヶ岡《ならびがおか》の（片岡）千恵蔵先生が経営してた2DKのマンションにいたの。そしたらある日、大きなお腹した女房が突然、「東京へ引っ越そう」って。「なんで？　京都で仕事が定着してるのに」って言ったら、「私、京都は好きだけど関西弁が嫌いなの。この子が関西弁になるのがイヤなのよ」。まぁ本当は俺を京都だけの役者で終わらせたくないという思いなんだけど、そんなキザなことは言わない。これは母親と共通するところで、だから俺は甘えられるんだけど。母親が子供の僕に「男は厨房へ入るもんじゃない」っていつも言ってたのは、何も男女差別じゃなくて、うちは貧乏だったから冷蔵庫の中にペニシリンしか入ってないのを子供に見せるのが忍びないという母心と、お腹が空いたからって、冷蔵庫を開けたら食べ物があるほど甘くはないぞという戒めなんですよ。

大泉撮影所に近い練馬区上石神井に家を借りた。平屋だが庭は七十坪。五年後、文京区白山へ。

女房が勝手に娘の幼稚園を決めちゃったから、その向かいのマンションを買ったの。女房は「やる」と言ったらすごい行動力のある人だから。僕よりずっと男らしい（笑）。その五年後が九段（千代田区）。ここも女房が娘を四谷の雙葉《ふたば》に入れるって決めたから（笑）。2DKと3LDKをぶち抜いて5LDKにして住んでました。「独占！　男の時間」（当時東京12Ch）はこの頃です。

五年して今度は広尾（渋谷区）のドムス。ここは予定外で、菅原文（太）ちゃんが「仁義なき戦い」で大人気だったのに三千万円の融資を銀行に断られたって憤慨するから、冗談で俺らどのくらい貸してくれるか試してみようって、女房と銀行に行ったんですよ。応接間で待ってる間に新聞広告にドムスが二億円で載ってるの見て、「何にご入り用ですか？」って聞かれた時、「これ」って広告見せたの。そしたらあっさり貸してくれた。文ちゃんに言ったら「嘘だろう」って（笑）。要は映画がすでに斜陽でテレビの時代になって、たまたま俺はテレビの仕事が多くて長者番付に載ったりしたからなんだ。

そこで女房は娘を聖心に行かせようと思ったら、娘は勝手に東京女子大に入っちゃったんだよ。聖心なら歩いて行けるのに。ここに十年いる間、佃島のマンションも借りてるんです。「せんせい」って映画を撮った時、「こんな佃島みたいな環境のいい所にこんなもの建てやがって、近頃の人間は地に足がつかねぇとこに住んでるから、ろくなもんにならねぇんだ」って役者に喋らせときながら、監督の俺は四十階の高層マンション見て、内心「あそこに住みたいなぁ」って（笑）。それで自宅と仕事用に二部屋借りたんだけど、動物飼えないのがわかって、結局、広尾に猫三匹置いて毎日餌やりに通いながら佃島に住んだんだよね。

この頃離婚しているが、生活は同じで、山城さんの下着さえ奥さんが洗っていた。浮気にお灸をすえるため、奥さんが勝手に籍を抜いたのだ。五年後、籍を戻した時も山城さんは知らなかった。「今日は早く帰ってね。お祝いだから」という奥さんからの電話に「何のお祝い？」と聞くと「日がいいから籍戻したの」。

レポーターの福岡翼が来てインターフォン越しに、「離婚したんですってね」って。俺、びっくりして「馬鹿言うな。今一緒に飯食ってるよ」って。だけどあんまり言うから奥にいる女房に聞いたら「そう。籍抜いたわよ。十カ月前だけど」って（笑）。

今の目黒の家は建てて二年ちょっと。最初建てた家は欠陥があって、三年で壊したんです。これも女房が決めたのよ、新築をぶっ潰すって。俺にはそんな度胸ないわ。

俺、家には執着ないんですよ。引っ越しも全部女房の決断。俺は従うだけです（笑）。

（一九九八年八月六日号）

夢路いとし・喜味こいし

（漫才師）

十代の半ばで大阪・天王寺に定住するまで旅巡業の楽屋が家だった

夢路いとし（右）　一九二五（大正十四）年、神奈川県生まれ。本名：篠原博信。二〇〇三年逝去。
喜味こいし（左）　一九二七（昭和二）年、埼玉県生まれ。本名：勲。二〇一一年逝去。
三七年、旅芝居の子役から荒川芳博・芳坊の名で少年漫才師に。四〇年吉本興業に入り、現在の芸名を名乗る。上方漫才の雄として、貴重な最長老の漫才コンビとして活躍した。勲四等旭日小綬章、紫綬褒章など。

いとし　僕が生まれた所は横浜ですねん。両親が全国を巡業していたから、お袋が実家で産んだんです。

こいし　僕はお袋の親戚で埼玉県の川越です。親父ちゅうのは長野県で巡査してて、なんや警部くらいまでいってたのに、当時の壮士芝居に憧れて役者になったらしいです。それへ看護婦してたお袋が惚れて、今の若い子の追っかけみたいなもんですわな、それでお袋は習い事でやってた三味線を舞台の袖で弾いて親父と一緒に旅回りを始めたと。

いとし　そらぁ、舞台で二枚目やって、「キャーッ」言われたら、そのほうがよかったの違いますか（笑）。

父は山田千秋、母は篠原ます。二人が母方の姓を名乗るのは、「おそらく親父んとこが堅い気風で、勘当されたか何かで籍入れてもらえんかったんでしょう」。

こいし　最初の家の記憶いうたら、楽屋ですよ。それがどこなんか全然覚えてないけど。それでも僕らが恵まれてたのは、両親がいつも一緒やから、小そうても家族で一部屋もらえたんです。もらえん時は通し部屋で、鏡台が置いてある一角の二畳とか三畳が自分とこの場所やと。刑務所みたいなもんだ（笑）。

いとし　部屋の前に〝山田千秋さん江〟いうて染め抜いた暖簾が掛かってましたよ。

こいし　この人、初めは舞台出るのイヤがってたから、僕のほうが先に出てますねん。兄貴と初めて一緒に出たのは確か僕が五つで、「越後獅子」の子役。花道で小便したというのを大きくなってからもお袋に言われましたからな（笑）。

いとし　当時は〝連鎖劇〟いうのがあって、フィルムと実演を混ぜてやるんです。一番チャンバラが多かったですね。大人数で殺陣《たて》やったり走る場面は映画のフィルム使《つこ》たほうが迫力あるから。それで白黒のフィルムがパッと終わると、舞台で同じ恰好した役者が続けてやるというね。

こいし　子役の頃は夜遅いのがイヤやったね。昔の芝居は夜中までやってて、特に田舎は農繁期なんか、お百姓さんが仕事終わって観にくるためには始まるの八時過ぎになりますやろ。最後の狂言（演目）の時には、楽屋で寝てるの起こされるから眠たくて。

いとし　化粧は親父がやってくれました。だから親父の掌《てのひら》の匂いがいまだに。手の甲を頬にあてて描きますから。

こいし　最初の小学校も覚えてません。「学問つけるより芸磨け」やからね。芸事は何でもそうですけど、小さい時から集中してやらんことには。読み書きは親父が必要に応じて教えてくれました。親父はそらぁ字が上手でしたよ。

いとし　二週間とか一カ月で転校するから、まぁ友だちいうたら、その時の座組《ざぐ》みにいる他の役者の子供達です。

こいし　遠足も運動会も行ってません。毎日が遠足みたいなもんやから（笑）。けどやっぱり同級生がおるのは羨ましいですよ。うちの嫁はんなんか、大阪の女学校出てるから、いまだに同窓会の通知とか来まんがな。そういうのは羨ましいな思いますわ。

いとし　親父は僕らが子役やってた頃は、もう役者を辞めて今で言うマネージャーみたいなことしてました。各地に売り込みに行って契約して。

こいし　その時分はトラック移動が多くてね。荷台には人が乗ったらいかん時代やから、荷台の両脇にボテの行李《こうり》を積んで間に布団敷いて皆が入る、その上からシート被せて町を過ぎたら外すんです。時々警官が荷台のシートの中に大きな警棒突っ込んで「何が入ってんのや?」って調べるんやけど、運転手が「スイカデス」言うと、「もう腐ってるぞ。早よ行け」っちゅうような粋な警官もおってね。

兄の博信（いとし）さんは十一歳から二年ほど、日活多摩川で映画の子役を。「乃木将軍」「情熱の詩人啄木」などに出演した。

いとし　その頃は浅草の田島町にある子役専門の会社に所属して、そこの所長さんの家でお世話になってました。「路傍の石」なんかに出た片山明彦さんが一歳違いで、一緒に出たこともあります。僕は端役でしたけど。

こいし　その間、親父は巡業の事務をして、僕は三味線弾きのお袋と旅を回ってました。それで僕が初代・大江美智子の女剣劇に出てる時、東京で二・二六事件が起きて、親父が物騒やからいうんで兄貴を迎えに行ったんですわ。

二人が漫才を始めたのはふとしたきっかけだった。

こいし　名古屋の海水浴場で余興に出てた時、芝居のつなぎに僕ら二人が舞台で並んで喋ったんですわ。親父が書いたことを覚えて喋っただけやけど、さっきまで芝居やってた子役が出てきて喋るから、客はウケまんがな。そしたら、一緒に出てた玉乗りの井上金太郎さんいう方がそれ見て、親父に「子役なんてものは、ある程度大人になったら売れるのは難しぃ。あれだけやれるのやったら、子供のうちから漫才やらしとき。ええかわからん。わしが師匠を世話してやる」言うて、世話してもろたのが荒川芳丸《よしまる》師匠です。

岐阜の金華劇場で弟子入り。荒川芳博・芳坊の名で漫才人生が始まる。兄十二歳、弟十歳。日華事変の昭和十二年のことだった。

こいし　師匠は音頭取りから漫才になりはったお方なんです。僕は始め、「小芳」にしよう言われたんですけど、師匠もええ加減で、「お、小芳はおるわ」言うて（笑）。それが内海桂子・好江のおとっつぁんですわ。それで、まだ小さいから「坊」つけて「芳坊」になったんです。

師匠に「何か教えて下さい」言うたら、「わしらのやること覚えんでええ。エンタツ・アチャコさんみたいに喋りだけやっとり」言うて。だから何も教えてもらわずです。僕らが弟子取らんのは、その師匠の影響もあるかわからんけど、大体漫才いうのは教えてできるもんやないしね。二人の〝息〟の問題やから。

いとし　台本は初め親父が、その後は僕が書きました。けど、なんぼ台本があっても、漫才は、やってみんことにはウケるウケんはわかりません。「ここで笑わそう」いう〝当てこみ〟はいかんちゅうことですわ。だから今でも作者の先生方にお願いして、僕らは台本を組み替えるんです。前、中、後のネタを入れ替えて。

こいし　そやから後に大阪の天王寺のアパートにいてる時、かしまし娘が窓の下へ来て、兄貴に「ニィちゃーん、ネタ教えてー」言うてね。

昭和十五年、師匠が亡くなり、その息子がいた吉本興業へ入る。

こいし　化粧せんでええ、着物も要らん、初めは芝居より漫才が楽や思いましたけど、慣れてくると、精神的には芝居やってるほうが楽やと、今でも思うけど。漫才は二人で二十分。芝居で二十分いうたら、えらい大場面でっせ。それに芝居は当たらんかっても全体の責任やけど、漫才は丸々自分らの責任やからね。

一家が初めて定住したのは大阪・天王寺のアパート「開花荘」。二階の四畳半を二つ借りてそれぞれに両親と兄弟が住んだ。そこからこいしさんは山口県の部隊へ。いとしさんは病弱のため丙種不合格だった。

こいし　山口の光《ひかり》にあった海軍工廠《こうしょう》、九州の有明湾の作業隊、次に広島の部隊。そやから原爆が落ちた時は市内の城のすぐ下の兵舎にいたんです。

あの日は前の晩の空襲で就寝が遅うなって朝がいつもより一時間ゆっくりやった。私は馬連れて宇品《うじな》まで将校を迎えに行かないかんので、班内で朝飯食うてました。そしたら、窓の外でパッと光ったんです。慌てて外へ出ようとしたことまでは覚えてます。気がついたら建物の下敷きになってて、助け出されたんです。木造の建物ふったからよかったのかな、潰されんと原爆から庇《かば》われて。普段より出かけるのが遅なったのも命拾いでした。そやなかったら外を馬連れて歩いてたんやから。

宇品の沖にある似島の病院で治療してるうちに終戦ですわ。けど、帰るにも着るもんがおまへんねん。病人やから紐のついた白衣一枚でしょ。だからもう一枚白衣を重ねて荒縄締めて、帽子ないから三角巾を頭に巻いて、靴の代わりに便所の藁草履を履いてね。

船で宇品まで渡ってそこから広間駅まで歩きだ。ホームでボーッとしてたら、南方からの引き揚げ列車ですかな、それが目の前で停まった時、片足のない、襟線見たら軍曹でしたがな。その方が「頭どうした?」言うから、「軍帽がないんであります」言うたら、ヨレヨレの戦闘帽をくれました。あと赤飯の缶詰と煙草も。その時、汽車が出たんです。確か下関かどっかへ帰る言わはった思うけど、なんで所とお名前を聞いとかなんだか思うてね。ただちょっと目が合うただけのことであんなに親切にしてもろて……。

その間、いとしさんは地元で木銃突きの訓練や不発弾の処理をしていた。

こいし　どうせ焼けてる思うたけど、梅田駅から御堂筋を歩いて帰ったら、あったんです。焼け野原の真ん中に開花荘が。見たら親父が窓の所で小鳥に餌やっとんの。ひょっと僕を見て「ン」。それだけや。お袋はワーワー泣いたけど、親父と兄貴は男同士やから、「どこ行ってたんや」ちゅうような感じでね。
いとし　お袋はもう弟の位牌作る言うてたんですよ。
こいし　ただね、カッコ悪かったんや。「バンザーイ、バンザーイ」って送られたんがこんな情けない恰好で帰ってきたんやから。だからその時はもう漫才出るのがイヤでね。

幸い原爆症も出ず、漫才を再開。しかし寄席もなく、二人は志摩八郎率いる「青春ブラザーズ」に参加、旅巡業を始めた。そして有志で作った漫才の勉強会「MZ（マンザイ）研進会」から現在の芸名になった。

こいし　兄貴がつけたんです。この人、月丘夢路さんが好きやね。
いとし　それと歌の「君恋し……」合わせて。
こいし　初めは「いと志こい志」やったんやけど、名刺作って出したら、「どこで志るこ屋やってん？」て（笑）。だから、「し」にしたんです。

「夢路いとし喜味こいし」の名を広めたのは昭和二十五年のNHKラジオ「気まぐれショウボート」。そして吉本の演芸部長・秋田実が創立した宝塚新芸座で蝶々・雄二らと活躍した。

こいし　僕らは幸運でした。十五と十三で吉本に入る時、〝手みせ〟（オーディション）してくれたのが（横山）エンタツ先生でね。その日、電車で帰ってたら、マスクして横に立ってる人が「お前ら、ええぞ。頑張れよ」って。別れる時マスクはずして「わしや、わしや」。見たらエンタツ先生ですわ。そらもう雲の上の人やもんね。嬉しゅうてね。

昭和二十五年、共に結婚。いとしさんは父亡き後の母親とアパートに残り、こいしさんは近所のアパートへ。

こいし　三畳と四畳半でしたけど、二月《ふたつき》もおらんうちに家主が替わって、立ち退きや。次は近所の二階に間借り。ところが下の大家さんが瓶の掃除する会社に勤めてたから耳が悪いねん。夜でもラジオをボリュームいっぱいにして聴くから、寝てられへん。生まれたばかりの長女は泣きよるし。それで松田町のうどん屋の裏の四畳半と三畳へ。

朝日放送のラジオ「漫才学校」で人気は不動に。昭和二十八年から十三年間、兄弟は神戸市東灘区で一つ屋根の隣同士、同じ造りの家に住んだ。漫才の立ち位置と同じく、上手（向かって右）にいとし家、下手の家にこいし家が住んだ。

いつも一緒に仕事をしているので、片方の帰りが遅いと、「何故うちの主人だけ遅いの?」と奥さんが。

こいし　俺が遅かってん。いかに俺がモテたか（笑）。

いとし　そう……しとこ。

こいし　それで嫁はんと揉めたりはせなんだ。「せなんだ」言わないかんな（笑）。

いとし　隣同士でもあんまり行き来はなかったな。

こいし　同じ造りやから、たまに間違うて、ここ（兄）の家でゲロ吐いて帰った（笑）。

いとし　私生活は別々です。

こいし　それは若い時からやね。趣味も違うし、酒飲むんでも、私はお茶屋で飲みたいけど、こちらは洋もんのクラブみたいてのが好きなんですよ。コンビっちゅうのは、絶対、仲ええことないよ、漫才は。どこのコンビでも聞いてごらん。うちらもやめそうになる危機はなんぼでもあったけど、これはやってる以上一生つきまとうことでね。

その後、いとしさんは芦屋の一戸建てから今は宝塚の一戸建て。こいしさんは岡本の借家、大阪・阿波座のマンション、現在は同西区のマンションに。

いとしさんは二男一女、六人の孫、こいしさんは一男二女、三人の孫がいる。

こいし　子供の時から旅回りしてたから、自分の家っちゅう考え自体がなかったけど、東灘区の家を買《こ》うた時、お袋が「とうとうお前らも家持ちになったな」って、つくづく言うたからね。やっぱり嬉しかったのかなぁ。

最長老の現役コンビは、今のお笑い界をどう見るのか?

いとし　若い方を知らんからね。それに漫才コンビでも、皆さん漫才やらんでしょう。

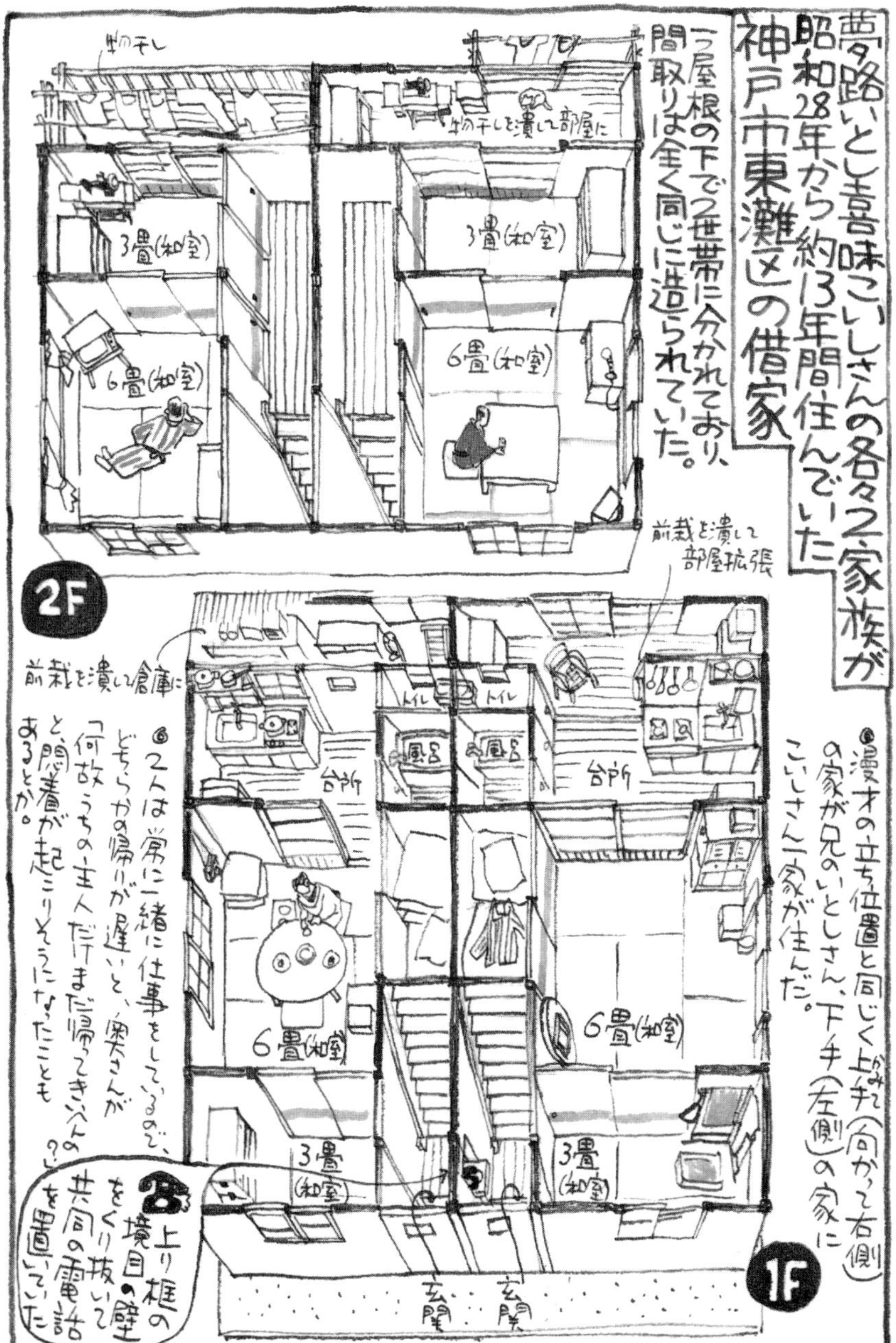

夢路いとし喜味こいしさんの各々2家族が
昭和28年から約13年間住んでいた
神戸市東灘区の借家
一つ屋根の下で2世帯に分かれており、
間取りは全く同じに造られていた。
物干し
物干しを潰して部屋に
3畳(和室)
3畳(和室)
6畳(和室)
6畳(和室)
2F
前栽を潰して部屋拡張
前栽を潰して倉庫に
トイレ
トイレ
風呂
風呂
台所
台所
●漫才の立ち位置と同じく上手《かみて》(向かって右側)の家が兄のいとしさん、下手(左側)の家にこいしさん一家が住んだ。
●2人は常に一緒に仕事をしているので、どちらかの帰りが遅いと、奥さんが「何故うちの主人だけまだ帰ってきいへんの?」と悶着が起こりそうになったこともあるとか。
6畳(和室)
6畳(和室)
3畳(和室)
3畳(和室)
上り框の境目の壁をくり抜いて共同の電話を置いていた
玄関
玄関
1F

こいし　だからオール阪神・巨人がいつでも「〝漫才の〟阪神・巨人です」言うのは嬉しいね。ほんまやったら、僕らがエンタツ先生に言われたように「君ら、ええよ。頑張れよ」言いたいところやけど、まだ現役やってる間は、敵やからね。

いとし　全員がライバル。

こいし　せやから「頑張れよ」とは言えませんわ。我々も時代に遅れんような漫才をしとかないかん思うてます。

いとし　秋田実先生に言われた「下ネタやるな」を守り続けて。

漫才を始めて今年で実に六十三年目。コンビ替わりをせずこのキャリアはまさに最長不倒記録である。

いとし　六十三年ですかぁ。

こいし　まぁ、センターマイクまで歩く体力と喋ることができるうちはやりますわ。

いとし　百まで（笑）。

こいし　マンションのローンも残ってるし（笑）。

（一九九九年四月二二日号）

一年の三分の二を過ごすホテルが一番落ち着く。やはり僕は生涯、旅役者

藤田まこと（俳優）

一九三三（昭和八）年、東京・池袋生まれ。本名：原田真。父は無声映画の二枚目俳優。旅巡業の後、六二年テレビ「てなもんや三度笠」で一躍人気者に。以後「必殺シリーズ」「はぐれ刑事純情派」等のテレビドラマ、舞台でも活躍。映画「椿三十郎」（〇七）「明日への遺言」でも存在感のある演技を見せた。二〇一〇年逝去。

親父は東京生まれの藤間林太郎という俳優で、代々医者筋の家だったそうですが、早稲田を出てどういうわけか役者になってしまったんですね。関西の帝国キネマに所属してたんですが、そこが火事で焼けたので、昭和五年頃に東京の大都映画、そして戦争中に松竹京都に引き抜かれて、関西へ。僕は東京の池袋に生まれて小学校三年の時に大阪、すぐに京都へ行きましたから、空襲には遭ってないんです。

父・林太郎は無声映画時代のスター。二十年前のキネマ旬報社『日本映画俳優全集』では、「藤田まこと」より字数を割いて紹介されている。そして父方の祖母は女義太夫語り、伯母は鏑木清方が「日本一の美女」と讃えた日向きん子、伯父は大名女形・市川貞次。かと思えば、母方の祖父は大正天皇のお脈をとった医師で、さらに家系を溯《さかのぼ》ると、九条家とつながる女性が……。

硬いんだか軟らかいんだかわからない血筋でしょ（笑）。僕は軟らかいほうの典型だけど、硬いほうでは、従兄弟が兵庫県の副知事を経て、姫路の市長になり、今は姫路美術館館長を務めてます。

僕が五歳の時に亡くなったお袋のことは、親父はあんまり言わなかったんですが、後年親父が言うには、大正の末に親父が帝キネに引き抜かれた時、帝キネの重役陣に向島の待合に呼ばれて一生かかっても使い切れないほどの契約金を積まれたけど、それを親父は二年で使い切ったと。そして「その時、色街で引かして女房にしたのが、お母さんなんだよ」と。だから当時お袋は関西でかなり売れっ子の芸妓だったようです。「つまりお前が生まれるに関しては相当金がかかってる。だからお前の代で全部それを取り戻せ」って親父が（笑）。

池袋は下に二間、上に三畳の借家で、そこに両親と六つ上の姉、四つ上の兄、そして僕。兄貴は海軍特別年少兵というやつで、沖縄で死んでいきました。「一番バカなのが残りやがって」なんてよく言われましたよ。

父親が松竹京都に移籍して、父子四人は大阪の枚方市《ひらかた》へ。そしてすぐに戦火を避けて京都に移り住んだ。

一時期、二度目の母親という人がいたんですが、四、五年で別れたのかな。いい人でしたよ。もう亡くなってずいぶんになります。戦争が激しくなって、兄は志願兵に、姉ちゃんは学徒動員で大阪の工場の寮に入りました。そして戦後はGHQの命令で時代劇映画は禁止されたので長谷川一夫さんを筆頭に、高田浩吉、大友柳太朗というスター級が一座を組んで地方巡業をするようになり、その中にうちの親父もバイプレーヤーとしてくっついて行ったわけです。

芸事には何の関心もない真（本名）少年が、初めて父親の旅巡業に同行したのは中学二年の時だった。

要は〝口減らし〟ですね。旅巡業に出ればご飯が食べられるというので。もうビックリ仰天の世界でしたよ。親父達が扮装してお客さんの前で芝居する、お客さんも山ほど入る。娯楽のない時代ですからねぇ。でも一番驚いたのは食事のいいこと。特に国鉄の慰問なんかに行きますと、朝はパン、昼はおにぎり、うどん、夜はちゃんとおかずが三品くらい出て、お酒は付く、下戸には饅頭が付くとかね。終戦直後の食糧難の時代にですよ。当時の国鉄は親方日の丸ですからね。「ある所にはあるもんだ」と思いました。

僕は手伝いと言っても裏方です。自分が舞台に立つなんて夢にも。そのうち「藤間さんの息子は器用に働くよ」というのでいろんな所から声がかかるようになって、親父から離れて巡業に行くようになったんです。歌謡ショーの楽器をセッティングしたり片づけたり、何でもやりました。

初舞台は十七歳、堀川高校を中退した頃です。歌謡ショーの一座で回ってた時、座長の奥さんが踊るために僕が舞台の袖で「旅傘道中」を歌ったんです。だから僕の初舞台は顔を見せず陰で歌だけ（笑）。

その頃の巡業〝三種の神器〟はシーツ、枕カバー、蚤取り粉。〝家〟は行く先々の芝居小屋の楽屋だった。そして神戸の新開地劇場に二年間定住。文芸部の助手、照明係、司会、物真似……役者以外は何でもやった。

そんなことをしてる時、中田ダイマル・ラケットさんという大ベテランの漫才の方が声をかけてくれたんです。「そんな素人に毛がはえたような芸じゃこれから食っていけないぞ。うちの劇団に来て芝居の勉強をしろ」と。見込まれたのかもしれないけど、内心「一人でやるほうが実入りはいいんだけど」と(笑)。

堺、芦屋と、姉の婚家に居候させてもらって、落ち着いたのは昭和三十二年頃でしょうか。大阪の戎《えびす》町、通天閣が倒れてきたら全滅だみたいな所のアパート。六畳一間で流しとトイレが付いてました。そこで朝日放送の「びっくり捕物帖」に出るようになったんです。ダイ・ラケさんの番組で、森光子さんの兄役。次に西宮の風呂付きの二間のアパートで、森さんの家の近所だったから、朝は森さんの家の前で待ってて局まで便乗させてもらいました。森さんにはテレビ局から迎えの車が来ますから。でもこの頃、名人ダイマル・ラケットさんから大阪のお笑いの〝息〟を学べたのは大きかったですねぇ。

時代劇コメディ「びっくり捕物帖」で認められた藤田さんは、昭和三十六年に「スチャラカ社員」、翌年からは、かの伝説的お笑い番組「てなもんや三度笠」で九年間〝あんかけの時次郎〟として一世を風靡する。

芸名をつけてくれた親父は京都に住んでましたが、僕の仕事には何も言わないまま昭和四十四年、七十歳で亡くなりました。

女房と知り合ったのは「スチャラカ」をやってる頃です。モデルをしてたんで、生コマーシャルを撮りに隣のスタジオに来てて、僕が声をかけてたのがきっか

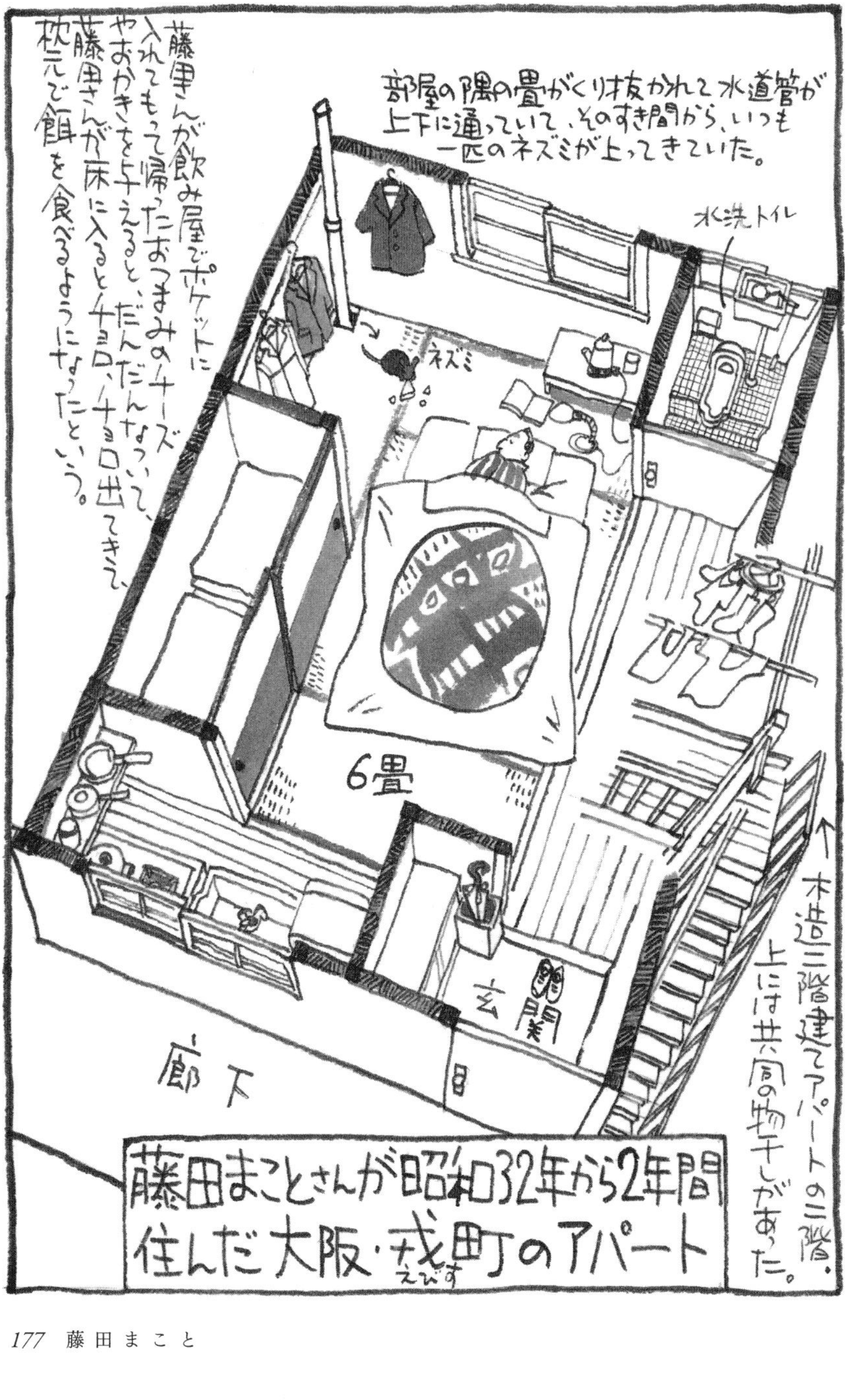
藤田さんが飲み屋でポケットに
入れてもって帰ったおつまみのチーズ
やおかきを与えると、だんだんなついて、
藤田さんが床に入るとチョロ、チョロ出てきて、
枕元で餌を食べるようになったという。
部屋の隅の畳がくり抜かれて水道管が
上下に通っていて、そのすき間から、いつも
一匹のネズミが上ってきていた。
水洗トイレ
ネズミ
6畳
玄関
廊下
木造二階建てアパートの二階。
上には共同の物干しがあった。
藤田まことさんが昭和32年から2年間
住んだ大阪・戎《えびす》町のアパート

けでした。それまでも付き合ってた女のコはいましたけど、こっちは住所不定みたいなもんだったし、結婚まで考えた人はいませんでした。女房は石川県輪島の出で、どうかすると田舎弁が出るような土の匂いのするコでね。明るくて元気で。そういうところに惹《ひ》かれたのかなぁ。

昭和三十六年結婚、新居は豊中市桜塚の借家。そして同市上野坂の一戸建てに。お笑い芸人として人気絶頂、遊びも派手で、〝キタの（南都）雄二かミナミのまこと、東西南北藤山寛美〟と言われるほどだった。

上野坂の家は思い出深いですね。長女と長男がそこで育ったし、仲間が大勢出入りして〝豊中ホテル〟と呼ばれてたくらいでした。当時僕は渡辺プロの関西支社と契約してたんですけど、東京から渡辺プロの人が出張してくると必ず僕の家に泊まるんですよ。宿泊費が浮くから。会社も知ってて、「豊中ホテルに泊まります」って言うと、黙ってホテル代出してくれたそうです（笑）。結構広い家でしたよ。上に四部屋、下に三部屋、小さい庭も付いてました。「てなもんや」を始める時、演出の沢田隆治さんが「これは和製ミュージカルだ。〝あんかけの時次郎〟の藤田まことはエド・サリバンなんだ。鬘《かつら》を被ってるけど、君は司会者。そこへゲストが出てきて最後はエド・サリバンが『じゃあ、また会おう』と言って終わるんだ」と言ったのを覚えてます。でも一時は視聴率六五パーセントも取った番組も、最後は先細りして終わりました。僕はこれでいい経験をしたですね。「てなもんや」の後半ぐらいからなんですよ、テレビに疑問を感じ出したのは。と言うのは、僕はスロースターターだから、三十分の間に自分を燃焼しきれない。そういうことで忸怩《じくじ》たるものがあったわけです。だからもう一度勉強して舞台で勝負してみようと思いました。

「てなもんや」終了後の二年余り、藤田さんはキャバレー回りを続けた。

テレビの人気者なんていうのは所詮〝人気者〟でしかない。ちょっとテレビに出なくなったら、忘れられちゃうんです。旅を回ってて、それをイヤというほど感じました。「なんだ、アイツ。今何やってるんだ」みたいなことですよ。「今まで自分は〝人気〟だけでメシを食ってたんだな」とつくづく感じたですね。だからまた原点に戻って一所懸命やんなくちゃいけないなと。テレビから離れたこの二年余り、考える時間ができたということで、僕にとって一番尊い時期だったと思います。

そして〝中村主水《もんど》〟と出逢う。昭和四十八年「必殺仕置人」(朝日放送)、嫁と義母に責められながら中間管理職として働く中年の同心、だが裏の顔は〝晴らせぬ恨みを晴らす〟必殺の男。〝藤田まことの中村主水〟は絶大な支持を得、番組は十八年という長寿に。

あれは、テレビの時代劇にまだ壮大な制作費を使ってた最後の作品ですね。「いいよ、いいよ。カネは幾ら使ってもいいモノを作れば」という。だから僕はテレビの最後のいい時代に番組をやらせていただいたんです。ワンカットワンカット時間をかけて、フィルムをいっぱい使って。

幸枝夫人が豊中駅前にバーを開いたのは昭和四十六年、「てなもんや」終焉の頃。役者の道を模索する夫の支えになればという気持ちだった。店は繁盛、二号店、三号店も。そして平成三年には京都・嵐山に高級中華料理店、翌年には豊中に姉妹店を。一方、藤田さんは「はぐれ刑事純情派」の〝安浦刑事〟という新たな当たり役を得て、まさに藤田家は順風満帆だった。

だが時代の波は皮肉なもの。藤田さんが豊中に敷地四百坪、二十室を擁する十八億の大豪邸を建てた平成三年、バブルの崩壊が直撃。豪邸はもちろん、店もすべて競売にかかり、藤田さんの元には三十億という莫大な借金だけが残った。

見えない所でお金があっち行ったりこっち行ったり、そのうちその金がどこかへ行っちゃうみたいな。だから実感として全然……。責任転嫁するわけじゃないけど、銀行って〝貸さない親切〟はなくて、〝貸す不親切〟ばっかりでした。「一億と言わず二億でも三億でもお貸ししますよ」って。女房もなまじ商才があったから、「あそこの奥さんなら借りてくれる」と、もう狙い撃ちですもんね。詐欺にもあったし、人の裏もイヤというほど見たし……。僕も気が大きくなってたんですよ、今思えば。僕は外で仕事してるからまだいいんですけど、女房や子供達には本当に可哀相な思いをさせました。でもお陰で家族の結束ができました、みんなで頑張ろうと。有り難かったのは、昔からの友人は誰も変わらず親切にしてくれたこと、仕事は以前より増えたくらい、皆さんが声をかけて下さったことです。

事実、一年のうち八カ月が「はぐれ刑事」と「剣客商売」の撮影、残りがレギュラー以外のドラマ撮影と舞台……今はすでに平成十四年の企画が進んでいる。

僕は年八カ月がホテル住まいなんです。京都撮影所の時も、交通渋滞、事故、肉体的な疲れをスタッフが心配して「近くのホテルに泊まってくれ」と言うもんですから、ホテル生活です。ホテル暮らしの極意なんてないんですが、寿司が好きなんで、ホテルに入ってる寿司屋さんと仲良くなっていかに勘定を安くしてもらうか（笑）。自宅は今、箕面《みのお》の４ＬＤＫマンション。長男と長女は独立して、自宅には女房と次女がいます。

僕は不況対応型俳優（笑）。舞台の場合、絶対に余分な配役は無し。全員が出演して、楽屋で付き人だけやってるなんてのは一人もいません。制作費も低コストで抑えて劇場にできるだけ儲けてもらいます。お陰様で借金は半分以下になり、その上ここ六年ギャラが上がり続けてるんですよ。借金が減っていく度に視聴率も上がる。六十過ぎてギャラが上がるって、僕くらいじゃないですか。だから債権者の方達にもその辺は安心していただけるんじゃないかと思ってます（笑）。

でも家って、考えてみると僕の居場所がないんですよ。一番住み心地が悪かったのはあのデカイ家だったね（笑）。僕の部屋も広すぎたし。やっぱり人間、欲が絡むとよくないね。僕はホテルが一番落ち着きます。一人で仕事のことを静かに考えられるから。やはり僕は生涯、旅役者ですよ。（一九九九年八月一二日号）

小林桂樹

（俳優）

父の月給百円、広い庭付き家の家賃が八円。
またそんな時代が来ないかなぁ

一九二三（大正十二）年、群馬県生まれ。日大専門部芸術科を中退し、日活へ。「裸の大将」「名もなく貧しく美しく」「江分利満氏の優雅な生活」、東宝「社長」シリーズなど、サラリーマン喜劇から社会派ドラマまで善良な庶民を演じて秀逸。勲四等旭日章受章。二〇一〇年逝去。

最近、機会がありまして、生家跡に行ったんです。群馬県の榛名《はるな》町、当時は室田町と言ったんですが、今は町役場の駐車場になっている。そこに僕の生まれた家があったらしいんですよ。行きましたら銀杏《いちょう》の大木がありましてね。当時を知る方によると、僕が生まれた頃はそれがほんの小さな細木だったそうです。だから「あぁお前、俺のこと知ってんのか」って、その大木を撫でてきたんですが（笑）。

現在まさにその巨木のような俳優になった小林さんは、生家跡を訪れた時のスナップ写真を懐かしそうに見せてくれた。

桂樹少年が生まれた時、父・伊東氏（ファーストネーム）は室田町で巡査部長をしていた。派出所に自宅の付いた家には、父方の祖父、両親、姉がいた。

この家には一歳までしかいなかったから、僕は覚えてないんですが、後から父に聞いたところでは、派出所には捕り縄や十手、呼ぶ子（笛）が置いてあって、犯人を捕まえる時は「ご用だッ、神妙にしろ！」と言ってたそうです。もちろん恰好は警察官の制服にサーベル姿でしたから、十手は支給されたものじゃないと思うんですが……あ、そう言えば、その十手は最近までうちにありましたねぇ。

僕の名前は、翌年のパリ五輪にちなんで、〝月桂樹〟から取ったそうです。大体、父親が変な名前でしょ、「小林伊東」ですから（笑）。だから僕は子供の頃、病院なんかで「伊東小林さーん」って呼ばれたことがありますよ、看護婦さんが父親のカルテを見てね。だからしばらく自分が呼ばれてると気づかなかったくらいです（笑）。たぶんそれなりに名前に凝ってたんでしょうね、親父としては。

親父は面白い人でしてね。可笑しい写真が残ってるんですよ。母親の襦袢を前後ろ逆に着て、頭に風呂敷を被って大黒様の真似してる写真なんです（笑）。でもこれには意味があって、桐生の官舎を経た後、前橋で親父は銀行員に転職するんですが、その頃はお客様に大黒様の置物をプレゼントしていたんですよ。だからそれに扮してたわけです。

どういう経緯で銀行員になったのかよくわからないんですが、まぁ真面目な警察官でしたから、今で言うスカウトみたいなことだったんじゃないかと思います。僕が六歳くらいの時から父は前橋で銀行に勤め始めたんですね。

前橋の借家は八畳、六畳、四畳半、三畳の平屋で、お風呂もあって、広い庭にはブランコや藤棚もありました。母親が「今月はちょっと苦しいのよ、シンガーミシンの月賦もあるし……」なんて言ってたのを子供心に覚えてるんですが、その時「お父さんは百円取ってる」と言ってたんですね。それで家賃が八円なんですって。今じゃ考えられないことですよね、家賃が給料の十分の一もないんですから。だから家を買う必要がないわけです。またそういう時代が来ないものですかねぇ(笑)。

この家に住む頃には二人の妹が生まれているが、実は桂樹さんには兄がいて、その兄が四歳で病死した。直後に生まれた桂樹さんは「両親は兄の生まれ変わりだと言って、僕を兄と同じ名前にしようと言ったぐらい」唯一の男子として大切にされた。そのせいで「危ないから」と泳ぎも教えてもらえず、いまだにカナヅチだという。

この家の頃、親父は銀行員で苦労してましたよ。定期預金の契約を取るのがその人の成績になるんですね。ある日、僕が友達の家の前を通ったら、商店を経営しているその友達の家の店先でねぇ、親父がペコペコお辞儀をしてるんですよね。その姿を見て、あぁお父さん大変なんだなぁと子供心に思いました。だから、僕、親父の自転車を油で磨きましたよ。親父は自転車でお得意さん回りをしてましたから。

今のあさひ銀行の前身、不動貯蓄銀行という銀行でした。支店長さんの家がうちの近くにあったんですが、東京からいらした一家ですから、やはり洗練されているというか、奥さんが日傘なんかさして、こうサーッと歩いていてね。当時は〝階級〟と言いますか、それらしい雰囲気を皆さんが持っていたんですよ。道で支店長夫人と出逢うと、お袋が「桂樹、ちゃんとご挨拶して」と言うんで、僕は部下の子供らしく「こんにちは」なんて言ってね。ですからもう子供の時からサラリーマンの心情というのを味わってましたよ（笑）。

好人物の父・伊東氏は五十歳という若さで逝った。腎臓を患い、三カ月ほど床についた後、桂樹少年が名門・前橋中学四年の正月のことである。

こんなこと言ってはいけないかもしれないけど、不幸な状況になると、親戚っていなくなるんですよね。ですが、そんな中で、母の兄がとても力になってくれたんです。伯父は東京の朝日新聞に勤めていて、自宅が千葉の市川だったんですが、大黒柱を失った僕達一家を呼び寄せて、隣に空いていた借家を世話してくれました。

親父が生きている時、僕は幼年学校を受けたんです。昭和十五、六年と言えば、男の子は軍人になるものだという教育をされていますからね。自分で言うのもナンですけど、僕も一応成績は良かったので幼年学校を目指したんですが、口頭試問の時、僕の前後に並んでいた少年達が軍人の息子だったらしく、試験管が「○○中佐の坊ゃんですか」「△△大尉の……」とやたら丁重な扱いなんですよ。それが僕の時だけ「小林桂樹か」ってとてもぞんざいで、それが非常にショックでした。結果的に不合格だったんですが、半分ひねくれた気持ちで「軍人はやめる」と思ったんです。

でも中学を卒業した時にはもう相談する親父はいない。そしたら伯父が「お前、何かやりたいことはないのか」と聞いてくれて、僕、フッと「映画が好きだけど」と言ってしまったんです。と言うのも、お袋がとても映画好きで、僕は小さい頃よく映画館に連れていかれたんですね。それとたぶん「軍人にはならない」という気持ちの反動みたいなものが、そういう形で口をついたんじゃないかと思うんです。そしたら伯父が「いいじゃないか、好きなことをやれ」と。伯父のそ

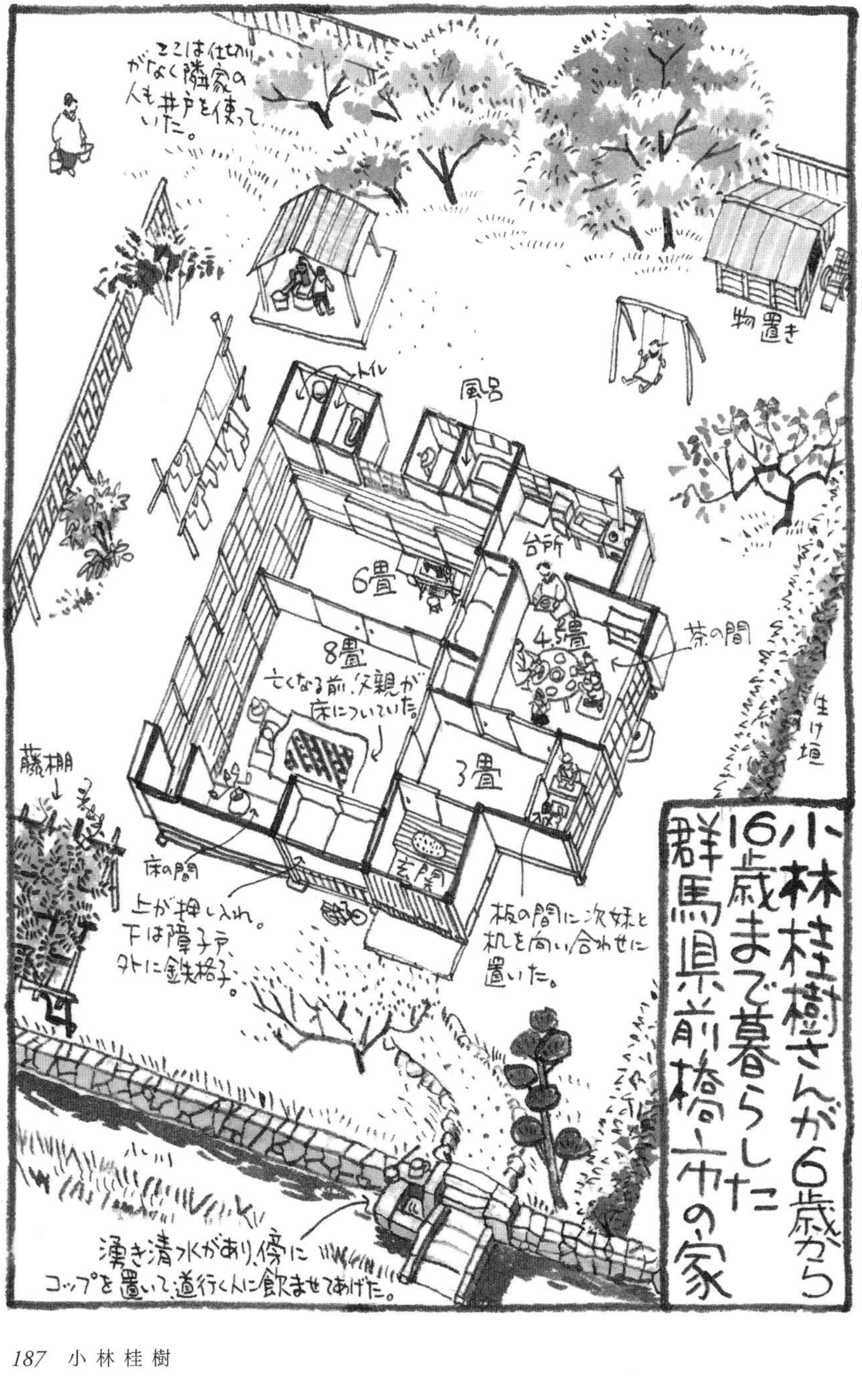

小林桂樹さんが6歳から16歳まで暮らした群馬県前橋市の家
ここは仕切りがなく隣家の人も井戸を使っていた。
物置き
トイレ
風呂
台所
6畳
4.5畳
茶の間
8畳
亡くなる前、父親が床についていた。
3畳
生け垣
藤棚
床の間
玄関
上が押し入れ。下は障子戸、外に鉄格子。
板の間に次妹と机を向い合わせに置いた。
小川
湧き清水があり、傍にコップを置いて道行く人に飲ませてあげた。

の一言がなかったら、僕の人生は変わってたと思いますね。

そして伯父の世話で、夜は朝日新聞の校閲部で〝子供さん〟、今のアルバイトですね、それをやりながら、日大の芸術科に通ったんです。ところが僕は割合引っ込み思案で、ずっと田舎にいたいと思ってたような消極的な少年だったから、新聞社に行くのが辛かったんですよ。でもそれが、伯父を見ているうちに何となく申し訳ない気がしてきたんですね。別に伯父は何も言わないんですよ。ただ、同じ編集部にいると、伯父が僕のことを陰ながら心配してくれているというか、何か伯父の大きな愛情を感じたんです。そして自分が情けない状況だということに気づき、目が覚めたような気がしたんです。

伯父が京城（現ソウル）に転勤。桂樹青年は伯父の厚意に応えるため、そして和裁の内職で家計を支える母親を想い、「学費の支出がなくなるだけでも家の助けになる」と、大学を中退、僅かでも給料を貰える日活の演技研究所に入った。時に昭和十六年春のこと。

当時、俳優といえば、長谷川一夫さんや上原謙さんのような二枚目のイメージがありますから、僕など恥ずかしかったんですが、僕が好きだったのは小杉勇さんや笠智衆さん、フランスならジャン・ギャバン、アメリカならスペンサー・トレーシーだったんです。いわゆる渋いタイプと言うか。だから俺がやってもいいだろうと、言い訳みたいな希望を持ちまして（笑）。

〝言い訳〟どころか、桂樹青年は昭和十九年、二十歳の若さで映画「菊池千本槍」に軍神の役で主演。小学校時代に健康優良児に選ばれた潑剌とした体軀と持ち前の清潔感が買われたのだ。初の主演映画を観ることなく青年は応召、翌年の終戦の秋、復員して俳優に復帰した。二十代には「偽れる盛装」（吉村公三郎監督）、「めし」（成瀬巳喜男監督）など数々の名作で脇を固め、昭和三十年に結婚して以後は、まさに順風満帆の俳優生活が始まる。

僕が映画に出るようになって、お袋は結構喜んでいたと思いますけど、九十四歳で亡くなるまで「大丈夫？　やっていけるの？」って心配してましたよ。だって俳優を始めた頃は、僕を知る周囲の人達も「あの桂ちゃんがねぇ、ジャガイモみたいな桂ちゃんが……」って、信じられないみたいでしたから。

家内と知り合ったの銀座の或る文壇バーなんですが、家内の母親がそこのママさんと知り合いで、文学少女だった家内は、その店に三島由紀夫が来るというので三島さんを一目見たくて来てたらしいんです。彼女は芸能界には全く興味がなくて、僕と結婚してからでも、映画の話になった時、「〇〇という映画観たわ」って言うから、「それは俺じゃないか。主演は俺だよ」って言ったら、「あれ、あなただったの。全然知らなかった」だって。「ひどいね、君」って笑ったんですけどね（笑）。

世田谷区千歳烏山の竹藪の中に建てた新築の二階家が、十一歳年下の洋子夫人との新居。しばらくすると一階和室の床の間を突き破って竹の子が生えてきたというから、長閑《のどか》な時代ではある。

一年足らずで目黒の数寄屋造りの借家に越して、そこで長男が生まれました。市川にいる母親が来た時泊まれる部屋を作っていたんですが、それなら一緒に住もうということで、また一年ほどして、今度は（玉川）田園調布（世田谷区）に移ったんです。

小さな家ばっかり住んでたもんだから、ひとつ今度はデカイ家に住んでみようという成り上がり精神で（笑）、二百三十坪の土地に百坪ぐらいの建物を。ここで長女が生まれましたから、母、姉、妹二人、僕達親子四人、お手伝いさんが二人、合計で十人という大所帯でしたね。だから部屋も、十畳ほどの応接間、二十畳のリビング、八畳の和室……全部で八部屋ありました。

ええ、「裸の大将」（昭和三十三年、堀川弘通監督）はこの頃ですね。

この作品で小林さんは、放浪の天才画家・山下清を完璧なまでに演じきり、毎日映画コンクール主演男優賞を受賞。さらに二年後の松本清張原作「黒い画集」（同監督）、高峰秀子と共に聾唖者夫婦の哀しいまでに善良な生き様を演じた「名もなく貧しく美しく」（三十六年、松山善三監督）、「江分利満氏の優雅な生活」（三十八年、岡本喜八監督）……、俳優・小林桂樹は演技者として磐石の地歩を固める。もちろん東宝のドル箱「社長シリーズ」での、森繁久彌扮するいい加減な社長に翻弄される実直な秘書役も忘れてはならない。

が、一方で、その「引っ越し魔」ぶりも賑やかだ。

田園調布に三、四年住んだ後、北青山（港区）、今のベルコモンズの裏にあった借家に一年ぐらい。そしたら、ペンキ塗りのアメリカの借家みたいなのに住んでみたくなって、赤坂（同区）に家を買って、その家を建て直す間に今度は六本木（同区）のマンションに半年、そして完成した赤坂の家に戻ったんですが、はっきり申しますと経済的に破綻を来して、そこを手放すことになったんです。それで再起を！（笑）というので、亡くなった木下恵介監督も住んでいた狸穴《まみあな》（同区）の賃貸マンションに移ったんですが、何しろ外国人用に造ってあってバスルームが二つあるようなかなりいいマンションだったんですね。だから二年後に家賃がすごく上がったので、いろいろ探して南青山の賃貸マンションに移りました。そのうちに、そこの隣の家が売りに出たので購入し建て替えて現在に至ると（笑）。

すみませんねぇ、煩雑で、まとめるの大変でしょう（笑）。娘に言わせると、「お父さんは飽きっぽいのよ。これだけ引っ越したお陰で、お母さんと離婚しないで済んでるのよね」だそうです（笑）。

四人のお孫さんを持つ小林さんは、現在は息子さん一家と二所帯住宅の形で居住し、毎日五キロの散歩を欠かさない。如何《いか》な「引っ越し魔」も、さすがに腰を落ち着けて……。

もう一回、家建ててやろうかなって、体調のいい時はそう思いますよ（笑）。やっぱり齢《よわい》を重ねてきますと、ハッキリ言って、後がないっていう感じがするんですね。ところが最近また、「後がないじゃいけない」と。後は一年でも二年でもまだあるという風に意識しなくちゃいけいなと思ってます。ですから、こんな家に住みたいというイメージを描くこともいいんじゃないかと思ってますね。

小林さんのそんな思いを裏付けるように、先頃は、映画「あの、夏の日―とんでろ　じいちゃん」（大森宣彦監督）で、実に四度目の毎日映画コンクール主演男優賞に輝き、そして六月、「江分利満氏の優雅な生活」の朗読CD（ソニーファミリークラブ）が発売され、七月は、テレビ朝日で好評のドラマ「牟田刑事官」のシリーズ二十九回の撮影に入るという。〝善良な庶民を演じさせて右に出る者のない〟七十六歳の俳優、その息の長さは見事だ。

日活に入る頃だったかなぁ、スペンサー・トレーシー主演の「人間エジソン」という映画を観たんですよ。エジソンが研究室から帰ってきて、疲れて、水差しの水をコップに注《つ》いでグーッと飲んで、残った水を、確か鉢植えだか花生けだったか、生きてる花にポッと入れて立ち去る場面があったんです。それを観て、僕、感動してですね。要するに、これが人間エジソンなんだと。飲んだ水の残りを何気なく生物に与える。自然に対するそこはかとない愛情と言うんですかね。ああ、スペンサー・トレーシーはこういうことで人間エジソンを表現しているんだと。「あれだ」と、演技は。十代の頃に観た、そのワンシーンが、ずっーと現在まで心の中にあるんです。ほんの僅かな、人が気づかないようなことを積み重ねてその人物像を浮き彫りにする、そういう演技をしたいと、今でも思ってるんです。

（二〇〇〇年七月八日号）

原ひさ子

（女優）

明治、大正、昭和、平成、ゆったりしたペースでやってまいりました、はい

一九〇九（明治四十二）年、静岡県生まれ。本名：石島久（旧姓森川）。三三年前進座に入座、三五年新橋演舞場「牛を喰う」で初舞台。同年山中貞雄監督「街の入墨者」のアフレコで映画デビュー。以来、可愛いおばあちゃん役で親しまれ、映画「生きたい」「三文役者」「老親」などにも出演。二〇〇五年逝去。

静岡市の西草深町《くさぶかちょう》が最初の家です。お部屋は二階に一部屋、下に四つ五つあったくらいでしたけど、お庭が広くて、蜜柑《みかん》や橙《だいだい》、無花果《いちじく》、そういった実のなるものがいっぱい植わってまして、お花もシオンやバラなんかがたくさん咲いてました。とても好きな家でしたねぇ。

父は昔、お侍さんだったものですから、腰が寂しかったんじゃないでしょうか、初めはお巡りさんをしていたようです。昔のお巡りさんは腰にサーベルを差してましたから。でもすぐにやめちゃって、銀行員になりました。親戚が地元の静岡銀行や三十五銀行で頭取さんをしてたものですから、入れてもらったんじゃないかと思いますけども、はい。

久（本名）さんが生まれた一九〇九年、明治四十二年は、インディアン最後の戦士ジェロニモが死に、米国人探検家ロバート・ピアリーが初めて北極点に立ち、日本では明治の元勲・伊藤博文がハルビン駅で暗殺された。何しろ前年には清の西太后が死んで三歳の溥儀《ふぎ》が皇位に就いたというのだから、まさに歴史の教科書の世界なのだ。

久さんには兄二人と姉がいた。

父は私が六歳の時に亡くなったので、白髪頭のおじいさんのような記憶がぼんやりあるきりで、ほとんど覚えてないんです。私は上の兄とはかなり歳が離れていたと思います。

父が亡くなった後、姉は東京にいる父の妹夫婦の家に養女にいきました。姉は青山学院の小学校に通ってましたから、たぶん十歳くらいで東京に行ったんじゃないでしょうか。叔母夫婦とは前から仲が良くて、そこに子供がいなかったものですから、「跡取りに一人頂戴」というようなことだったみたいです。そして下の兄は大阪の親戚の家を手伝ってたんですけれど、体が弱くて、戻って西草深で療養しているうちにいけなくなって、十九歳くらいで亡くなりました。

ですから私は、母と上の兄と三人暮らしになったんです。上の兄も銀行に勤めてました。でも兄のお給料だけでは大変ですから、母も親戚のうちを手伝うようになりました。親戚は裕福な家が多かったので、きっと女中頭さんのようなことをしてたんじゃないかと思います、はい。

西草深町では、親戚も近くにおりましたし、ご近所も仲が良くて、夏の夕方なんか表に縁台を出して、皆さんと一緒によく夕涼みをしたのを覚えてます。

私は県立女子師範の附属小学校に通ってましたんですが、父が亡くなった後、二階のお部屋に女子師範の音楽の先生が下宿なさって、その方が素敵な女の先生だったので、子供心に自分も大きくなったら先生になりたいななんて思ったりしましてね。

母と兄が働いてましたから、私は学校から帰ると一人で本ばかり読んでました。兄が読書家で、書棚にズラーッと本を並べてましたので、私がその中から引っ張りだして戻しておきますと、「あ、お前、またいじったな」なんて言われましてね（笑）。兄はすごくきちんとした性格の人だったもんですから、私がいい加減に突っ込んどいたりすると、すぐにわかるんですね。兄は短歌が好きで、石川啄木さんの歌集などを持っていて、自分でも銀行のお仲間と同人誌って言うんでしょうかね、そういうものを作ってました。最後の頃には、静岡でも有名だったようです。

私も兄の影響で短歌を作るようになって、「少女倶楽部」という雑誌に投稿したら、入選して、頂いた図書券で吉屋信子先生の小説を買った覚えがあります。いえ、母や兄は知らなかったと思います。内緒でやってましたから（笑）。確か、女学校二年の時です。


久さんは、名門の県立女子師範附属小学校から不二高等女学校（現・静岡雙葉《ふたば》高校）に進んだ。

女学校ではあまり勉強した覚えはないんですけど、小学校の時は成績が良かったようです。甲乙丙丁という評価で、「全甲」という成績表をよく頂きましたから。いろんな表彰状と言いますか、学業優等とか皆勤賞、品行方正の賞とか面白いのが二つ三つありましたですよ。兄がとても勉強家でしたので、自然とそうなったんだと思います。

　家はだんだん小さくなりましてね。女学校に入ってから、鷹匠町《たかじょうまち》とか二、三度引っ越した記憶があります。お庭なんかほとんどないような（笑）。母も働くようになってあまり食事にも手がかけられませんで、鮭の切り身一つだけがおかずなんてこともありましたし（笑）。学校に持っていくお弁当も、そんなにいいものじゃなくなりましたですね。私は卵が好きだったんですけど、卵焼きなんか滅多に頂けなかったりしましたし、はい。

　でも、母も私もわりにのんびりしてたんでしょうねぇ、貧乏になったという思いはなかったです。もちろん、引っ越した家にはお風呂がありませんでしたから、お銭湯に通いました。台所は、前から小さくて、水も今とは違いまして、釣瓶《つるべ》井戸で汲んでましたですね。冬の暖房にしても、丸火鉢一つで、布団には湯たんぽを入れてました。瀬戸物の湯たんぽを二重三重に風呂敷みたいなもので包むんです。

　でもまぁ女学校に行かせてもらったくらいですから、どうにか生活は大丈夫だったんでしょうね。母が「これからの女の人は女学校くらいは出ていたほうがいい」という考えでしたし、親戚にも随分助けられたんだと思います。後に私も行くことになる東京の叔母がいろんな物を送ってくれました。女学校に行く時は袴に靴を履いてたんですが、その編み上げ靴も叔母が送ってくれたんだと思います。その代わり、一つきりで、それを履きっ放しだったかもしれませんけど（笑）。

　叔父は製麻会社の技師をしておりまして、親戚の中でも一番裕福だったようです。


　その叔父の家を継ぐはずだった姉は、東大出の青年に見初められ嫁ぐことが決まったため、今度は女学校を終えた久さんが叔父の家に行くことになった。

　私が上京した時は、叔父の家は青山（港区）から本郷（文京区）に移ってました。東大の傍に旅館下宿の空き家があったので、そこを買ったそうです。母屋と棟続きになっている木造の二階家で、部屋数は十五、六、女中さんも五人くらいいました。東大の正門前で「光琳」という喫茶店も始めたんです。

まもなく、実母と叔母が相次いで亡くなり、久さんは叔父の後添え、「三番目の母」の元で、結婚を控えた姉と長唄や作法の先生に通って花嫁修業を始めた。

実母は静岡で兄一家と暮らしてましたから、そう寂しくもなかったと思いますけど、それでも急に病気で亡くなってしまいましたので、驚きました。それで叔母も続いて亡くなりましたからねぇ……。でも三番目の母もとてもいい人で、可愛がってくれました。同じ静岡生まれの人で、華族様みたいな立派なお宅へ見習い奉公に行ったり、いろいろ苦労した人だったらしいんです。ですから私に「これからの女の人は、手に職をつけたほうがいいのよ」ってことをよく言ってました。それで私も、何かいいお勤め口があったら外で働いてみようかなと思ったんです。

そんな時、新聞の広告で前進座の座員募集というのを見て、前進座のお芝居を観たこともなかったし、劇団が何かも知らなかったんですけど、一遍そういう試験というものを受けてみようと思ったんです。ですから、就職試験のつもりで、もしその時、どこか会社の事務員さんの募集が出ていたら、そっちへ行ってたと思うんですけど。

当時の女優さんというと、田中絹代さんとか及川道子さんとか、綺麗な方達がたくさんいましたから、自分みたいなブスは、あるいは背の低い舞台映えしない者がお芝居をやるなんて考えてもおりませんでした。ただ、子供の頃から読んだり書いたりすることが好きでしたので、そんなことと関係のあることができるんじゃないかしらとは漠然と思っていたかもしれません。亡くなった叔母も新しい叔母も映画が好きで、よく尾上松之助さんや阪妻（阪東妻三郎）さんの映画を観てましたけど、そういう世界に自分が入るなんてことは、夢にも思っていませんでしたねぇ。

河原崎長十郎や中村翫右衛門《かんえもん》らによって昭和六年に結成された前進座を、久さんが受けたのは昭和八年、二十四歳の時。渡された脚本を音読し、言われるままに動き、長唄を披露した久さんは、一週間後に合格通知を貰う。

十二、三人の方が受けに来られてました。そのうちの男女合わせて五人ほどが受かったんじゃないでしょうか。久保栄（劇作家、演出家）さんに「訛《なま》りがないけど、どこの生まれ？」と聞かれた覚えがあります。静岡でも伊豆や下田のほうは、「〇〇ずら」とか「おみゃあ（お前）」なんていう方言があるんですけど、静岡市内は標準語でしたから、私は訛りがなかったんです。それとパントマイムと言うんですか、当時はそんな言葉も知らなかったんですけど、立ったり座ったり、仕種《しぐさ》に癖がなくて素直でいいと言われました。つまり、何もできないってことですけどね（笑）。

（三番目の）母には話してあったので、「やってごらん」と言われました。でも叔父は内心怒ってたと思いますよ。お婿さんを貰うかお嫁にやるつもりだったのが劇団なんて所に通い始めるんですから。それと静岡の兄がとても怒りましてねぇ。手紙で知らせたら、「うちはこれでも武士の出だ。女優なんてとんでもない」って、それからは三年、手紙の返事もくれませんでした。でもその後は前進座というのは真面目なお芝居をする劇団だということがわかってもらえて、返事をくれるようになりましたけども。当座はもう怒って大変でした。

本郷から前進座のある吉祥寺（武蔵野市）まで通う日々が始まった。初舞台は二年後の新橋演舞場「牛を喰う」の小さな役。続いて映画「街の入墨者」で河原崎国太郎の声をアフレコしたのが映画デビュー。

そして昭和十二年、座員の石島房太郎と結婚した。

叔父が亡くなったこともあって、母も私達夫婦と長女と一緒に吉祥寺で前進座の共同生活に入りました。あそこは全員が平等ですから、創立者の偉い方も皆同じ二間ずつの長屋の生活だったんです。そして食堂部や売店部など、その人に合った部署で座員が働いてお給料を貰うシステムになっていて、うちの母も食堂部で働いてました。ただ集団で暮らしてますといろいろ問題も起こるので、河原崎長十郎さんの奥様が音頭取りになって、婦人グループというのを作り、そこで皆が意見を出し合っていくというふうにしたんですね。だからわりにトラブルもありませんでした。

昭和十六年長男誕生。十八年、前進座を退座した夫妻は、俳優の河野秋武の勧めで東宝に所属。文京区小石川原町の借家に転居した。

四部屋だけの小さな借家でしたけど、ここが一番思い出があるんです。初めて一家水入らずと言いますか、一軒家に住めましたから。それに両隣がお寺で、ご近所もとてもいい方ばかりだったんです。でもすぐに戦争が激しくなりまして、昭和二十年三月の東京大空襲で、これはいけないというので、まず小さな長男だけ伊豆の親戚に預けたんですけども、五月の空襲で今度は小石川の家も全焼してしまいましてね。それで病気だった長女と母も伊豆に疎開させ、私達夫婦は成城（世田谷区）にいらした元帝劇女優の藤間房子さんのお宅に間借りさせていただいたんです。

「長生きを　感謝と詫びの原爆忌」

七十代から俳句を始め、昨年『ばばさまの俳句は日記つれづれに』（アートダイジェスト）を刊行した原さんの句である。八月六日は原さんの誕生日だが、昭和二十年のこの日、広島に原爆が投下されてから、原さんは誕生日を祝わぬようになった。

芸名「原ひさ子」の「原」は三番目の母の旧姓だ。

母と私達親子が一緒に生活できるようになったのは、昭和二十二年の立川の家からです。親戚が空いている家作を貸してくれまして。しばらくして平屋を二階家に建て直して、そこに十年ほど居ましたでしょうか。そこで小さな喫茶店を開いたりもしました。

そして本駒込（文京区）のお寺の敷地内にある小さな平屋を借りて、そこをまた二階家に建て直して長いことおりましたねぇ。母も主人もその家で亡くなりました。

今の家（足立区）に来て十二年目ですから、本駒込は三十年ちょっとおりましたですかねぇ、はい。

現在は、長男一家の近くの一戸建てに長女と暮らしている。それにしても、二階に自室を設け、急な階段を苦にせず上り下りする原さんの達者ぶりには驚いた。

長生きの秘訣ですか？　特別なことは何もしてないんですけども……（笑）。そうですねぇ、食べる物に好き嫌いがないことと、物事にこだわらないでざっくばらんな生活をしてきたからじゃないでしょうか。今はさすがに歳だもんですからやめましたけど、最近まで犬を連れて近くの公園を、日に一、二度は散歩して足ならししておりました。

「ふるびなや　九十年の　越し方を」

近年の映画では、「悪魔の手毬唄」「黒い雨」「踊る大捜査線」など、決して大きな役ではないが、愛すべき庶民の〝おばあちゃん〟役は、そのまま原さんの人柄を表している。

長いこと芸能界という所に置いていただいてますけど、イヤなことはほとんどなかったです。皆さんに親切にしていただいて。偉くないですし、高望みもしませんから（笑）。四十前後からずっとおばあちゃんの役をやってきましたしねぇ。

子供が生まれた時に本当はよそうと思ったり、八十八のお祝いをしていただいた時におしまいにしようと

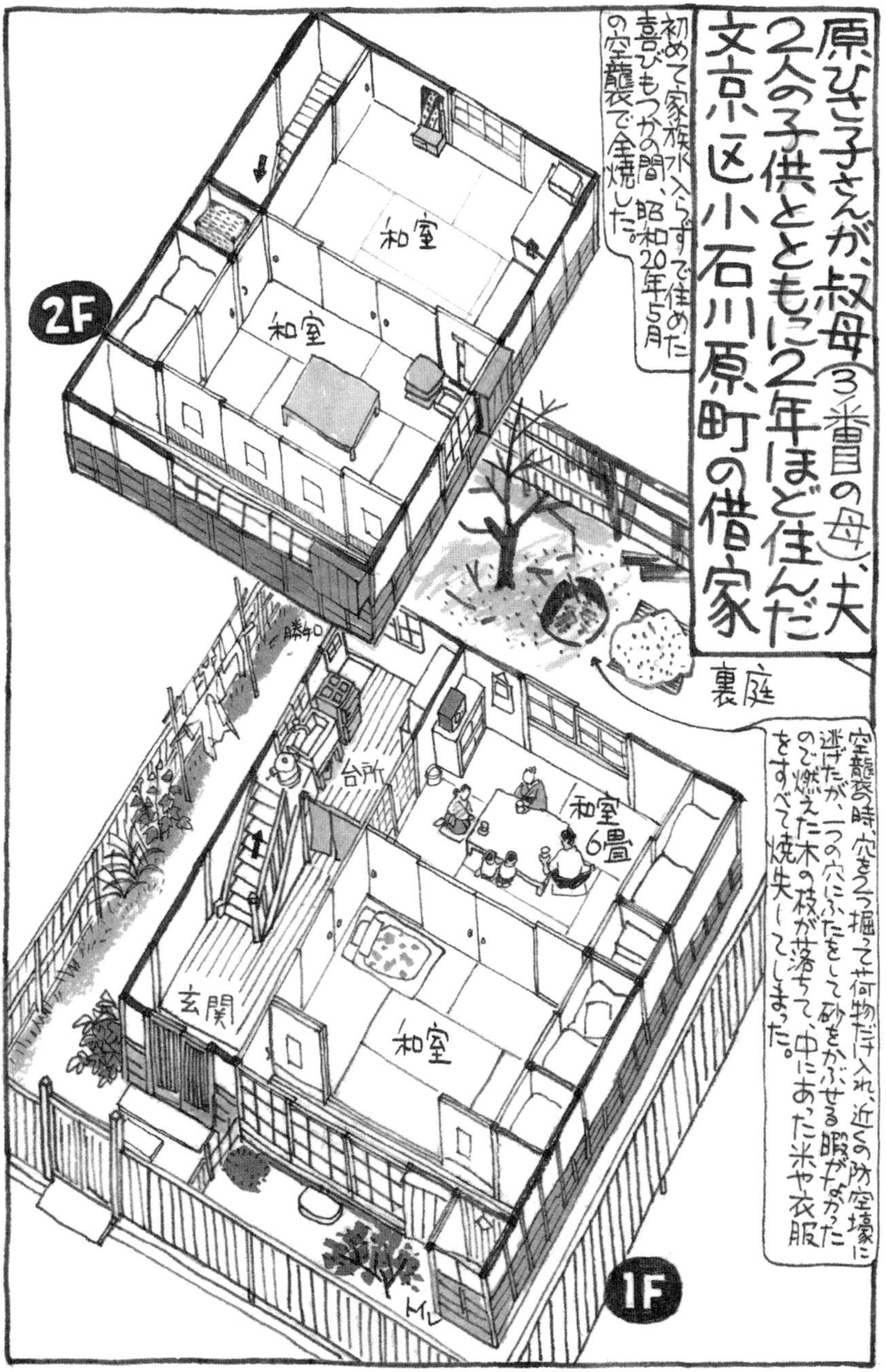
原ひさ子さんが、叔母(3番目の母)、夫
2人の子供とともに2年ほど住んだ
文京区小石川原町の借家
初めて家族水入らずで住めた喜びもつかの間、昭和20年5月の空襲で全焼した。
2F
和室
和室
裏庭
空襲の時、穴を2つ掘って荷物だけ入れ、近くの防空壕に逃げたが、一つの穴にふたをして砂をかぶせる暇がなかったので燃えた木の枝が落ちて、中にあった米や衣服をすべて焼失してしまった。
台所
和室6畳
玄関
和室
1F

思ったり……。でもそのままお仕事が続いていたもんですから、やめる機会がなくて今になっちゃったということですね。無理をしないでゆったりしたペースで、お声がかかればお仕事をさせていただいております、はい。

（二〇〇一年三月二二日号）

パリの歌手時代、私の後ろで踊っていた娼婦達の赤裸々な生き方が好き

石井好子

（シャンソン歌手）

一九二二（大正十一）年、東京生まれ。本名：土居好子。父は運輸大臣を務めた石井光次郎。東京芸大声楽科卒。五〇年米国留学、五二年渡仏しパリデビュー。五八年より日本で本格的に歌手活動する一方で加藤登紀子や岸洋子を育て外国人歌手も多数招聘。日本シャンソン界の第一人者として、レジオン・ド・ヌール勲章、紫綬褒章などを受けた。著書に『巴里の空の下オムレツのにおいは流れる』『さよならは云わない』など。二〇一〇年逝去。

生まれは東黒門町（下谷区）ですけど、一歳で大森の山王《さんのう》（大田区）に来たから、私にとって最初の家は大森ですね。

朝日新聞に勤めてた父が一年間の海外視察から帰国した時、文化学院を創立した西村伊作さんが「せっかく家を造るなら外国風にしたほうがいい。僕が設計してあげるよ」と。完成する直前の関東大震災にも無事だったそうですけど、素人さんの設計でしょ、とっても変な家なんです。特にお風呂が、未だに弟達とも「何であんな所にあったんだろう？」って言うんだけど、玄関の正面、階段の踊り場にあるんです。だから私達子供がワァワァ言いながらお風呂から出てきた時に来客があると、見上げた所に裸の子供が何人もいるっていう感じ（笑）。

お手伝いさん四、五人と書生さん一人、部屋は九つだが豪邸ではなかったという。

父・光次郎《みつじろう》氏は苦学して朝日新聞に入社。戦後は政界入り、運輸大臣まで務めた人物だ。好子さんの姉はピアニストに、弟二人はブリヂストンサイクル社長、昭和海運社長になったという一家。

だが〝傑物〟は母方の祖父・久原房之助《くはらふさのすけ》だろう。日立鉱山を隆盛させ巨万の富を築き、好子さんが幼い頃は、芝白金（港区）の八芳園《はっぽうえん》が〝自宅〟だった。

祖父は桁《けた》外れの人だったから、新聞や雑誌にしょっちゅう「怪人・久原房之助」という見出しが出るんです。すると担任の先生が「石井、またお前のお祖父《じい》さんが出てるぞ」って。だから子供心に「普通じゃないお祖父さんがいるんだ」と思ってました。私は小さかったからあまり知らないけど、姉なんかに言わせると、「お祖父ちゃんの所に行くとお小遣いをたくさんくれるから楽しみ」って。ちょっと行くと今のお金で百万円くれたりする人だったみたいですよ。

八芳園が広すぎるからと白金小学校に敷地の一部を寄付したそうで、玄関にはいつも執事さんがいて、女中さんは三十人くらい。神戸の山に住んでた時は専用

石井好子さんが1歳の時から11年間住んでいた大森入新井（現・大田区大森）の家
2F
両親の部屋
病気の時寝る部屋 6畳
8畳
好子さん達4人の姉弟が枕を並べて寝た
玄関を入ると、目の前の階段の途中、中2階のような踊り場にお風呂場があったので、好子さん達子供が裸で風呂から出てくると、来客とかち合ったりした。
父親の書斎
お手伝いさんの部屋（4〜5人）
書生さん
サンルーム
食堂
応接間 15〜16畳分
風呂
下に台所
1F

のケーブルカーがあったんですって。でも最後は破産して八芳園も手放し、小さな家に住んでました。浮き沈みの激しい人でしたね。

母は気の強い人で、「女が自由もなく夫にかしずいていなきゃならないのは、自活できないから」と、それが面白くなかったのね。だから姉や私を音楽家にしようとしたの。

姉も私も小学校に行く前からピアノを始めました。姉はすぐ夢中になったけど、私は嫌いでね。そしたらピアノの先生が「好子ちゃんはピアニストより声楽家に向いてる」と言って下さったんです。だから私は八歳で、「歌唄いになる」って決めてました。


山王小五年の時、家は品川区大井町へ。敷地二千坪、母屋には姉がピアノを弾く広いサロンや父親の書斎、別棟に和室二間と母親の茶室、子供四人の個室がある新築家だった。

すごくいい家に越すんだなと思ったし、自分の部屋があるのがとても嬉しかった。

駅から遠い丘の上で、ホームレスの人以外は住んでないような所でした。父は田舎の人だから、辺鄙《へんぴ》でも広々と住みたかったんでしょうね。だから朝日新聞の営業局長にしちゃ大きな家だったの。

転校した小学校では、苛《いじ》めと言うか、無視されました。その上私は勉強が出来なかったんですよ。山王小学校はおおらかで皆遊んでばかりいたから。それで私、口惜しさのあまり、生まれて初めて勉強したの。そしてにっくき奴らの鼻をあかしてやろうと、姉が行った私立の雙葉《ふたば》でなく府立第六高女に入ったんです。


高女四年の時、百倍の競争率を突破して東京音楽学校（現・芸大）へ。三年後、開戦。姉はピアノに夢中で結婚など無関心、弟二人は学徒出陣、学生徴用。女所帯を支える男性をと、父は二十一歳の好子さんにHという男性との結婚を勧めた。それは、婚約者の有島敏行（作家・有島武郎の次男）と別れた直後だった。

敏行は物静かな優しい人でしたけど、結核のために二十九歳で亡くなりました。悪いことに、Ｈは敏行の友達だったんです。だから妙に嫉妬深くて……でも日本全体が暗く、歌なんか唄うのは非国民という時代だったから、私はもう内心どうでもいいって感じだったんです。そんないい加減な気持ちで結婚しちゃったから、後で罰を受けるんですけどね。

Ｈの家は麻布（港区）の大豪邸でした。そこから葉山（神奈川県）にあった、山本権兵衛海軍大臣の元の別荘に疎開したんです。

豪邸にいても、すごく孤独でしたよ。同居したお姑さんはいい方で、よくお料理を教えてくれました。Ｈも決して悪い人じゃなかったけど、私はどうしても好きになれなかった。だからＨはお酒を飲んでは暴れて……。まるで駄々っ子と一緒。だから別れた後もずっと気掛かりでした。

昭和二十年夏、敗戦。大井町の実家は米軍が接収、別棟の日本間だけが石井家に。父親はレッドパージで職に就くことを禁じられた。「子供でもいれば……」、Ｈとは何度も関係修復を考えたが、子供はできず、Ｈは詐欺に遭い破産した。

大金を注いでジャズバンドを結成したＨに頼まれて横須賀の米軍キャンプでジャズを唄ったのが歌手デビューです。そのうち自分はクラシックよりポピュラーのほうがいいんじゃないかと。私が勉強してきたドイツ歌曲は、素晴らしいけど非常に難しいものなんです。それを自分が第一線で唄えるようになるだろうかって。そして、芸大の頃から好きだったシャンソンを唄いたいと思い始めるんです。

二十三年、初リサイタル。その日がパリ祭の七月十四日だった偶然は、運命的だ。

Ｈが無一文になっても、私はそこそこ歌で稼げるようになってたから、父にお金を貰うようなことはしなくても暮らせたの。でも借金取りが来たり、私は稼ぎだしてしまうし……。それが面白くなくてHはまたお酒に溺れる。そして私は自信もないのにただひたすらジャズを唄って……。一番辛い時期でしたね。

結局四年半の結婚生活でした。そして昭和二十五年の夏、私は独りでサンフランシスコに行くんです。当時フランスへの留学はよほど優秀な人でないと政府の認可が下りなかったんです。私みたいにのそのそジャズやってる人なんかダメなんですよ。だから門戸の広いアメリカを選んだの。アメリカに行けばフランスの譜面も手に入るだろうって。

父は許してくれました。自分が勧めた男と私がうまくいかなかったことを気にして、一つしかない山中湖の別荘を売って留学費用を作ってくれたんです。「外国に行けばきっといいことがあるよ」って。

向こうの音楽学校に入って新聞広告で下宿を探したんですけど、二十何軒断られて、やっとスイス人の大家さんが部屋を貸してくれました。この辺りはワンブロックが一つの家という邸宅街で、私が下宿した家は小さいほうだったけど、ロビーがこの部屋（三十畳はある石井さん宅の居間）の倍ぐらいあるんですよ。

私は初め、二階の部屋を借りたんだけど、下宿仲間から「貧乏なくせに、そんな二十五ドルの部屋に入らなくても上にもっと安いのがあるわよ」って。三階には以前メイドさんやコックさんが使っていた小さな部屋があって、バスルームは共同だけど、家賃が十六ドルだから移ったんです。

そして英語講師ドナルド・ビッグスに求婚される。

ドナルドのことは好きだったけど、ジョセフィン・ベーカーに「シャンソンを勉強するならパリに行かなくちゃダメ」と言われ、試しに領事館にビザを申請したら呆気なく下りたわけ。だから彼に「すぐ帰ってくるから」と、フランスに行ったんです。

サンフランシスコには一年三カ月いました。両親は「まだ帰ってこないのか」と思ったでしょうが、父はやっとレッドパージが解けて政界に進出し忙しかったから、黙認してくれたんでしょうね。

でも一カ月の滞在予定が三年になるなんて、夢にも思わなかった。フランスに来る船の中で知り合った人が連れていってくれた店で店主の素晴らしい歌を聴いたんです。パリにいる間にこの人のレッスンを受けなかったら、きっと後悔する。そう思ってお願いしたら、翌日いきなりお店で唄わされて「来月から唄わないか。週給は一万円だ」って。

ホテルから、友人の砂原美智子がいるサンサーンス通りの下宿へ。中原淳一や藤田嗣治の応援を得て念願のパリデビューは好調だった。

急いで両親に手紙を書きました、「自立のチャンスです。帰国を延ばすことを許して下さい」って。父は「好子を信じよう。ただしもう送金はしない。困ったり病気になったら帰国の切符を送る」。そして母は「頑張りなさい」と。

アメリカのドナルドからは毎日手紙がきて、「帰ってこないなら、迎えに行く」って。でも私はやっとこれから本当の人生を切り開くという時でしたから、「もう少し待って」と書くしかなかったのね。

マネージャーに言われて半年ヨーロッパを巡業しました。独りでトランクと契約書を手に。まさに「包丁一本、板場の修業」ですよ（笑）。

でもそれじゃシャンソンは学べないから、モンマルトルの有名なレビュー「ナチュリスト」のオーディションを受けて、一年三百六十五日、一日の休みもなく店で唄うという契約書にサインしました。そして親戚の朝吹登水子（仏文学者）とモンマルトルの３ＤＫに住み始めたんです。

「ナチュリスト」の歌手や踊り子の中には真面目なコもいたけど、裸で踊る人は大体が娼婦なのね。そういうコはわざと階段を上り下りしたり飛び下りてみたり、それは堕胎のためなの。そして男を奪《と》り合って裸で取っ組み合いをする赤毛とブロンド……。でもね、そういうコ達が私は好きだった。成れの果ての人達が持つ優しさというのがあるわけ、彼女達には。だからロートレックがモンマルトルに入り浸った気持ちがわかるの。あの人は大領主の息子だけど身体に障害があって、世間は冷たかったけど、モンマルトルの娼婦だけは彼に温かかったのね。私は裸の踊り子達の呆れるほど赤裸々な生き方が好き。「ざぁます」族は嫌い。

この頃、父が運輸大臣になるんです。日本では「運輸大臣の娘、裸レビューで唄う」なんて書かれてね。「ナチュリスト」に来た日本人客が踊り子達に「あの人のお父さんは大臣だ」って言うんだけど、みんな信用しないんですよ。「また変なこと言うう日本人が来てるよ」って。私も「そういう悪い冗談言う人嫌いだわ」なんて言ったりしてさ（笑）。

「誰の娘でも孫でもない、どこの馬の骨かわからない日本人石井好子」は、ある日、モンマルトルの市場で「ヨシコ、元気かい？」といつものように地元の人に声をかけられながら、思うのだ、「こうやって人々はパリの虜《とりこ》にされ、歳とって故郷を忘れていくんだ……」。

昭和二十九年晩秋、石井さんは四年半ぶりに日本へ。

旅行ビザで半年だけ帰ったんですけど、イヤな目に遭いましてね。勝手に私の音楽会が決まっていたり、私の知らない間にレコード吹き込みの契約をした人がいたり……。「石井さんを知ってるから、帰国したら頼んであげる」なんて、いるじゃない、人を食い物にする人が。だからすぐパリに戻ったんです。

山王小学校の同級生だった土居と再会したのは二年後のニューヨーク。ミュージカルのオーディションの日がなかなか決まらないから退屈で、現地にいた同級生の「ヤーちゃん」に電話したら、「土居の通《みっ》ちゃんもいるよ。三人で同窓会しよう」って。

新聞特派員・土居通夫《みちお》。石井さんの生涯の伴侶だ。だが彼には日本に妻が……。

女友達とヤーちゃんをミュージカルに誘ったら両方都合が悪くて、仕方なく土居を誘ったのが二人だけで会うきっかけでした。土居は特攻隊で自分だけが生き残った苦しさを打ち明けました。そして私はHとの辛かった日々を……。毎日会うようになって、私は何も手につかないほど彼のことが好きになったの。

四カ月後、ミュージカルの主役はアカデミー助演女優賞のナンシー梅木に決まりました。もう私がニューヨークにいる理由はないですよね。土居は一緒に住もうと言ったけど、私はそんな中途半端はイヤだから、パリに帰ったんです。

「よく離れられましたね」と言うと、石井さんはきっぱり答えた、「私、意志は強いの」。結局ドナルド青年をフッたことも「友達に『あなたはドナルドを〝マダム・バタフライ〟にした』って言われたわ」と微笑んだ。逞しい淑女である。

昭和三十年に帰国した時、私はもう結婚しないだろうと、父が港区高輪の自宅傍に小さな家を建ててくれたんです。

土居とは四年間一度も会いませんでした。彼はニューヨークで単身赴任のまま離婚の準備をしてたんですが、母は「お前は騙されてる」って。私は信じてたけど、彼は依然帰ってこないから、心を決めて事務所を開いたんです。加藤登紀子さんや岸洋子さんなど大勢が巣立ってくれました。でもあの時、事務所を開かなければ、私ももう少し奥さん業に勤《いそ》しめたかなと……。

石井さんは日本で歌手として磐石の地位を築く。そして三十九歳の時、通産大臣・佐藤栄作夫妻の媒酌で土居通夫氏と結婚した。

本当に嬉しかった。でもその後、私はテレビや事務所の仕事に追われ、夫の身体の変調に気付かなかったんです。昭和五十二年に事務所を閉め、その翌年に夫は白質脳炎で入院しました。そして三カ月後の十二月に亡くなったんです。そして翌年の九月には父が……。

立ち直れたのは、木原光知子さんが勧めてくれた水泳のお蔭です。六十五歳でマスターズ水泳大会に優勝できたし。

現在は、十五年前に姉一家と土地を合わせて建てた高輪の外国人用マンションの最上階に。今夏、七月十三、十四日には、NHKホールで恒例のパリ祭を催す。

このソファね、私が「ナチュリスト」に出てる時、蚤の市で買ったの。当時は長椅子しか買えなくて、出世して大きい家に住めるようになったら、残りの、今あなたが掛けてる対の椅子二つを買いに行こうって。この家で初めて三脚揃ったの。やっと心静かに座れるようになりましたねぇ。　（二〇〇一年四月二六日号）

飯田深雪

意に反する外交官との結婚は忍従の果てに五十二歳で解消

（フランス料理研究家　アートフラワー創始者）

一九〇三（明治三十六）年、新潟県生まれ。医師だった父のもと、女学校まで朝鮮の平壌に。結婚後は外交官の夫に伴い米国、インド、英国で生活。不幸な結婚生活の中で光を求めるように、戦後、料理やアートフラワーに精進、名を成す。五十二歳で離婚。フランス芸術文化勲章シュバリエ章など内外の叙勲は十余。『食卓の昭和史』など著書多数。二〇〇七年逝去。

私は新潟県でも雪の深い新井市で生まれました。だから名前が「深雪」だと思っていましたら、父が「そうじゃない」と。『朝顔日記』（浄瑠璃『生写朝顔話』）という昔の物語に登場する女性の名前から取ったんだそうです。

飯田さんが生まれたのは明治三十六（一九〇三）年、秋。その二カ月後にキュリー夫妻が揃ってノーベル物理学賞を受賞、ライト兄弟が人類初の飛行に成功。日露開戦は翌年である。

父は医者でした。明治元年の生まれで、汽車もない時代、新潟から歩いて東京に出て医学を学んだんですから、家はかなり裕福だったようです。「越後片田の平甚《へいじん》どんの家にゃ、金の茶釜が七つもござる」と、父の実家を唄った里歌があったと言いますから。

私が生まれて三カ月後、父は大隈重信公の命《めい》で朝鮮の平壌に渡り病院を建てました。でも母は病弱だったので同行せず、私達子供と埼玉県蕨《わらび》の母の実家に住んだんです。

母方の祖は足利義満の重臣だったが、戦《いくさ》に破れ蕨に逃れた。深雪さんが居た頃は家の敷地約九百坪、広大な農地を有する地主だった。

母と二人の兄は祖父が建てた別棟に、私は祖父と母屋に住みました。祖父はとても私を可愛がり、いつも綺麗な着物を着せてくれました。内孫がいるのに外出には私だけを連れていくんです。当時はお菓子などありませんから、伺った先で和紙に包んだ氷砂糖を頂くと、帰って祖父がそれを煙管《きせる》の頭でポンポンと砕き、私が三人の従姉弟に分けるんです。だから私だけが祖父のお供をしても皆は私を苛めなかったの。ところが後年、従姉が「あなたが朝鮮に行くことになった時、私達は手を叩いて喜んだのよ」って（笑）。

何百年も続いた家ですから、蔵には代々の嫁が輿入《こしい》れした駕籠《かご》が二台か三台下がってましたし、雛祭りの時などは、幾組もの雛様が天井に届くほど部屋一杯に

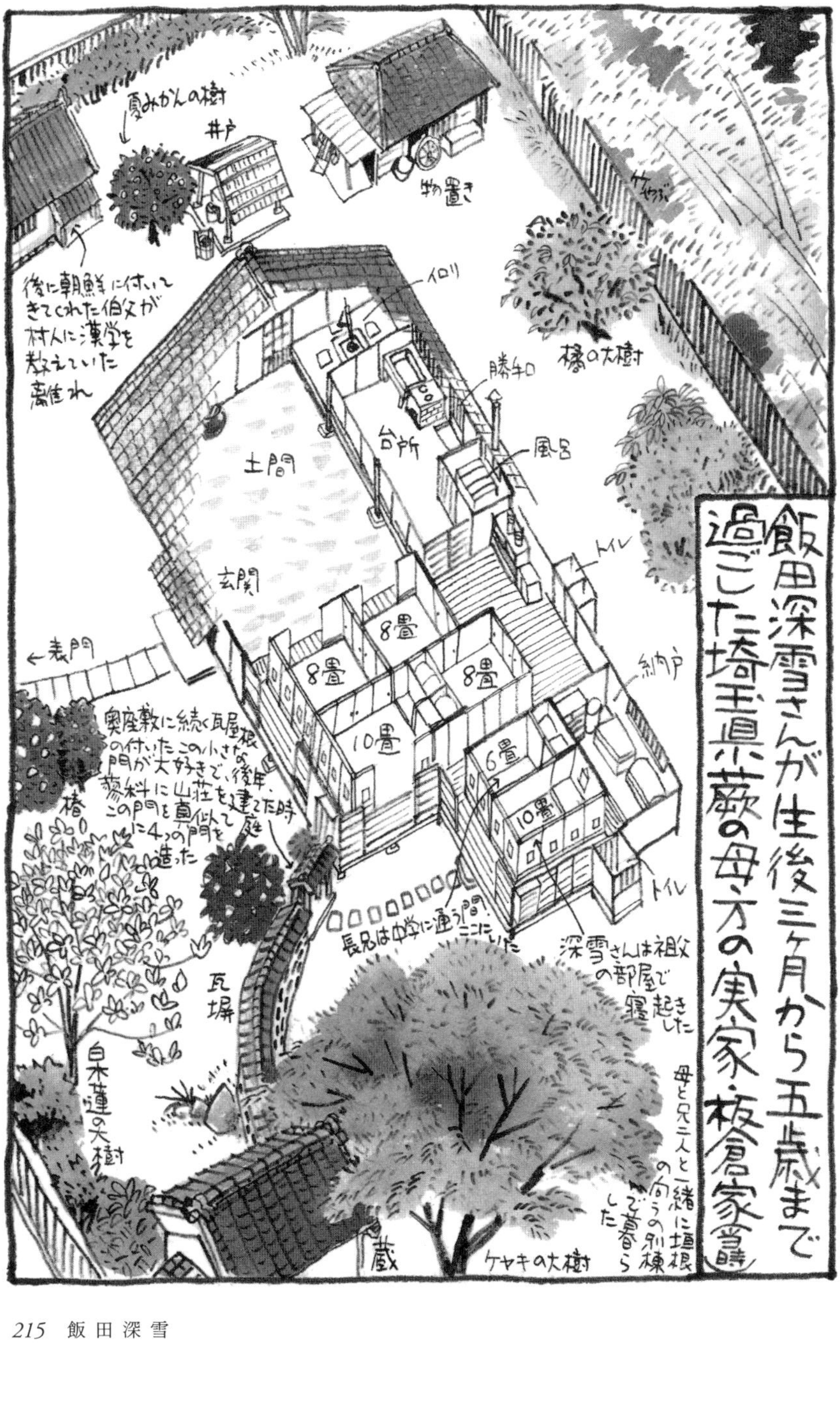

飯田深雪さんが生後三ヶ月から五歳まで過ごした埼玉県蕨の母方の実家・板倉家（當時）
夏みかんの樹
井戸
物置き
竹やぶ
後に朝鮮に付いてきてくれた伯父が村人に漢学を教えていた離れ
イロリ
椿の大樹
勝手口
台所
風呂
土間
トイレ
玄関
←表門
8畳
8畳
8畳
納戸
10畳
6畳
10畳
奥座敷に続く瓦屋根の付いたこの小さな門が大好きで、後年、蓼科に山荘を建てた時、この門を真似て庭に4つの門を造った
椿
トイレ
長兄は中学に通う間ここにいた
深雪さんは祖父の部屋で寝起きした
瓦塀
母と兄二人と一緒に垣根の向こうの別棟で暮らした
白木蓮の大樹
蔵
ケヤキの大樹

並ぶんです。

私は奥座敷に続く塀の洒落た小さな門が忘れられなくて、三十年前、蓼科に山荘を建てた時、それを真似た門を庭に四つも造ったんです。蕨の家は大好きでした。庭に咲き乱れる椿や白木蓮、橘《たちばな》の花……。毎日が本当に楽しかった。


だが四歳の時、母親が亡くなって……。


母の記憶は殆どないんですが、亡くなった時のことは覚えてます。二つと六つ違いの兄二人が母の枕元で泣いて、私は祖父の膝の上にいました。幼い私には母が死んだことも理解できませんでしたが、上の兄は十歳でしょう、その後は夜中になると夢遊病者のように起きだして田んぼのほうまで歩いていき、いつも下男が提灯《ちょうちん》を点けて追いかけていったんですって。可哀相に、それほど兄には母の死がショックだったんですね。

一年後に新しい母が私達を迎えに来ました。母は、私を懐かせようと人形の着物を縫って差し出すんですけど、私は恥ずかしくて、欲しくても傍に行けなかったのを覚えてます。

家は平壌の、病院から少し離れた構内二軒の平屋。オンドルのある部屋が横に並ぶ土の家だったという。


もう悲しくてね。だって朝鮮には鳳仙花《ほうせんか》ぐらいしか花がないんですもの。私がアートフラワーの仕事をするようになったのは、この時の悲しい思いからなんです。

私は夕方になると泣いてばかりいました、「お祖父《じい》ちゃん（の所へ）行く、お祖父ちゃん行く」って。そんな時、いつも私をおんぶして本屋で絵本を買ってくれたのが、蕨の家で漢学を教えていた伯父だったんです。後で知ったんですが、私を心配した祖父が付けて寄越したんですね。祖父は寡黙な人でしたけど、その胸の内を思うと……。

少女は、記憶の中にある蕨の家の花々を描き続けた。その見事さは小学校の先生が「家庭教師が描いたんだろう」と言うほどだった。

新しい母は私達兄妹を洋服と靴で学校に行かせました。明治四十二、三年ですから、洋装は私達だけなの。でも英国製のタータンチェックの普段着は好きじゃなかった。今ならわかるけど、当時は子供だから、こんな地味なのイヤと思って（笑）。そして母は私が登校する朝、髪にリボンを結んでくれたんですけど、それがペシャンコだったのね。だから私は学校に着くと自分で膨らませて、そのまま帰宅してしまったの。そしたら母が悲しんで、父に「私のすることは気に入らないらしい」と。以来、私は決して母を悲しませてはいけないと思い、たとえ「こんなジジむさい着物はイヤ」と思っても我慢して着たんですね（笑）。後に私が結婚して外国から戻った時、お手伝いさんから、母が「私は三人の子の継母になったけど、一度も悲しまされたことはないよ」と言ったというのを聞いて心から安堵しました。

洋食好きの父親のために、継母は仏料理や洋菓子作りを学び、日常もハムやコロッケ、白いタンシチューなど洋食の生活をした。

私は平壌高等女学校を出た翌日に東京へ帰ってきちゃったの。「お前が兄達の世話をするならいいだろう」と、やっと父の許しを貰って。その頃、兄達は牛込（新宿区）の親類宅の離れに居たんです。上の兄は帝大の医学部に通い、一高の寮にいた下の兄は土日だけ帰ってきました。

八、六、三、二畳に大きなお風呂と台所が付いた平屋でした。私はお料理が大好きだったし、兄達と一緒で本当に幸せでした。長兄は私に優しくて、私が平壌にいた時も金沢の四高から毎週綺麗な絵葉書をくれました。「履物を乱暴に脱ぎ捨てて家の中に入るな」「甘栗を剥《む》く時は歯を使ってはいかん」（笑）とか生活の注意を書いて。実母がいないから心配したんでしょう。

だから金沢っていうと私は今でも懐かしぃい感じがするの。

　牛込で唯一辛かったのは買い物。昔はみな注文でしょ、魚屋さんなどに行くのが恥ずかしくて、人が少ない時にソーッと行ってすぐ帰るの（笑）。私が風邪で寝てた時、「何でも食べたい物を買ってきてやるよ」と兄が言うから「坂の下に美味しそうな匂いの物が売ってるの」と言うと、決心したような顔で頭からマントをスッポリ被って（笑）。そして巴焼きって言うのかしら、今川焼き？　せっかく買ってきてくれたのに、私は「匂いほど美味しくないわ」って言ってしまって（笑）。

　白バラの咲く高台の家にある日思わぬ出来事が……。

　私が一人で家にいる時、次兄の中学の同級生という人が訪ねてきたんです、外国に行くから挨拶に来たと。兄が帰るまでどうしても待たせてくれと言うから、六畳で待っててもらったんだわ。私はお茶だけ出して別の部屋にいたんです、男の人と話したこともなかったから。でも兄が遅いので、その人は「失礼します」って立ったの。その時、私に「僕が三年後に帰国する頃は、もうご結婚なすってるでしょうね」って。私、知らん顔してたの、ただの挨拶だと思うから。でもあまり何も言わないのもひどいかと思って、その人が玄関を出る時、「お元気でお帰りなさいませ」って言ったんです。そしたら二カ月後、その人が外国から手紙で兄に、何と「二人で結婚の約束をした」と書いてきたの。もう私は目の前が真っ暗になりましたよ。比喩じゃないの、目を開けてても真っ暗になるのよ。その人は私が挨拶で言った言葉を「あなたのことを待っている」という風に勝手に解釈しちゃったの。私ね、後から、邪推じゃなく、〝引っかけ〟に来たんだと思った。

　兄と父は私もそれらしきことを相手に言ったと思ったんじゃないですか、怒ったですねぇ。長兄は親友の医者を私の結婚相手に決めていたし、私もそのつもりだったんです。父と兄にいくら「そんな約束はしていません」と言ってもダメなの。当時は噂が立っただけで、女の人はダメなんです。指一本さされたらダメな時代よ。もちろん、私の意思を父に手紙で書いてもらいました。でも外国への手紙は船便で二カ月もかかる時代。来た返事には「深雪さんと結婚できなければ死ぬ」と。後からわかったことでは、私が十二歳の夏休みに蕨の家に帰った時、たまたま来ていたその人が私を見て、以来十年近く心に決めてたっていうんです。もう私は毎晩、布団の襟を噛んで泣いたですよ。結婚するまでの三年間は気持ちが動転して何も考えられなかった。

「心を幸せにするよう努めよう」、それだけを胸に、深雪さんは大正十五年、二十三歳で結婚した。そして杉並の小さな借家に八カ月住んだ後、シカゴへ。

夫は外務省勤務でした。でも高等文官の試験も通ってない人だったから、最後に総領事代理までなれたのは偏《ひとえ》に堀之内さんという上司のお陰です。堀之内さんは奥様共々敬虔なクリスチャンでした。私がご挨拶に行った時、奥様は私のことを非常に沈んでる女だと思ったらしく、とても親切にしてくだすって、私も奥様には真実を打ち明けたの。誤解から始まった結婚だと。その時、奥様が私に聖書を読むことを勧めて下さいました。

シカゴ行きは神様が私の気を紛らすために与えてくだすったと思ったわ。もしあのまま日本にいたら、私、死んでしまったと思う。

渡米する船上で元号が「昭和」になりました。市内のフラットの家でしたけど、最初は貸してくれなくて、領事館のアメリカ人が「この人達は政府の役人です」と説明して漸《ようや》く。だから私は家賃てものを毎月必ず同じ日の同じ時間に払いに行ったし、幸せにも、クリスマスやイースターなどアメリカの習慣を知っていたからよかったのね。英語も平壌で習っていたし。二年後帰国する時には、持ち主が「次も是非日本人を入れたい」と言いましたよ（笑）。

アメリカって不思議ね。お酒は禁止なのに自宅でワインを作るのはいいの。そう、禁酒法時代よ（笑）。だってアル・カポネの事件（一九二九年、聖バレンタインデーの虐殺）が新聞に大きく出たから。カリフォルニアから葡萄を積んだ列車が午後二時に着くと、八百屋の前は長蛇の列。私も人に習って作ったら、一年後には美味しい葡萄酒ができましたよ。でも私はいつも薄ぅい布を通していろんな物を見ているような、目の前に紗が掛かったような毎日でした。

昭和五年、二歳の長女倫子《ともこ》さんを伴い帰国。一カ月親類宅に滞在した後、英国領インドへ。そこで長男雄一氏が生まれた。

私達が住んだカルカッタの総領事館は大理石造りでした。神様は実によく考えていらっしゃると思いましたよ、冷たい大理石は暑い国でしか採れませんから。インドは四月には猛暑になるので、領事館ごとヒマラヤの別荘に移るの。列車で三日もかかるんだけど、英国は贅沢で、すでに冷房車があったんですよ。

三年後に行ったロンドンで主人がひどい神経衰弱になったんです。吉田茂大使に仕えてたんですけど、吉田さんも厳しい方だったし、主人も気がきかなかったんでしょうね。主人はそんな風だから、分不相応な大邸宅を借りてしまって……。この時も、アメリカ大使になっていた堀之内さんが心配してお手紙をくだすったの。「ロンドンが暗くてイヤだったら、ワシントンに来るようにしてあげましょうか」って。堀之内さんには本当にお世話になりました。

一年後、帰国。朝鮮で亡くなった父の遺産で、深雪さんは現在の東中野の近くに六間ある二階家を建てた。

この家は戦災で焼けてしまうんだけど、屋上庭園に植えたバラの根だけは生き残って、戦後、小さな家に植え替えたらすっかり元気になって、今も咲いてるんですよ。

再び渡印するが、戦争が激化し無一物で帰国。東中野の焼け跡に家を再建したのは昭和二十三年だ。

お料理を教えるようになったのは、思わぬことからです。焼け跡の小さな家に須藤さんという男性が訪ねてきたの。その方がインドでデングフィーバー（熱病）に罹った時、私が看病したことをとても恩に思って、「今度は私が奥様をお助けします。お菓子をお作り下さい。私が都庁の売店で売りますから」って。焼け野原の中をわざわざ探して来てくれたんです。その方は都庁の復興局に勤めてらしたの。砂糖は、昔から知っていた運送屋さんが持ってきてくれました、私に親切にされたからと。それは父の教えのお陰です。父は理髪店などに年末に行くと、店主にではなく小僧さんに「ありがとう」って、今の五千円ぐらいをあげるんです。「人間というのは杓子定規ではいけない、今日は仕事が大変だったろうなと思ったら少し足してやるとか、そういう心がなきゃダメだ」と。祖父もそうでした。そんなことも主人とは考え方が違ってたんですね。だから結婚というのは、価値観や生き方が違うとダメなんですよ。

知人の子女六人に教え始めたのが瞬く間に評判を呼び、一年後には料理とアートフラワーのスタジオ設立。NHK「きょうの料理」等テレビでも活躍。生放送内に料理を完成させるので〝テレビの神様〟と呼ばれた。

離婚したのは昭和三十年、五十二歳の時。夫は再婚したが、一年後に神経衰弱が再発して自死した。

四十年、東中野に白亜の「深雪スタジオ」が完成。海外でも広く活躍、迎賓館に国賓が宿泊する時は、今も〝飯田深雪の花〟が咲く。

私は四十代の頃からひどい神経痛があったんですが、レモン汁を飲んだら嘘のように良くなったので、以来、寝る前に必ず飲んでるんです。

子供と同居せず、九十八歳の今も月三回料理教室で指導。六人の曾孫とは「遊ぶ暇などありません」。起床後はまず聖書を、午前中は新聞雑誌を読み、多数の手紙に返事を。この取材の依頼状を送ると、三日後に、明確な取材候補日を記した自筆のお返事が届き驚いた。「やるべきことを明日に延ばすと借金を背負ってる気分になる」とは金言。

不幸な結婚でしたけど、もし長兄の親友と結婚していたら、当面は幸せでも、「人生とは何だろう」という問題は解決しなかったと思うんです。人は絶望してはいけません。懸命に生きていれば、必ず光は見えてくるものですよ。

（二〇〇一年一二月六日号）

僕の引越しは青大将に始まり
ネズミに終わる高輪界隈ウロウロです

双葉十三郎

（映画評論家）

一九一〇（明治四十三）年、東京生まれ。本名：小川一彦。浦和高時代から映画雑誌に映画評を。東京帝国大学卒業後、住友本社入社。四五年退社、映画評論に専念。今まで観た映画は二万余本。五二年から「スクリーン」に連載した〝ぼくの採点表〟の単行本は全五巻で刊行（戦前篇を含めると六巻）。チャンドラーの『大いなる眠り』の翻訳も。勲四等瑞宝章など。二〇〇九年逝去。

生まれは葛飾柴又……じゃなくて（笑）、赤穂義士で名高い高輪《たかなわ》泉岳寺（港区）裏の丘の上、当時は高輪北町と言ってました。上のほうに行くと二本榎って通りがありまして、その間がお屋敷町でした。十月の半ばになると、池上本門寺のお会式《えしき》があるんです。子供の頃は「まんどん」って言ってたけど、万灯《まんとう》ですね。デンデンブクデンデンブクって団扇太鼓《うちわだいこ》を叩く連中と火の点《つ》いた万灯を持った連中の行列が二時間ぐらい延々と続くんです。それを見るのが楽しみだったですよ、子供の頃は。

本名・小川一彦さんが生まれたのは明治四十三（一九一〇）年の、ちょうど万灯会《え》の季節である。今から九十二年前。日本ではかの白瀬中尉率いる探検隊が南極めざして芝浦を出航。海外では〝クリミア戦争の天使〟ナイチンゲール、ロシアの文豪トルストイが相前後して没している。何しろ氏の祖父は上野の山の彰義隊《しょうぎたい》を見にいったというから、まだ江戸の香残る時代だった。

父は麹町《こうじまち》（千代田区）の材木商の三男。東京帝国大学から逓信省《ていしんしょう》（当時）の技師になった工学博士。母は銀座の家作家主の娘。一彦少年はその長男だ。

親父は酒も飲まない、いたって物静かな人でした。堅い仕事のわりに芸事が好きで、歌沢《うたざわ》（江戸末期の端《は》唄《うた》の一種）なんかやってたですよ。お袋は賑やかなことが好きで、先生を招《よ》んでは大勢の友達と活け花やお琴のお稽古をしてました。うちには三味線が三丁もあったし、鼓もあったなぁ。芝居が好きで、よく歌舞伎座へ連れていかれましたよ。お陰で六代目菊五郎なんて大きな役者も観たし。洋画が好きになったのは従兄達に連れていかれたせいでしょうね。

家はわりと大きな二階家で、下に五部屋、上に二部屋かな。女中さんが二人いました。お風呂や台所の煮炊きは薪。電気？　もちろんありましたよ。大正になってますもの（笑）。

何しろ人力車の時代だから、その頃の風俗をご案内しとくとね、「塩瀬」なんてお菓子屋さんが注文を取りにくるの、重箱の中を仕切ったやつにいろんな和菓子を入れて。それで「今日はどれになさいますか?」って。選んだのを後から届けてくれるわけです。

僕は病弱で、よく小学校を途中から帰ってきちゃうの、お腹の具合が悪くなって。夜昼構わず甘い物ばっかり食べてたから(笑)。それで泉岳寺の木像の辺りで隠れんぼするの。チャンバラはしなかったな。とにかく本を読むのが好きだったんです。勉強も嫌いじゃなかったですね。

袴姿に眼鏡の一彦少年が高輪台町小学校四年生の時、転居。そこで弟と妹が誕生。

それがね、青大将が出てきたの、天井から。きっと古い家を買ってたんでしょうね。もうお袋が青くなっちゃって、青大将だけに(笑)。お袋は下町育ちのせいか縁起担ぎだから、腹黒い不動産屋、昔は周旋屋って言ったんだけど、「越さなきゃダメだ」ってけしかけられたらしいのね。当時は〝方違《かたたが》え〟っていうのがありましてね、一回別の所へ越しといてから目的のとこへ越すという。だからうちも二本榎通りの高輪南町と、君塚町、今の清正公前《せいしょうこうまえ》の近くに越してから、白金三光町(現・白金台)に落ちついたんです。

最近〝シロガネーゼ〟とか何とか言ってるけどさ、僕なんかその元祖だ(笑)。当時は場末の、商店街もない所だったんですよ。目黒から市電が走ってたんだけど、「白金台町」っていう停留所の傍に酒屋と本屋の「玄誠堂」があったくらいでね。あと寄席が一軒あった。だから不思議な町だったと言えるでしょうね。

中学が府立八中(現小山台高校)ですから、土曜日なんか市電に飛び乗って芝園橋、今の芝公園(港区)の脇、そこの「芝園館」という映画館に行きました。当時の市電には前にエプロンみたいな救助網が付いてたの。ぶつかった人を轢《ひ》いちゃわないように掬《すく》い上げるんですね。いつ頃からかそれが無くなった時は、ノッペラボウみたいで変な気がしたね。市電は一両のチンチン電車。乗換キップがありました。今みたいにパスネットなんてないですから（笑）。僕、二回使ったことある、パスネット。便利ですね。

　電車から見える風景は板塀の住宅ばっかりで、賑やかだったのは麻布十番でしょうね。映画館も二軒あったし。

　この白金三光町の家が一番思い出深いなぁ。大学の初めまで十年ぐらい住んだから。あれで何坪あったのかな。ちょっとした草花しか植えてなかったけど垣根で区切った広い庭があって、部屋も今と違ってずいぶん余裕があったですよ。うちからすぐの所に御料林がありました。今は国立自然教育園って言うのかな。


　ちょうどこの日の取材場所となったホテルの部屋からその林が望め、氏は足元まである広いガラス窓に寄って外を見やった。高所恐怖症と聞いていたが……。


　こうやってちゃんと覆いがあると大丈夫なの。でも飛行機はダメ。だから外国には一度も行ったことがないんです。自分で分析してみたんだけど、小学校一年から近眼で眼鏡をかけてるでしょう。どうも眼鏡が落っこちるんじゃないかって恐怖感があるみたいなのね。（遠くに広がる林を見て）でも昔はもっと広かったような気がするなぁ。関東大震災の時、あそこに逃げたんですよ、自警団の人が回ってきて「暴動が起きるかもしれないから御料林に逃げて下さい」って。僕が中学一年の九月一日。二階の自分の部屋で夏休みの宿題をやってたんです。新学期は八日からだったから。そしたらズズッズーンて縦揺れが来て、窓から見ると、遠くに真っ黄色な砂煙が濛々《もうもう》と上がってたですよ。きっとたくさんの家が倒壊したせいでしょうね。で、お袋達と御料林で一晩明かしました。普段は柵の破れ目から入り込んで遊んだりしてたけど、そういう状況だからやっぱり怖かったですね、鬱蒼とした森が。

　うちは屋根瓦が数枚落ちた程度で済んだんです。近所も大丈夫だった。だから下町の惨状に比べると、同じ東京でもずいぶん違ったんですね。それ経験してるから、今の揺れ程度は平気です。身体にズンズンッて

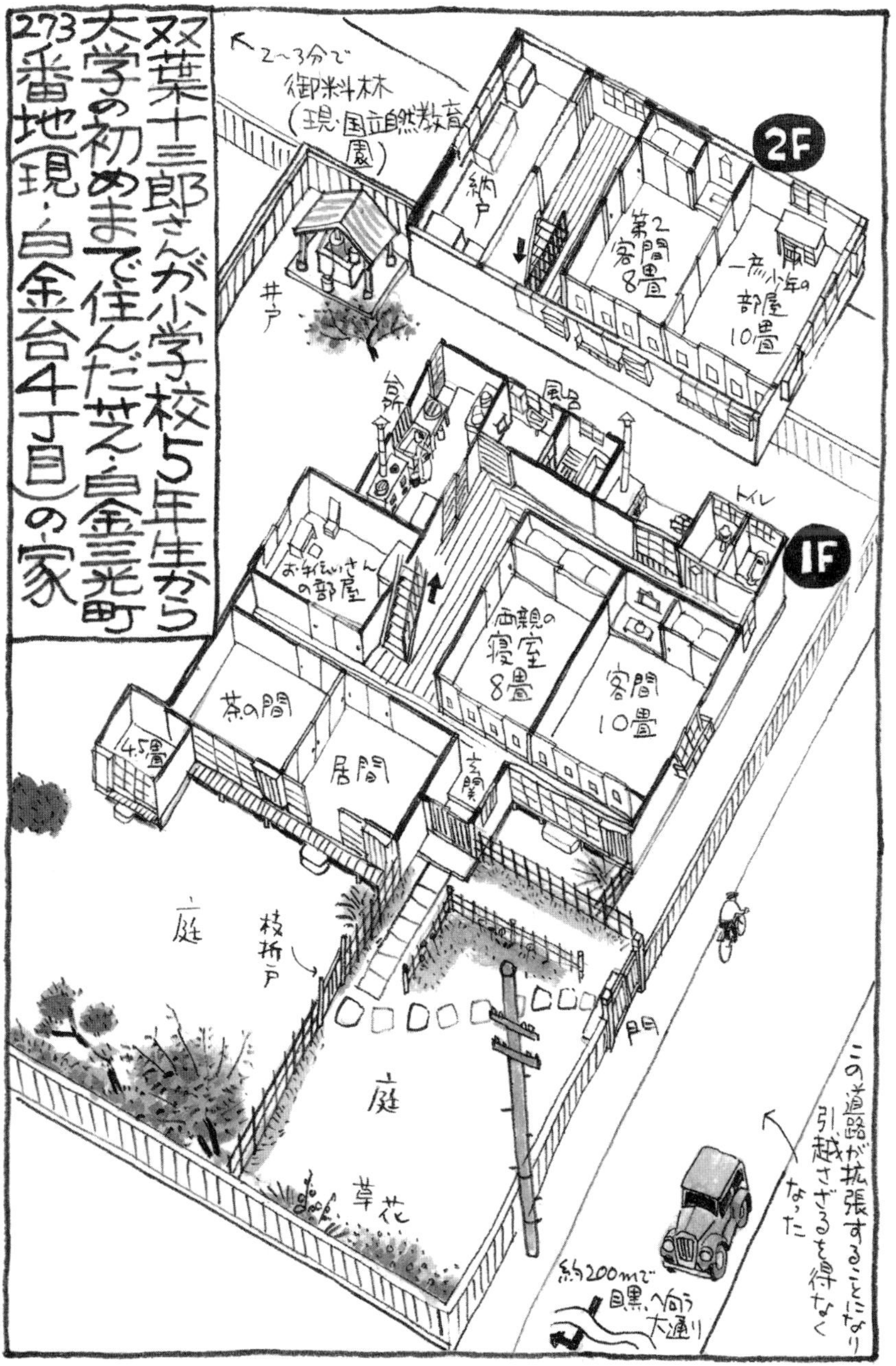
双葉十三郎さんが小学校5年生から大学の初めまで住んだ芝・白金三光町273番地(現・白金台4丁目)の家
2~3分で御料林(現・国立自然教育園)
2F
納戸
第2客間8畳
十三郎少年の部屋10畳
井戸
台所
風呂
トイレ
1F
お手伝いさんの部屋
両親の寝室8畳
客間10畳
茶の間
4.5畳
居間
玄関
庭
枝折戸
門
庭
草花
この道路が拡張することになり引越さざるを得なくなった
約200mで目黒へ向う大通り

響くのが怖い。

「僕は卵なくてはいられないんです。卵とおつけと海苔。三度三度それだけでいいの」、みそ汁を「おつけ」と言うところが江戸っ子らしくて微笑ましい。卵と本と映画が大好きな一彦少年は旧制浦和高校（現・埼玉大）から東京帝大経済学部へ。

親父が理科系なのに僕は算数が全然ダメ。銀座の不良娘のお袋の血を受け継いだのかもしれない（笑）。高等学校の頃は、学校に通う乗換駅だから、もっぱら新宿の武蔵野館で映画を観ました。

「キネマ旬報」の新人欄に初めて投稿して賞金に三円貰ったのは高校二年か三年の時。皆さんがあんまり真面目なこと書いてるから、僕はもっと映画そのものの楽しさを書きたいと思って。その都度、賞金を受取りに行ったから、編集部の人達ともお知り合いになれたんですね。

その時から今のペンネームを使ってるんです、大好きなトム・ソーヤーから取って。双葉《ふたば》をソーヨーと読んで「Sawyer」、十三郎の「十三」がトミで「Tom」（笑）。ペンネームは十三ぐらいありましたよ。例えば「ハリウッド」で「堀井有人」。「石上郁」っていうのもあった。これは当時の松竹少女歌劇に「石上都」っていうジャズダンスの名人がいて、僕、大ファンだったから似た字にしたの（笑）。

まだ無声映画の頃。双葉氏は徳川夢声の活弁で「カリガリ博士」を観ているというまさに〝生きる洋画史〟。そして活動弁士の役割を高く評価するリベラルな映画評論家でもある。

初めてトーキーの「モロッコ」を観たのは高校卒業の前。雪の降る日でね、とても感激しましたよ。大学の受験勉強なんか放っといて観にいっちゃった。東大っていっても競争率三倍だもん、当時は難しくないですよ。大学の中を通り抜けて浅草へ行って映画観てた（笑）。謄写版刷りの講義録を密売してる奴がいて、それ買って即席の勉強してれば落第しなかったし、「優」もわりと多かったな、自分で言うのも変だけど。だから住友にも入社できたってわけでしょうね（笑）。僕は気がちっちゃいから、やることはきちんとやるんですよ。原稿を書くのも〝締切り二日前主義〟。だから締切りを早くサバ読まれると困るんだよね（笑）。

「スタア」や「新映画」などにも映画評を書くようになる。家が長者丸（現・品川区上大崎二丁目）に移ったのは大学一年の頃だ。

白金の家は大変好きだったんだけど、道路拡張にひっかかって越さざるを得なくなったんです。でも一番腹が立つのは町名変更なの。何でやたらと「何丁目」なんてしちゃうんだろう。文春さんの辺りは「平河町」とか「紀尾井町」とかまだ昔の町名が残ってるけど、長者丸なんて残ってないものね。味気ないよねぇ。

洋間が多い二階家で、庭が狭かった。あんまり印象にないの。僕が大阪の住友本社に半年研修に行ってる間に、目黒の元競馬場に越したから。

住友に入ったのは親孝行のためです。「きちんとした会社に勤めてくれ」って言われて。大阪では田辺（東住吉区）という所で下宿しました。東京育ちの僕としてはやりきれなかったなぁ。しょうがないから宝塚歌劇やSKDなんかを観にいったり淀川（長治）クンと遊んだり。投稿してる時からお互いに名前は知ってたけど、会ったのは僕が大学を出た後です。僕より一つ上で、彼はもう映画会社の宣伝部長をしてましたけどね。

住友本社では源氏鶏太に算盤《そろばん》を教わり、山口誓子が人事課次長、歌人の川田順が常務だったというから、「それだけ住みよかったたっていうのかしら、自由な会社だったたってぇのかねぇ」。帰京後は元競馬場の家から丸の内の住友へ。「二・二六事件」は二十五歳の時。警戒のために会社に泊り込み、事件終結の日は丸の内から歩いて帰ったという。

「何事ものんびりしてる」双葉氏の結婚は昭和二十年二月、三十四歳の時。新居は両親の家の隣。五月、空襲で家が焼失、大切な蔵書や資料も焼け、レコードはバームクーヘンのようになってしまったという。同月、応召。両親は神奈川県に疎開していたので奥さんは祐天寺（目黒区）の実家へ。

三十四にもなった目の悪いのを採るんだから、もう戦争負けると思いましたね。そもそも初めから「バカなこと始めたな」と思ってました。だってもし軍部の連中が「風と共に去りぬ」なんて映画観てたら、とてもアメリカに勝てっこないと分かると思うんだよね、映画一つで。今だって情報過多時代って言ってるけど、肝心なことは摑んでない感じがしますねぇ、政治家でも何でも。アメリカは日本のこと何でも知ってるのに。

終戦まで直江津（新潟）の部隊にいましたけど、銃もないんですよ。だから戦闘員じゃなく雑役夫ですね。フランス語のバルザックなんか読んでても咎《とが》められないんです。上官も戦争に負けると思ってたんじゃないかな。気候はいいし食糧も豊富で、申し訳ないような軍隊生活でしたよ。

九月帰京、しばらくは奥さんの実家に。そして目黒不動近く、当時父親が勤めていたゴム関係の研究所の寮に仮住まい。住友をやめたのはその年の十二月だ。

寮に住んでみたら、そこは懐かしき八中のすぐ裏手なんですよ。だから僕はたくさん越してても同じようなとこをグルグル回ってるわけ（笑）。

住友をやめるのは、家内は反対だったでしょうね、何も言わなかったけど。でもやめても食えることはわかってたんじゃない、きっと。住友の仕事は好きでしたよ。でもこっち（映画評論）のほうがやりたかったということでね。

それまでも映画評は書いていたが、三十五歳からは一筋に。いや、双葉氏には意外な面も。一つは、現在も版を重ねているR・チャンドラーのハードボイルド小説『大いなる眠り』の翻訳。もう一つは昭和三十年から七年間、三百八十回続いたTBSの推理ドラマ「日真名氏《ひまなし》飛び出す」の原作・筋書きを手掛けたことだ。

だが当然、本業はすごい。昭和二十七年から続く「スクリーン」の連載〝ぼくの採点表〟が単行本化、昨年、六巻目（別巻含む）が刊行された（キネマ旬報社）。収録作品は全六巻で八千八百六十七本。それでも氏が今までに観た二万余本の半分に満たない。数もさることながら、それぞれの作品についての評が公平かつ的確で、優れた映画辞典でもある。特に最後に添える一言がユーモラスで、氏の人柄を表している。例えば「タイタニック」の場合、「これだけ宣伝を豪華にしてもらえば沈んだタ号も浮かばれるでしょう」。空前の大ヒットながら中身は今一つという核心を鋭く突いている。

僕、小さい時から落語が好きだったんですよ。だからどうしてもオチをつけたくなるの（笑）。労作なんて言って頂くと汗顔の至りで、ただフラフラ書いてるだけですよ。

試写の間、居眠りはしたことないですね。真っ暗な中だけど、メモとります。カット割りやなんかについて。でも最近は昼一時からの試写が減って困ってるの。三時からの試写だと、長い映画が増えたから、終わると暗くなってるんですよ。僕、目が悪いから駅なんかで足元が心配でね。

昨夏、肺炎で入院した後休んでいた試写を、再開するという。もはや〝映画評論界の人間国宝〟的存在、律儀に電車で試写に通う双葉氏のために、是非〝一時の回〟を増やして頂きたい。

息子はパルテノン多摩でクラシックのプロデューサーをしてます。孫二人は大学生。いやぁ、映画の話なんか全然しない。一人の孫はスポーツライターになりたいなんて言ってますもの（笑）。

今の碑文谷《ひもんや》（目黒区）の家はもう五十年になります。造る時、「恰好つけないで丈夫なのを」って設計屋さんに頼んだから、箱型の家なんです。上下に三つずつ部屋がある木造だから、下宿屋みたいに見えるんじゃないかなぁ（笑）。

ところが今やネズミに悩まされてまして。台所で物壊したりしてね。だから、今日のこのお粗末なる一席は、青大将に始まってネズミに終わるということでございます（笑）。


（二〇〇二年三月七日号）

父・阪妻は静かな嵯峨の家に移り、これからという五十一歳の時、急逝

田村高廣
（俳優）

一九二八（昭和三）年、京都生まれ。父は日本映画史に残る大スター阪東妻三郎。同じく俳優の田村正和、田村亮の兄で、田村兄弟の長男。同志社大学卒業後、商社マンに。五三年父親が五十一歳で急逝、木下惠介監督などの勧めで松竹へ。翌年木下の「女の園」でデビュー。「兵隊やくざ」「泥の河」「イタズ」で数々の映画賞受賞。テレビ、舞台でも活躍。九九年勲四等旭日小綬章受章。二〇〇六年逝去。

今年（二〇〇二年）は親父の五十回忌なので、こんないい本を出して頂けて本当に嬉しいです。

「親父」とは田村傳吉《でんきち》、即ち〝阪妻《ばんつま》〟の愛称で一世を風靡した伝説の大スター阪東妻三郎である。阪妻は無声映画「雄呂血《おろち》」で二十分に及ぶ大殺陣を見せ、「無法松の一生」「王将」「破れ太鼓」などの名作を残し、五十一歳で日本映画界を駆け抜けるように逝った。その阪妻の魅力を田村氏の親友、作家の高橋治氏が『純情無頼　小説阪東妻三郎』（文藝春秋刊）に結実させたのだ。

僕が生まれた家は京都・太秦《うずまさ》のごく普通の二階家です。当時の太秦は〝日本のハリウッド〟と呼ばれ、撮影所が五つもありました。住人はほとんどが映画関係者で、丁髷《ちょんまげ》姿の人が道を歩いてても誰も不思議に思わないくらい、文字通りの〝映画村〟でした。

僕は物心ついた時から親父との接触がなくて、母が通訳代わりでした（笑）。だから小学校の時、友達の家から帰ってきて、母に「あのおうちけったいやなぁ。お父さんがみんなと一緒にご飯食べてた」と言ったのを覚えてます（笑）。

高廣さんが二歳の時、父は千葉県に撮影所を建設、拠点とした。甘えたい盛りに父のいなかった少年は、離れに住む祖父母に懐《なつ》いた。

祖父は僕を御室《おむろ》の山へ連れていったり、お正月の凧《たこ》やチャンバラの木刀を作ってくれたり可愛がってくれましたよ。

母は静かな人でした。僕は母との思い出も少ないんですが、一つだけ鮮明に覚えてるのは、幼稚園の頃かなぁ、下の六畳間で、母が炭火の上でカマスゴを焼いてくれたんです。僕が見てると、「これ、もういいよ」って焼けたのを生姜醤油《しょうがじょうゆ》につけてくれましてね。その時のジューッていう音が今でも耳に残ってます。

親父が京都に戻ったのは僕が小学校三年の時です。親父は決して僕を仕事場に入れなかったから、撮影所

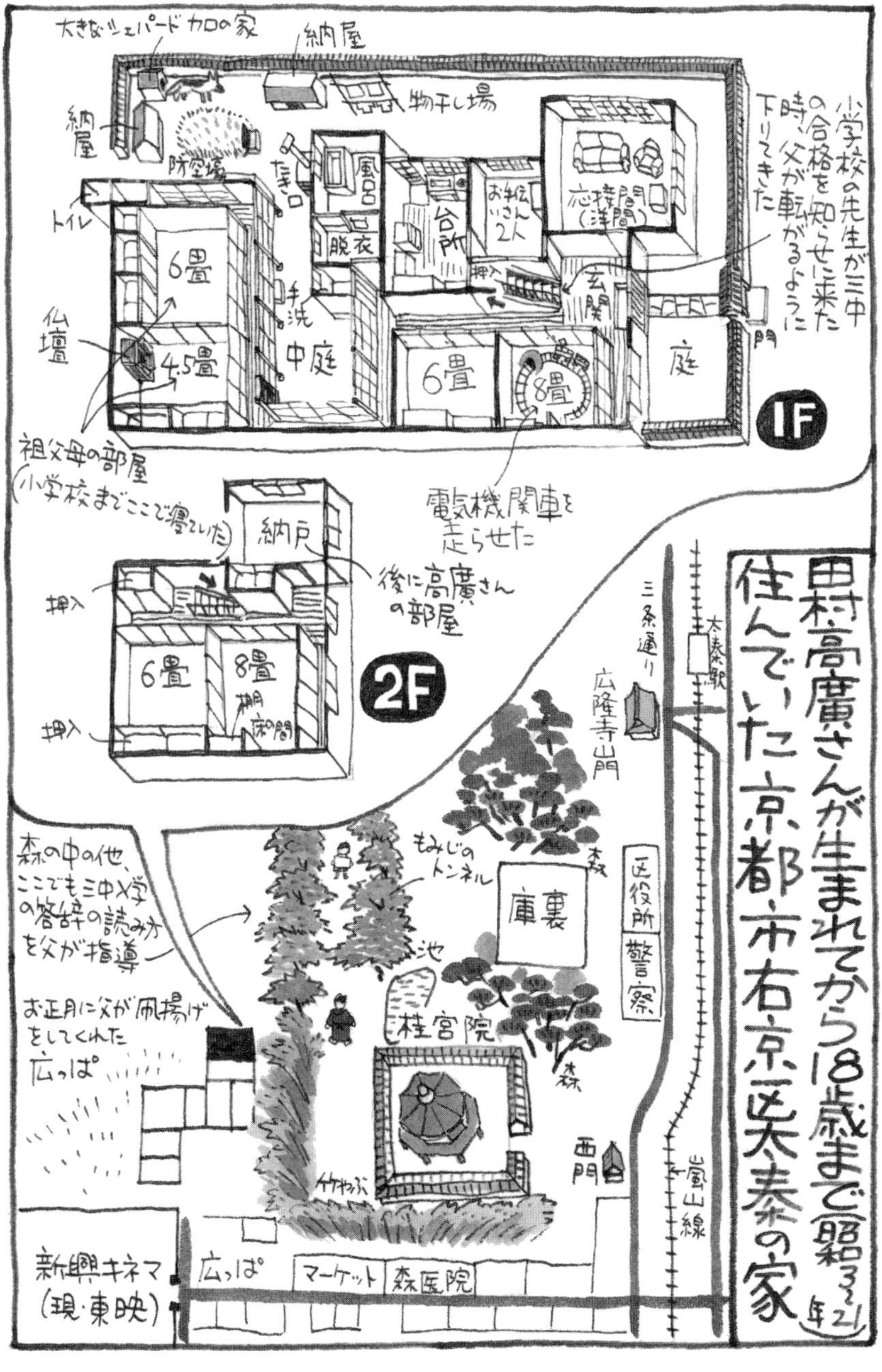
田村高廣さんが生まれてから18歳まで(昭和3〜21年)住んでいた京都市右京区太秦の家
大きなシェパード カロの家
納屋
物干し場
納屋
防空壕
風呂
脱衣
台所
お手伝いさん2人
応接間(洋間)
小学校の先生が三中の合格を知らせに来た時、父が転がるように下りてきた
トイレ
6畳
仏壇
4.5畳
手洗
中庭
押入
玄関
6畳
8畳
庭
門
1F
祖父母の部屋(小学校までここで寝ていた)
電気機関車を走らせた
納戸
後に高廣さんの部屋
押入
押入
6畳
8畳
棚
床の間
2F
三条通り
太秦駅
広隆寺山門
もみじのトンネル
森
庫裏
区役所
警察
池
桂宮院
森
森の中の他、ここでも三中入学の答辞の読み方を父が指導
お正月に父が凧揚げをしてくれた広っぱ
西門
嵐山線
新興キネマ(現・東映)
広っぱ
マーケット
森医院

にお弁当を届ける時も、僕は守衛さんに渡して帰ってくるんです。僕が中に入れば、きっと皆さんが「阪妻はんのぼんぼん」って大事にしてくれるから、そういうことが僕のためにならないと思ったんでしょうね。

でも一度だけ小学校三、四年の時、学校の帰りしな、うちの横の広隆寺で映画の撮影に出くわして、ぼんやり見てたら丁髷をつけた汚い恰好の男の人と目が合ったんですよ。そしたらそれが親父だったんです。僕はビックリして、走って家に帰りました。「お父さんがお仕事してはるところは絶対に見たらいけません」と母に言われてましたから。それは「地獄の蟲《むし》」という作品でしたが、親父の仕事姿を見たのはそれが最初で最後です。

共有した時間が少ないからこそ、高廣氏にとって父との思い出は、深く鮮烈だ。

幼稚園の時、父が初めて僕に手渡しでオモチャをくれたんです。電気機関車でした。電池やゼンマイじゃなく、ソケットで線路に電流を流す本物の。ええ、高かったと思います。お弟子さん達も手伝って八畳間いっぱいに線路を敷いたんですが、いざ走らせる時になると「高廣はダメ」と言うんです、親父が。「感電すると危ない」って（笑）。だから僕は離れた所から母と並んで見たんですが、親父が嬉しそうに走らせるんですよ。僕、やりたくてねぇ（笑）。

僕は正月が一番好きでした。元旦のお祝いだけは親父も一緒で、その後、裏の広っぱで凧揚げをしてくれるんです。僕が凧を持って立ってると、糸の端を持った親父がドンドン走っていって「よーし、放せーッ」って。一度など親父が転んじゃって（笑）。でもすぐ年始の人達が来るから親父は行ってしまって、僕は一人で残されるんですけど……。

ある時、近所の駄菓子屋さんの前を歩いてたら、店のおばさんが「ぼんぼん、お父さんが居てはるよ」って。「え、どこに?」と中に入ると、真ん丸いメンコに親父の写真があるんです。「お父ちゃん、いろんな恰好してるんだなぁ」と思ってメンコを集めるのが楽しみになりました。でも友達とメンコ遊びをする時は絶対使わない。なぜか使えなかったですね。勉強机の引出しの奥にしまって、時々出して見るんです。笑顔の親父、怒ってる親父……。いえ、寂しくはなかったです。初めから親父は家に居なかったから、それが普通だと思ってました。

芝居の〝間《ま》〟ってあるでしょう。親父と僕は、間が外れたんですね。間が外れると、外したほうも外されたほうも困っちゃうんですよ。

十歳の時から少年は父に「兄ちゃん」と呼ばれるようになる。弟・俊磨《としま》氏が生まれたのだ。四兄弟の中で唯一俳優にならなかった人だ。高廣氏曰く「彼が一番親父似のいい顔してます」。三男・正和《まさかず》氏、四男・亮《りょう》（本名・幸照《ゆきてる》）氏、いずれにしても美男揃いの兄弟ではある。

各々が親父に似てます。正和は親父のちょっとキザな部分、亮はチャレンジ精神が。僕は俊磨と十歳、正和と十五、一番下の亮とは十八も離れてるんです。ほとんど親子ですよね（笑）。弟達と僕では親父への接し方が全然違うんです。僕の小さい頃とは時代も違うし、親父自身が歳をとってるでしょう。毎年夏に家族で宮津海岸（京都北部）に行くと、弟達は親父とじゃれ合うように遊ぶんですが、僕は〝向こうの父子〟（笑）に入っていきにくくて。もっとも僕はもう大学生でしたけど。

昭和十六年、高廣少年は府立三中に首席で入学する。

親父が広隆寺の森で答辞の指導をしてくれたんです。京都の三月はまだ寒いんですが、早朝、真っ白な靄《もや》がかかった森の中で、「この度、私達は栄えある京都府立第三中学校に……」と僕が答辞を読み始めると、親父が「声が小さいッ」と向こうへ行くんです。僕が読む度に「まだ小さい！」ってどんどん離れていく。しまいに姿が見えなくなって朝靄の中から親父の声だけがするんです、「聞こえなーい、もっと大きな声で読めーッ」。それを何日もやりましたよ。
たぶん親父は嬉しかったんだと思います。親父自身は満足に小学校も行ってないですから……。僕の小学校の先生が合格を知らせに来て下さった時、親父は二階から階段を転がるように下りてきて、玄関に立ってはる先生の前で、「ありがとうございましたッ」って畳に額をすりつけたんです。そして次の生徒の家に向かう先生の後ろ姿に何度もお辞儀して。僕、そんな親父を見たの初めてだったから、すごく驚きました。これほど心配してくれてたのかと……。幾つかの思い出の中で、これがナンバーワンかもしれない。

阪妻は苦労人だ。丁稚奉公《でっちぼうこう》をしていた幼い頃、歌舞伎役者を志すが、門閥を重んじる世界は彼を拒絶。ために二十歳で映画界に入るまでドサ回りを続けた。言わば〝虐《しいた》げられた〟少年期を己の糧《かて》にした人なのだ。そんな人にとって息子の名門中学入学はどれほどの喜びだったか——。後に息子が同志社に進み、家に遊びに来た学友を見て父は母に言ったという、「大学生いうのは立派なもんやなぁ」。まさにあの〝無法松〟そのものの純情ではないか。

僕は勤労動員で愛知県半田の軍需工場に行ったんですが、進学手続きのため一晩泊まりで帰宅した翌朝、母が言うんです、「高廣が昨晩入ったお風呂はお父さんが沸かして下さったのよ」って。驚きました。でも改めて親父にお礼を言うのも照れ臭いし、第一、親父も知らん顔してるんですよ。親父はそういう人でした。シャイで、優しくて……。

昭和十九年十二月、東南海地震で軍需工場が倒壊。高廣少年は多くの友を失い、胸を病んで帰宅した。

終戦前後の記憶が全くないんです。覚えてるのは嵯峨野の竹林を歩いてたこと。暗い竹藪《たけやぶ》に向かって石を投げると、カンカンカーンと音がするんです。そして暗い中に真っ赤な藪椿がポッンポッンと咲いて。生き延びてよかったという気持ちもなく、ただ虚しかった。友達が大勢死んだことだけが心を占めて……。
一年自宅で療養して同志社予科から大学に行くんですが、同志社は僕にとってまるで母の膝枕のように温かい所でした。お陰で徐々に気持ちが癒されていったんです。

同志社に入る頃、自宅は嵯峨へ。千坪はある広大な敷地に川が流れ、別棟には父の事務所が設けられた。

以前は高名な画家が住んでらしたそうです。大きいからびっくりしました。これには訳がありましてね。昭和十年に親父は「新納鶴千代」で初めてトーキー映画に出たんですが、それが酷評だったんです、剣豪らしくない声だと。以来、親父は必死で発声練習を始めるんです。ところが太秦の家はすぐ前が道だから、歩いてる人が親父の大きな声を聞いて「この家は獣でも飼ってるのか」って（笑）。だから親父は思う存分声が出せる家が欲しかったわけです。
この頃、親父はテニスを始めました。ある時から高血圧を気にするようになって、暇さえあれば血圧計を使ってたんですが、お医者さんが「気にするとかえって血圧が上がる」と言うので、気を紛らわすために。下手でした（笑）。恰好だけは凄いんです、ラケットを大上段に振りかぶって。剣豪ですから（笑）。

昭和二十七年、大学を出た高廣青年は東京の老舗《しにせ》貿易商社・茂木商事に入社、目黒の叔父宅に下宿する。

翌春、名古屋出張の折、実家に寄った息子に珍しく父が声をかけた、「兄ちゃん、仕事は面白いかい？」、「はい、面白いです」。庭で交わしたこの短い会話が、父子の最後の会話になった。

四カ月後の七月一日、親父が倒れたと番頭さん（マネージャー）から勤務先に電話があって、僕は飛んで帰ったんです。でも結局、意識が戻らぬまま七日に亡くなりました。
　この時撮影中だった「あばれ獅子」が親父の最後の作品になりました。子母沢寛《しもざわかん》さんの『父子鷹《おやこだか》』が原作で、倅《せがれ》の麟太郎に陰ながら愛情を注ぐ勝小吉の物語です。僕は辛くてしばらく観られませんでしたけど、観た時、勝小吉と親父が重なりましてね……。

　周囲の強い勧めで、二十五歳の高廣氏は商社を退職、松竹へ。勧めた中に名匠・木下惠介監督がいた。その四年前、決して撮影所に息子を入れなかった父が母に「高廣を試写に行かせてくれ」。それが木下の「破れ太鼓」だった。当日風邪を引いていた青年は木下に移してはいけないとマスクのまま挨拶した、「父の代理で参りました」。木下はマスクの上に出ている眼を見て思ったという、「阪妻にはこんな美しい眼をした息子がいたのか」と。

芝居には全く興味がありませんでした。僕が決心した一番の動機は、番頭さんから父の言葉を聞いたからなんです。ある時、父がポツンと言ったそうです、「高廣は俺の跡をやらないのかな」と。これはショックでしたねぇ。生前対話がなかっただけに、そんな独り言のような父の言葉を、しかも人伝《づ》てに聞いて、あぁ、親父はそう思ってたのかと。

　翌年、木下作品「女の園」でデビュー。さらに「二十四の瞳」「遠い雲」に。

　本当にラッキーでしたよ。木下先生はご存じのように新人を育てる名人でしょ、ズブの素人の僕に何の演技もつけないんです。「女の園」は学園物語でしたが、先生は「君が一番最近まで学生をやってたんだから、思うように演《や》りなさい」と。それで僕はすっかり肩の力が抜けたんです。そして有り難かったことは、木下組では阪妻の「ば」の字も出なかった。これが僕、すぅーごく救われたんですね。そんな僕が高峰秀子さんの相手役ですよ（笑）。高峰さんにもずいぶん教えて頂きました。立て続けに三本も木下作品に出してもらえたことを、本当に感謝してます。

父の死の直後に結婚、田村家は東京に転居した。

本来なら喪が明けるまで待つんでしょうが、親父の死で母が心身ともに弱りましてね。弟達は十五、十、七つでしょう、女房が親代わりになっちゃったんです。茂木商事にいる時、出版社に勤めてた彼女と知り合ったんです。茂木商事はアメリカのメイシー百貨店と提携していて、僕も渡米することになってました。だから僕、貿易屋としてはいい線行ってたんですよぉ（笑）。女房は商社マンと結婚するはずだったのに、こんな水商売になっちゃったから、言わば〝詐欺結婚〟です（笑）。

親父が買っていた成城（世田谷区）の土地に家を建てました、親父の青図をグーッと縮小して（笑）。家は改築しましたが、今も同じ場所です。

昭和三十八年、フリーに。勝新太郎との名コンビシリーズ「兵隊やくざ」ではブルーリボン男優助演賞受賞。そして田村高廣の真骨頂を見せたのが昭和五十六年の「泥の河」。高度成長の波から取り残されたように大阪の川筋で小さな食堂を営む男。内奥に戦争の傷痕を残すこの人物を見事に演じて、毎日映画コンクール最優秀男優演技賞に輝いた。

「天平《てんぴょう》の甍《いらか》」で鑑真和上《がんじんわじょう》を演らせてもらった頃、ちょうど自分が親父の死んだ歳になる頃から、僕はすごく親父を意識するようになったんです。親父ならこの役をどんな風に演ってたかなぁと。親父は昔からずっと反体制時代劇に出ていて、「無法松の一生」や「破れ太鼓」など現代劇にしても、どこか攻めの姿勢が見えるダイナミックな芝居でした。これは倅の欲目かもしれませんが、親父はダイナミックからスタティックに移ろうとしていた時に燃え尽きたと思うんです。静かで環境の整った嵯峨の家に移り、これからという五十一歳の時に。倅というより役者の後輩として、僕は〝スタティックな阪妻〟を観たかった。それが残念でならないんです。

母と京極の映画館で父親の映画を観た幼い日、悪漢に囲まれた阪妻に向かって高廣少年は思わず叫んだ、「お父ちゃん、危ない！ 後ろ、後ろッ」。父に甘えることができなかった少年の、それは渾身の愛情表現だったのかもしれない。

〝阪妻の子〟という重圧を背負った高廣氏の俳優人生は、まもなく半世紀になる。

重荷は未だに取れません。でも、それでいいんです。阪妻を親父に持ったことを、僕は心から誇りに思ってます。

（二〇〇二年四月一一日号）

一家離散、他家の物置を転々とした俺の〝実家〟は大船の北条秀司先生宅

緒形　拳

（俳優）

一九三七（昭和十二）年、東京生まれ。本名：明伸。辰巳柳太郎に憧れ、五八年新国劇へ。二十代前半で新国劇のホープに。六五年NHK大河ドラマ「太閤記」に主役、翌年「源義経」で弁慶役、一躍人気を得る。六八年退団、以後TV・映画に活躍。「鬼畜」はブルーリボン主演男優賞等各賞を独占。他に「復讐するは我にあり」「楢山節考」「歩く、人」「長い散歩」等。紫綬褒章受章。二〇〇八年逝去。

生まれた富久町《とみひさ》（新宿区）の家は全然覚えてない。すぐに日本橋（中央区）の堀留《ほりどめ》って所に越すんです。でも四年ぐらいしてまた富久町に戻るんだよね、日本橋は空襲がひどくなったから。父親はボール紙の戦闘帽を売ってる会社に勤めてて、僕達はそこの二階にいたんだ。倉庫みたいなデカい部屋だったなぁ。

でも富久町に戻ったのが昭和二十年三月の東京大空襲の日だったから、焼夷弾《しょういだん》が降る中をお袋に手を引かれて逃げまどうわけ。こーんな畳ぐらいのトタンがビャービャーッて飛んできて、目の前の人が倒れたり。それで母親と僕と弟は信州に疎開するんです、母方の遠い親戚を頼って。東京に残った父親と兄達はもう一回焼け出されて、何もかも無くしちゃうんですよね。

明伸（本名）少年は五人兄弟の四男。一家は終戦後、今度は父親の郷里、千葉へ。

父親の引くリヤカーを押しながら千葉まで歩いていくんです、東京から。みんな働くのに忙しくて、家族でいたという画《え》が浮かばないんですよね。一番上の兄は三松《さんまつ》っていう飴屋、二番目の兄は中学出て鉄道に勤めて。三番目の兄がかろうじて高校に行けたのかな。

住んだのは陸軍の病院跡、医務室。部屋の真ん中に水道があって床はリノリウム。そこにゴザ敷いて。だからずーっとずーっと畳が恋しいっていう子供の頃だったのかなぁ。

父親？　フフッ（哀しげな微笑）。農業やりながらインチキ新聞社みたいな所で何か書いてた。自動車交通新聞とかって……うん、業界紙だね。内容はともかく、字を書くのが好きでしたね、父親は。

僕は……何か食いたかったことしか覚えてない。甘いもん食いたいなぁ、肉っけのある物食いたいなぁって。まあ何ともつまらない少年時代だ。

俺、その頃の話はあんまりしないんだ。あのね、酸っぱいような、医務室っていうのは本当にヤだね。今でも病院に行くとクーンてあの頃に帰っちゃうのね。あの消毒液の匂いっていうか、この辺（顎の下）から唾《つばき》が出てきて。家へ帰るのが楽しくなかった。帰れば

「畑の草むしれ」「肥やし担げ」。友達の家で肥やし貰ったりするんだ、「有り難うございました」って。何が有り難いんだなんて思ってね。

訥々《とつとつ》と、やや逡巡しつつ、緒形さんは語った。

その目の奥に、喪失の時代が甦る。

思い出した。小学校五年の時に初めて学芸会っていうのに出されたの。いい思い出の一つだね。『花咲爺さん』の、俺、悪いお爺さんなの。先生に「お前ピッタリだ」って言われて、えらい傷ついた。人前に出るのがうんとヤだったこと覚えてますね。それと〝甚兵衛〟って立派な呉服屋があって、そこの子をみんなで「ジンベェ、ジンベェ」ってからかうと、そいつが泣き出したりなんかしてね。結構ヤなガキだったのかな、俺。

でもそう言えば、なけなしのいい思い出が一つ二つあるかなぁ……。でもなけなしですよ。苦い思い出のほうが多い、万引きしたとか。当時、漸く少年雑誌っていうのが出たんだけど、俺はその付録が欲しくてね、付録だけ掻っ払ったんだ。ドキドキして、それでも欲しくて欲しくて。万引きした、三回ぐらい。

うちに『魔法の杖』って本があったんですよ、二十年ぐらい前まで。子供の頃、唯一買ってもらった本。魔法の杖を三度回すとポーンとどっかへ行ける。世界のいろんな国へ。俺、その本が好きでねぇ……。でもゴミと一緒に捨てちゃったんだ。思い出なんて断ち切るもんだと思ったから。

明伸少年までは学生服はお下がり。三人の兄が着古した学生服を、夜なべで針仕事する母親の傍で繕った。

でも父親はきちっとした恰好してたの、古着屋で買ったチョッキなんか着て。日本橋の頃も町内で父親だけ坊主頭にしなくて。だから思い返すと、父親はダンディだったね。

俺が一番父親にぶたれた。うんと鼻血も出したし。

でもよく映画や寄席につれてってくれたんだ。兄と一緒にエノケンや笠置シヅ子の実演観たり。俺んちに映画や芝居文化を注ぎ込んでくれた人は、一番上の兄かなぁと思ってます。

文京区小石川に転居、竹早高校に入った。

伝通院の裏。家は風呂屋のボイラー室の上。泣きたくなるほど悲しいな、その頃の話は。しょっちゅう暑いんだ。当時、伝通院裏って印刷屋が多かったんですよ。職工って呼ばれる人達がうんと来て、父親が友人とデカぁい檜《ひのき》の立派な風呂を造るんです。洗い場もやたらデカい。夏は気持ちいいんだけど冬は寒いの、デカい風呂屋って。すぐ潰れちゃうんです。アハハハ……。

緒形さんは辛い話を淡々と話す。だから余計に悲しい。訊くのが心苦しくなる。

そこにはいつまで……？

高校に入ってすぐ一家離散です。各々、人の家に寄宿したり。俺はどっかの物置借りて、弟は二番目の兄とどっかへ。母親は人の家で住み込みの女中さんになった。

入学したての時はまだ授業料も出してくれて洋服も作ってくれたけど、将来デカくなるからってブカブカの服作って、袖折りながら着てた。そんなデカくなるわけないのにねぇ。イヤな服だったなぁ。

ええ、生活費は自分で。後楽園でホットドッグ売ったり。唯一あった青山のボウリング場、手動式の。そこで働いたり。だからしょっちゅう新聞の求人欄見てた。物置は母親の知り合いの家。一日十円で借りた。かなり続くんです。下落合（新宿区）が一番転々としました。友達なんかほとんどできなかった、働くのに忙しくて……。

昼飯はパン買ったり、「お前、明日は俺の飯持って来い」って人に二食分持ってこさせたり……。だからあんまり子供の頃の話するの好きじゃない……。でも別にそのことを嘆くってことはないね。苦労したとも思わないんだ、別に。

そして煙草に火をつけた。

煙草はね、その頃覚えたの。十五ぐらいの時。もう半世紀も吸ってるから、そろそろやめようかと思ってる（笑）。

東大病院で血を売ったなぁ。牛乳瓶一本で五百円。二本売って、それで肉食ったりして。バカみたいな話。フフッ。

もし〝幸運〟というものがあるなら、少年にとってそれは、新国劇が好きになったことかもしれない。

高校に松葉杖ついてる友達がいてね、「これ面白いよ」って北条秀司先生の『王将』（戯曲）を貸してくれたんです。読んだらすごく面白くて、彼と一緒に有志を募って文化祭で演《や》ったの、僕らは演劇部じゃなかったから。いや、将来役者になるなんて考えてもみなかった。ただ夢中になるものが欲しかったんだね。稽古する間、学校からの援助金、一人で使っちゃった。俺、アルバイトができないし、とりあえず金が欲しくて。金が欲しかったなぁ……。

十八歳の明伸少年が演じた坂田三吉は大好評、翌日、ＰＴＡのためにもう一回上演するように言われた。

その時は何が何だかわからなくて。新国劇はたくさん観てたけど、「王将」だけ観てなかった。だから演れたんだね、怖いもの知らずで。俺、辰巳柳太郎（新国劇の看板役者）先生が好きで、どんな仕事でもいいから新国劇ってとこで働きたくて、先生に会うんですよ。

その前に。三番目の兄が俳優座に入るんです、僕が中学の頃。覗きに行くと、「一、二ッ三、一ィ二ッ三」

なんて親父の股引き穿いて踊ってた（笑）。兄は恵比寿のオーストラリアのベースキャンプで夜警しながら芝居やってたんです。「純粋な生き方してるなぁ、凄いなぁ」と思って。でも過労で死ぬんです、十九で。

兄は人の業を背負《しょ》うぐらい病気したんだ。ただの吹き出物がこーんなに腫れ上がったり。千葉にいた時、盲腸になって熱で苦しんで、リノリウムに布団敷いて寝てるでしょ、布団ずらすと兄の身体の熱で床に人形《ひとがた》の黒い影ができてた。

兄貴が死んだ時、母親は泣きもしなければ嘆きもしないんだ。ただクックククック痩せてくの。父親はわんわんわんわん泣いて、やたらに息子を偲んで何か字を書くんだよね。

兄貴の葬式の時、写真を撮ったら、その中に北条秀司先生の娘が写ってたんです、美智留《みちる》さん。俳優座で兄と同期だった。俺、劇団に美智留さんを訪ねたんです。「篤男の弟？ 俳優座に入りたいの？」って訊くから、「いいえ、新国劇に入りたいんです」。辰巳先生に会わせてくれたのは美智留さんなんです。初めて明治座の楽屋で会った時、「あぁ辰巳柳太郎だ」と思った。でも先生が「学校出てから来い」って。俺、十七だったから。それからは先生が芝居やる度に行った。「こんにちはぁ」って行くと、「あぁ」っていい顔して笑うんだ、先生が。で、「誰やったかなぁ」って。それは少年をほんと傷つけた（笑）。でも卒業後も「ちょっと今はなぁ……」なんて入れてくれないから、卒業した後、茫然としてました。自分の行方がわからない。でもとりあえず働いた。

自転車に牛乳瓶積んで、渋谷の南平台《なんぺいだい》や松濤《しょうとう》（どちらも高級住宅街）を配った。ヤんなっちゃうんだ、腹減って牛乳配達してると。うん、飲んじゃったことあります、何遍も。破損が一本だけ認められてた。後楽園でホットドッグ売りながら、食いたいなぁと思うんですね。ホットドッグって言葉が出なくて唾ばっかり出てきてね。ボウリング場で働いてた時は、売店でサンドイッチの耳だけ買う。十円で袋一杯買えた。旨くてねぇ。ハぁー、耳じゃない部分はどこへ行ってるんだろうなんて思って。微《かす》かにジャムの味が残ってたりしてね……。

物置で寝起きしながら少年は働いた。ひたすら新国劇に入れる日を夢みて。

一向に入れてくれないから、思いあぐねてまた美智留さんを訪ねた。「まだ入れないの？」って驚いて、大船（神奈川県）の北条先生に会わせてくれたんです。「高校の時、『王将』を演りまして」と言うと、先生が「無断上演やなぁ」（笑）。で、先生が何か言った時、意味がわからなくて、僕が笑ったんだ。偉い人の前だととりあえず笑うじゃない。すると先生が「何が可笑しい」って。劇作家というのは凄いと思ったね。人をこう、ビタッと見据えるというか。こんな小僧っ子にもいい加減な応対をしないんだ。

先生が紹介状書いてくれたんです。それ持っていったら、二年も入れてくれなかった新国劇が「明日から来い」って（笑）。北条先生って凄いんだと思った。それにしても新国劇はいい加減だなと（笑）。

昭和三十三年三月、二十歳の緒形青年は、遂に念願の新国劇に入団した。

夢みたいだった。給料はないけど、三千円くれたんです。有り難くてねぇ。新国劇で働けて尚かつお金頂けるなんて。

入団前は、働いて金貯めて新国劇を観にいくと、ハーッと胸のつかえが下りるの。この胸のすく思いは何だろう、辰巳柳太郎と島田正吾は素敵だなぁって、ずっと憧れてたから。俺、その頃……何だっけ、人を追いかける……イラストレーター？　え、ストーカー？　俺は新国劇のストーカーだったの（笑）。

その月は辰巳組と島田組に別れ、それぞれ東横ホールと芸術座で公演。緒形青年は辰巳組に配属された。初めての役は「無法松の一生」の〝長屋の人C〟、台詞なし。

終演後は殺陣《たて》の稽古だったけど、晩飯の金がないし、それやってると腹減ってしょうがないから勘弁してもらって、東横百貨店の食品部で配送係の助手をやったんです。うん、また食い物の仕事。そういう所はうんと募集してるの。と言うのは、そういう時代に目の前をグーッとハムなんかが流れていくと、何でこれ食えないんだろうって、みんなその辛さに耐えられなくて辞めるんだね。だからしょっちゅう求人してた。あと新聞配達。子供の頃もやったけど、朝飯なしで配るの耐えられなくて……ヤだなぁ、こういうのが記事になると……。

「苦労話みたいに喋る自分がイヤだ」、と緒形さんは含羞に満ちた目で。

物置にリンゴ箱を五つも並べると人一人が寝られるんです。その上に登山用の寝袋、御徒町《おかちまち》辺りに行くと三百円ぐらいで売ってた中古《ちゅうぶる》の。それ寝床にしてたんです。

そしたらお袋がね、人の家で女中さんしてて、忘れられないんです、それはね。その家の余ったご飯をかき集めて、海苔もないから味噌でくるんで、寝袋の枕元に新聞紙に包んで置いてあるの。それ、カッて食ったらね、涙がボロボロボロボロ出てきた。何でかわからないけど……。

そして急に勢いよく語り始めた、まるで自らを励ますように――。

「無法松の一生」が素敵な芝居でねぇ。松五郎はずうっと吉岡未亡人のことが好きで。何て素敵な話だろうと思って。報われない人の話。殆ど一生を徒労で過ごした男の話。老いた松五郎が吉岡夫人らしき人の息子に訊くんだ、「ぼんぼん、歳なんぼやぁ」って……。

喧嘩っ早いが純情無垢な人力車夫の物語。辰巳柳太郎のこの当たり役を緒形さんは眼前で見事に再現した。

〝長屋の人C〟で出てても感激したでしょッ？

あー、した！　辰巳柳太郎とおんなし舞台に出てるってことの嬉しさに、毎日嬉々として劇場に行くんです。辰巳先生って全然台詞を覚えないのね（笑）。それなのに何でこんなにお客さんが涙したり、太鼓叩くところでワァーッと拍手したりするんだろう。あ、真髄を摑んでる人なんだと。

ある日、楽屋の便所でオシッコしてて、ハッと見ると隣で先生がオシッコしてたの。「僕、先生に付きたくて新国劇に入ったんですけど」って言ったら、「うーん、新国劇は民主主義やからなぁ」（これが辰巳柳太郎ソックリ）。辰巳先生が民主主義って似合わないよねぇ。可笑しくてさ。先生、困ったんだね（笑）。


だがまもなく、緒形さんに困ったことが起きる。


「四月五月は名古屋と大阪公演で、入ったばかりの人は連れていけないので自宅待機して下さい」って発表が。困ったなぁと思って。物置を追い出されて楽屋に寝泊まりしてましたから。その頃品川で恋人と住んでた美智留さんに相談しに行くと、「ここに泊まんなさい」って。俺、自分でもヤな奴だと思うけど「あ、一食助かる」と思った。そのうち美智留さんが「パパに話してみようか」って、北条先生に頼んでくれたんです。

広ぉい庭とたくさんの本。俺、本に憧れてたから凄いなぁと思って。一所懸命、先生の鉛筆を削った。働かずに食うのは罪悪だと思ってるから。デッカーい声で、♪啼ぁくぅなぁ小鳩よ……なんて唄いながら鉛筆削ってたら、先生が来て「歌巧いな」って。俺は子供の頃から歌は下手だって言われてたから、要は「うるさい」ってことだったの（笑）。

その家で六十日間過ごすんですよ。だから未だに毎年毎年、四月五月になるとフワーッと大船の風が吹くの。俺、六十五になりましたけど、俺の家の原型というのはそこにある。大船の北条先生の家。替え難い家。今もしょっちゅう行くんだ。広い庭に名も知れぬ花がたくさん咲いてて、鳥がいて猫がたくさんいてね。

その家を訪ねた。北条美智留さんは小柄でチャーミングな老婦人だった。緒形さんの言う通り猫がたくさんいた、十三匹。美智留さんは言った、「母は拳ちゃんを息子みたいに思ってた。私も弟みたいに。二人で父の墓石を買いにいったし」。そしてアルバムを見せてくれた。広い芝生の上で上半身裸で腹に墨を塗って日光浴している写真、庭で殺陣をやっている写真、北条夫妻と美智留さんと共に炬燵《こたつ》で鍋を囲んでいる写真……。そこには、まだ〝緒形拳〟になる前の若者がいた。

先生の家を出た後、奥さんが「この間、私ぐらいの歳の人が来て、草をむしらして下さいって」。俺、変な人もいるもんだと思って聞いてたら、「お弁当持参で朝から晩までかかって庭の草を全部むしると、『どうも有り難うございました』って。あんまりよく働いてくれたんで、帰りしな『あなたはどちら様?』って訊くと、『いつも緒形がお世話になっております』って」

緒形さんの目が潤んでいた。お母さんだったのだ。

たまんなかったねぇ……。俺には何も言わないで……。

お袋は、僕が三十の時かな、新国劇を辞める辞めないって頃、身体がだるいからって大森の日赤病院に入院したんだ。そしたら病院から俺に電話がきて、「全身癌です」って。あぁ、なんていう生涯かなぁと思って……。六十八だった。

だが息子の成功は見届けたはずだ。二十代初めで新国劇のホープとなり、二十八歳でNHKの大河ドラマ「太閤記」に主演、全国に名を馳せた。芸名「拳」は美智留さんの命名。新国劇は男の劇団だからと。

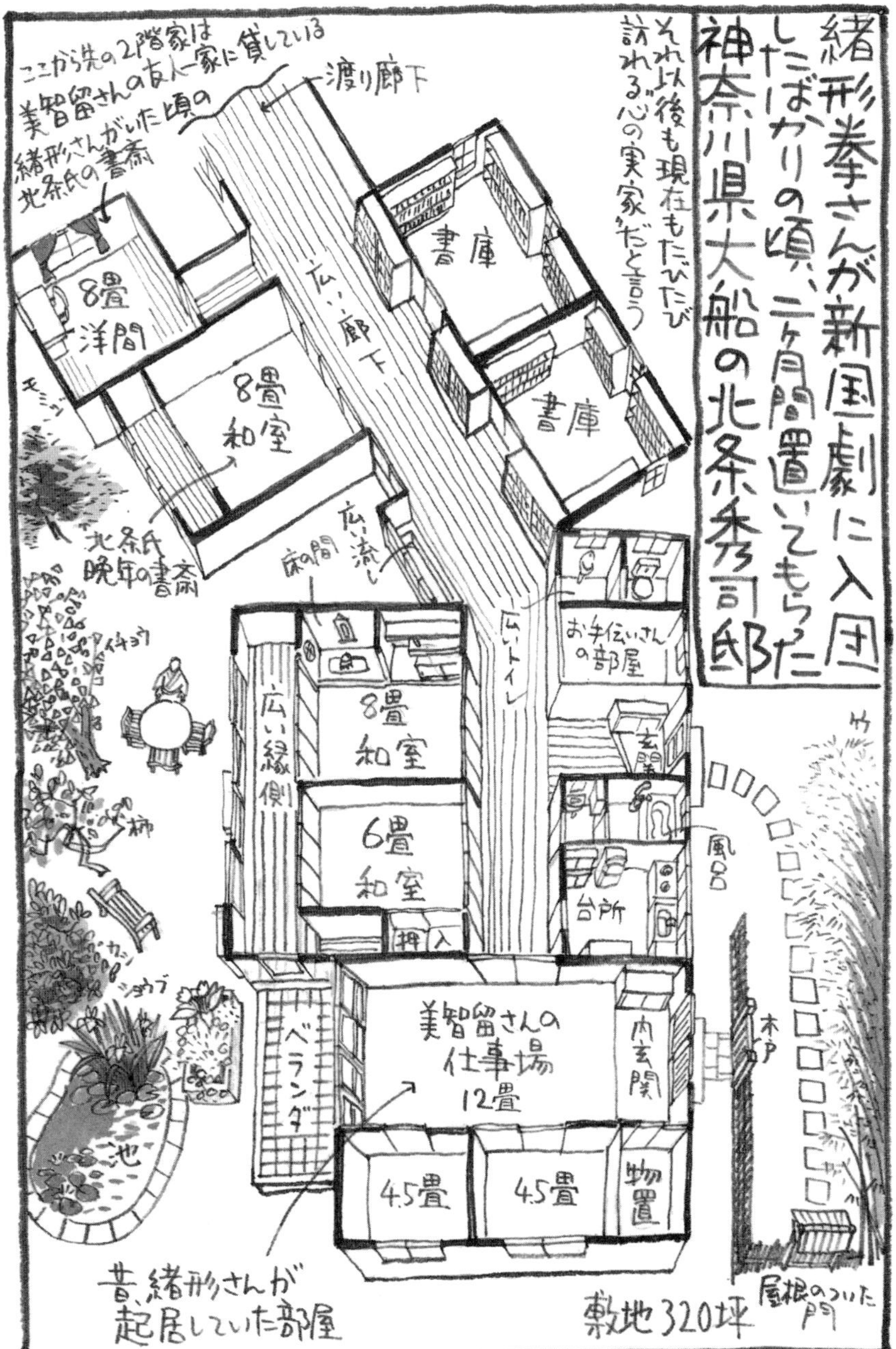

緒形拳さんが新国劇に入団したばかりの頃、二ヶ月間置いてもらった神奈川県大船の北条秀司邸
それ以後も現在もたびたび訪れる心の実家だと言う
ここから先の2階家は美智留さんの友人一家に貸している
渡り廊下
緒形さんがいた頃の北条氏の書斎
8畳 洋間
8畳 和室
広い廊下
書庫
書庫
モミジ
北条氏晩年の書斎
床の間
広い流し
広いトイレ
お手伝いさんの部屋
イチョウ
広い縁側
8畳 和室
6畳 和室
押入
玄関
風呂
台所
柿
ショウブ
竹
ベランダ
美智留さんの仕事場 12畳
内玄関
木戸
池
4.5畳
4.5畳
物置
昔、緒形さんが起居していた部屋
敷地320坪
屋根のついた門

母親は一回も俺の舞台を観に来なかった。ええ、テレビは見たかもしれないけど。週刊誌の母親紹介コーナーを頼まれて、「母さん、出てよ」って言うと、「人前に出るのはヤだよ。訪問着もないし」って。「普段着でいいよ」と言っても「そんな恰好で人前に出るのは失礼だ」って。そしたら親父が「俺じゃダメか」って（笑）。親父は楽屋にも来るんだよ（笑）。俺どうしてもお袋を出したくて、なけなしの着物で出てもらったの。

新国劇は外部出演を許さず、「太閤記」は舞台を務めながら収録したという。名古屋公演の時にはＮＨＫ名古屋……終演後、徹夜で。

劇団の仲間と九段（千代田区）の六畳に住むんです。そこ、三味線の音がするんですよ。芸者置屋の二階だったわけ。母親が掃除に来てびっくりしてた。芸者さん達は別の玄関を使ってたから、しばらく気がつかなかったんですね。

この辺のこと覚えてるのは、俺、その頃、毎日毎日、辰巳先生にラブレター書いてたんですよ。「今日はこんなことがありました……それにつけても先生の弟子になりたいもんだなぁ」とかって。もうそれっきゃ望みはないっていうくらい手紙書くんです。迷惑だったでしょうねぇ（笑）。そしたら五月末の発表で「緒形は来月から辰巳先生付きです」。俺、ダーッと身体中が紅潮したこと覚えてます。

なのに翌月の明治座の初日、忘れもしない六月一日。先生に付いて四日目。朝、目覚めたら、（泣きそうな声で）開演してるんだ、芝居が。まだ下落合の物置。うん、九段はその次。稽古の間、明治座で寝ない四日間。「今日は帰っていい」と言われた次の朝……。あれほどイヤだったことない。

タクシー飛ばした、下落合から浜町（中央区）まで。凄い金額。とりあえず楽屋番のオジサンに借りて。もう一本目が終わって先生は楽屋にいた。「寝坊したんかぁ」って言われて「はい」って言うと、「親の代わりに殴ってやる」ってバァーンと。痛いも何も感じない。その日は無我夢中で過ぎて、先生が「今晩はうちへ泊まるか?」って。泊まればいいのに物置に帰った。明日寝過ごしたらどうしようってドキドキドキドキして、まどろんだのが明け方。目ぇ覚めたら……(イヤな予感ッ)ハーッ、またトチった。俺ね、何だろうと思った。二日続けて遅刻して……。またおんなし時間に着くと、先生が「お前、大物やなぁ」って、足蹴にされた。地獄の底かと思った。もう辞めようと思ったよ。

いや、本当に大物だったのだ。三十歳で劇団の後継者に推され、その重圧に苦しみ、退団。一気に映画へ。愚直なほど正義を貫く田舎の巡査を演じて観客の涙を絞った「砂の器」、冷血な殺人犯になり切った「復讐するは我にあり」、善悪両極を見事に演じる緒形拳は、数々の名作で映画賞に輝き、トップの演技者となった。

千葉の医務室にいた時、隅っこにロシア人のオジサンがいてね。親父が日本橋にいた頃、洋服の生地売りに来た人で、目が青いってだけで人に苛められて。父親は終戦直後どこで再会したのか、結核になったその人を連れてきたんだ。それでなけなしの卵を、うちの者には「食うな」って言って、そのオジサンに与えて面倒見るんだよね。親父ってそういうところがあった。

その時、なぜかお巡りさんも住んでたんです、医務室の隅に。白い制服にサーベル差して。自分の拳銃を「撃ってみろ」って、俺、ダーンて撃った覚えがある。「砂の器」のお巡りさんは、その人のこと思い出して演ったんです。

渋谷区広尾の1DKの次、「太閤記」の後、兄弟で協力して練馬区大泉に小さな建売を購入、再び家族が集った。昭和四十一年、新国劇の人気女優・高倉典江と結婚、四谷の二階家へ。

親父はね、母親の死の枕元で「お前には苦労かけたなぁ」って、一カ月後に……。

後を追うように……。

と、思いきや――、

「結婚してもいいかな」って。（えーッ）「ちょっと待ってよ、お父さん。あんまり早ぇじゃん」って。親父の歳？　七十一だったかな。急いで大泉の家に行くと、そのオバサンがいて、ラーメンの山盛りを出してくれたの。俺さぁ、飯の山盛りはいいけど、ラーメンの山盛りは……上のほう固まってるんだ（笑）。で、俺が帰る時、その人「セキは、セキは」って言うのね。関さんて人かと思ったら、親父に籍入れるよう頼んでくれってことだったわけ。だから親父に電話して「あの人はやめたほうがいいんじゃないかな。とりあえずお父さんの美的センスに合わないよ。だってお父さんよく言ってたじゃない、女はなぁ、細面で顎に色気があってと」。そしたら親父が「でもよく面倒見てくれるんだよ」って。「でも俺に籍、籍って。普通言わんだろう」と言ったら、諦めたみたいだけど。

で、ミシン教室の先生、綺麗な人。うん、〝山盛り〟（笑）の次。いや、三番目か四番目。七十三か四で再婚した。ええ、いい男でしたよ、親父は。俺が役者やると言ったら、「フフン。下駄みたいな顔して」ってバカにしたもの（笑）。

疎開した信州の自然が忘れられず、子供は土のある環境でと、神奈川県鶴見へ。現在の家はそこを新築して八年目。幹太氏と直人氏、二人の息子も俳優。娘の夫は新劇俳優。「他に職業がないのかねぇ」と笑う。

九月七日、主演映画「歩く、人」（小林政広監督）が三百人劇場で公開される。愛妻の三回忌を迎えた初老の男が、二人の息子との葛藤、仄かな恋……平凡な日常の中で不器用に自らの生き方を見出していく。その男を、緒形拳はいとも何気なく、しかし圧倒的な〝力〟で体現している。

だが今の邦画界で、果してこの〝本物の映画〟

に観客が入るだろうか……。

うん、どうかなぁ……。でもそれでもやる。やんなきゃいけないと思う、いいなぁと思う仕事は。やっぱり汗水垂らして自分の身上《しんしょう》削って、生き死にが懸かってるような仕事をしたい。とりあえず一所懸命やることが役者の務めだと、それを辰巳柳太郎と島田正吾って二人の先生に教わったんだ。あの新国劇の十年があったから僕の役者人生があると思ってます。あの寝る間もなかった、分厚い十年が。

（二〇〇二年八月一五日号）

中原淳一に招かれ上京、ひまわり社の三畳半で東京生活が始まった

内藤ルネ

（画家・デザイナー）

一九三二（昭和七）年、愛知県生まれ。本名：功。中学卒業後、地元で就職するが、中原淳一に憧れファンレターを送るうち、五一年中原に招かれひまわり社入社。イラストレーターとして頭角を現し、六一年頃からはマスコット人形やインテリアまで幅広く活躍。独特のモダンで明朗な画風は一躍人気を集めた。二〇〇一年、伊豆・修善寺に人形美術館をオープン、再評価のきっかけとなった。二〇〇七年逝去。

実家は岡崎駅（愛知県）の傍の果物屋でした、ハイ。店の奥に台所と茶の間、二階に広い部屋が二つ。そこに両親、兄、姉、弟二人とおりました。

私はボーイソプラノでしたの。もうおわかりでしょ。自分ではそのつもりがなくても、出ちゃうんですよ、甲高い声が。それがかなり私自身に災いしました。つまりその……そう、そうなんですッ、女の子みたいだってからかわれまして。だから学校へ行っても大体が敵でした。自分では気にしてなかったんですけど、トラウマになったと言うか。

私はとにかく絵が好きで、物心つくと地べたに絵を描いてました。そしてお人形。繁華街の康生町《こうせいちょう》で母が買ってくれた紙の着せ替え人形を枕元に置いたり一緒に寝たり。でも時々父がお人形を隠しちゃうんですよ、「軟弱だ」って。戦争中でしたしね。朝になるとお人形がないんです。

一度とても悲しかったのは、私が一番好きだったセルロイドのキューピーさん、三十センチくらいの。それを母が、うちに遊びに来た従妹《いとこ》にあげちゃったんです。私は何も言えなくて、その子がキューピーを抱いて帰るのをただ見てるだけでした。本当に悲しくて、今でもその光景が忘れられないんです、ハイぃ。

ルネさんははにかみ屋の童子みたいな人だ。「ハイぃ」という口癖に律儀で優しい人柄が表れている。

運命の出逢いは小学校五年生の時だった。

戦争が激しくなってまいりましたでしょ。駅の周辺の人はみんな疎開でいなくなっちゃったんです。ある日、友達とそんな空き家を探検していたら、一軒のお宅の空っぽの部屋に絵が散乱してたんです。見ると、夢のように華麗な絵。それが中原淳一という画家の絵でした。中原淳一は戦前の雑誌「少女の友」のスターでしたのね。私はそれらの絵を大切に抱いて帰りました。

兄が少年開拓団に入って満州へ。東海地方に二度の大地震、敗戦……。だが、〝イーちゃん〟（本名・功）は中原淳一に憧れ続けた。

中学を出た後、蒲郡《がまごおり》にある紳士服の仕立屋さんに就職したんです。「子供はみんな他人様の飯を食わなきゃいけない」という父の方針で。それに私はこんな風に変わってますでしょ（笑）、父も心配して「お前さんは手に職をつけたほうがいい」と言いまして。

仕立屋さんには男のお針子さんが三人住み込みでおりました。ハイ、私も住み込みで。こんなこと言うといけないんですが、コツコツ毎日同じことをするというのがイヤで。

少年は中原淳一にせっせと手紙を書くようになる。

一年近く出したでしょうか。ただただ先生に憧れて、今思えば恥ずかしいような拙《つたな》い絵にお手紙を添えて。別にお弟子になどというのではなく、ただ憧れの方に近づきたいというとても子供っぽい気持ちでした。でも心の底には、やはり淳一先生みたいに美しい少女達の絵が描きたいという思いはあったでしょうねぇ。

仕立屋さんではスーツもズボンも縫いましたけど、意欲的じゃないんです。先輩達はやる気満々で師匠が驚くようないい物を作られるんですが、私の場合は、店の奥様が母と話してましたけど、「あの子はうちには向かないんじゃないか」って、ハイぃ（笑）。お店でも異端児でしたしねぇ。

友達もなく仕事には馴染めない、中原からは一向に返事が来ない……鬱々と過ごすうち、イーちゃんは体調を崩し実家で寝込んだ。

昭和二十六年元旦、そんな少年の元に一通の賀状が。

もう奇跡！　淳一先生から年賀状が来たんです。ハイ、印刷の文言の横に直筆で「お元気ですか」って。天にも昇る気持ち。そしてひまわり社（中原が設立した出版社）から「布団を送ってすぐ来て下さい」という手紙が来ました。

両親は中原先生のお名前も知りませんし、私が東京の先生の元に行くと言っても何のことかわからないんです。私は、前に疎開した福岡町土呂《とろ》の父の実家に行って、半日、祖母のお墓に話しかけました、「東京で何があるかわからないけど、見守っててね」って。他に言う相手もありませんし。

上京する時は母が岡崎駅で見送ってくれました。いえ、母は泣いたりしないんです。こんな得体の知れない子（笑）が家から出ていくんだから有り難いと思ったんでしょう、上機嫌でしたよ。父は最後までピンと来なかったらしく、私が出ていってから「あの子いなくなっちゃった」ってキョトンとしてたそうです（笑）。


夜汽車で八時間、十八歳のイーちゃんは誰に祝福されるでもなく着の身着のままで故郷を後にした。周囲からどれほど白眼視されようと決して恨まず、ひっそりと自分の世界を持ち続けたこの少年が数年後、〝内藤ルネ〟の名で日本中を席巻しようとは、誰一人想像もせぬ初春の夜であった。


汽車の中では夢心地（笑）。嬉しくて嬉しくて、自分に才能があるかなんてわからないけど、憧れの人に会えるというだけで胸が一杯でした。

早朝に東京駅に着いて、ひまわり社のある神田まで山手線で。その時の服装ですか？　それは、前に仕立屋さんの師匠が「自分の好きな物を作りなさい。何かの時に着るといいよ」と言って下さって作った、詰襟みたいなグレーのスーツの上下です。私のたった一つの晴れ着ね（笑）。

神田駅からは人に聞きながらひまわり社まで行きました。まだ始業前で、守衛さんが編集部で徹夜していた女性を呼んでくれて、その方が業務部の建物に案内して下さって、「ここがあなたのお部屋よ」と。その二階の三畳半で私の東京生活が始まったんです。

「ひまわり」と「それいゆ」編集部を合わせて十一

人いらしたかな。皆さん知的な方ばっかりでしょ。そこへ田舎者の私がボーッとね（笑）。でも毎日、楽しく原稿取りやお茶汲みのお手伝いをしました。

初めて中原先生にお目にかかったのはその少し後、〝仙川御殿〟と呼ばれていた先生のお宅で。真ん中が吹き抜けになったロの字形の日本家屋で、小さな隠れ部屋があったり、とても面白いお宅でした。

先生の印象は（目を見開き）、もう凄かったです、好意的で。私は容姿に自信がなくて、先生が私を見てがっかりなさるんじゃないかと思ったんですけど、お目にかかった途端、先生が私の外見も受け入れて、心底好意を持って下さるのがわかりました。私も全面的に愛を感じました。先生は意外に男性的で、「君が内藤君？　会いたかったよぉ」って。あぁ、人間ってこういう出逢いがあるんだなぁって……。

ルネさんは涙で言葉を詰まらせた。幼い時から疎外され続けた少年が初めて知った、人の温もりだった。

先生が「今描いてる物を見せて」とおっしゃったんですけど、私、先生から手紙のお返事が来なくて絶望して寝込んで以来、描いてなかったんです。そしたら先生が「内藤君はあんなにたくさんの絵を送ってくれたのに、今は描いてないの？　東京へ何しに来たの？　僕みたいに仕事をやっていくんだったら、毎日毎日描かなきゃダメよ」って。

敬愛する師の言葉に少年は猛然と描き始め、まもなく小さなカットが誌面に。時に十九歳。筆名は好きな映画監督ルネ・クレマンに由来するが、当初は「瑠根」。昭和二十九年、「ジュニアそれいゆ」創刊と同時に主要メンバーとなり、絵と文章の他、制作した人形や手芸品も掲載され始めた。

先生がお偉いなぁと思うのは、一旦その人を認めたら、自由にやらせて下さることなんです。初めてのカットは、ハアーっ、顔から火が出ますけど、お雛様を背景に女の子が立っているという絵でした。

四年後、社の銀座移転に伴い、社長の弟が経営する渋谷の四畳半アパートへ。立派なプロとなり他社からの依頼も急増、講談社「少女クラブ」、集英社「りぼん」等で付録制作も。「ひまわり社は金の卵を抱えている」と噂されるほどだったが、著作権意識の薄い時代、自身の生活は貧しかった。

部屋は殺風景で埃っぽいから帰るのが辛かったです。それで一年後、先輩が家賃折半で一軒家を借りようと誘ってくれたので、高田馬場（新宿区）の三間の平屋に越しました。ところが二人で住むとプライバシーがないでしょ。だから私が出ることにしたんですけど、先輩が同情して近くに部屋を探してくれたんです。

それがまぁ〝ハモニカ長屋〟（笑）。ハモニカの口みたいに小さな部屋が路地の奥にズラーッと。もう漫画、笑っちゃうくらいボロボロの長屋。あぁ、これで私も一巻の終わりだと思いましたもん。だって戸を開けるでしょ、前の道で隣の子供がオシッコしてたりね。悲惨でしたよぉ（笑）。

ルネさんはニコニコして惨状を語るし、同席したひまわり社以来の親友・秘書の本間氏は冷静に「あそこは豚小屋」。取材の場はしばし笑いの渦となった。

広さは……（笑い転げながら）三畳半。畳なんかないんです、板。開けたら土間で、部屋（笑）。ホントに時代劇の長屋そのものなの。壁も板だから隣の声が聞こえるし。住んでらしたのは日雇い労働の方達です。それで天井が奥に行くに従って低くなっていて、どん詰まりに小窓。トイレは外の共同。初めて様子を見に来た父は無言でした。後になって「お前さんのことではいろいろ驚かされたけど、あそこは泣けた」って（爆笑）。

ハイぃ、自分でもなぜ「ここはイヤ」ってお断りしなかったのか不思議で。せっかく先輩が好意で安い所探してくれたんだし……。私、あんまり疑問を持たないんですよね。

ルネさんは優しすぎて、人に「NO」と言えないのだ。だが後に先輩画家の鈴木悦郎が言ったという、「ルネ君が住んだ中で一番素敵だった」と。ルネさんは〝豚小屋〟の壁に綺麗な紙を貼り、拾ってきた箱を黄色に塗って戸棚にしたり、空き瓶や石を飾ったり。もっとも父親には理解の外のインテリアだったが……。

一年半ぐらいして、やはりさっきの先輩に言われて下落合（新宿区）の不思議な女流画家の家に間借りしたんです。二階の四畳半。ここが辛くて。と言うのは、お台所もお風呂も一切使わせて頂けないの。だからお茶も飲めなくて。でもそれはいいんです、承知で入ったんだから。一番辛かったのは、その女流画家はお喋り好きないい方なんですけど、気分屋って言うんですか。何かでヘソを曲げると、まるっきり喋らなくなるの。怖かったですよぉ。どうしていいかわからなくなっちゃって、私。

半年後、会社の先輩が出た後の世田谷区池尻の六畳で姉と同居。姉は父親に行かされた奉公先を嫌い、編み物を学ぶため上京したのだ。

姉は私に助けられたって言うんですけど、私はただ寝る所と食べ物を提供しただけ。姉はその後、田舎で編み物の先生になりましたから、それが嬉しかったんでしょうねぇ。

二年後、上北沢（世田谷区）に越しました。米日の御夫婦が建てた〝珍しい家〟という新聞広告を見て。ハイぃ、ここが自分の意志で住んだ最初の家で（笑）、中古ながら初めて買った家。米軍ハウス風の造りがとても気に入りました。

この頃には数誌で連載、グッズやインテリアも手掛け、当時ファッションリーダーだった銀座三愛に〝ルネコーナー〟も。そして師の中原が病に倒れてからは「ジュニアそれいゆ」の表紙を。内藤ルネは超売れっ子アーティストになった。

千駄ヶ谷（渋谷区）の今の能楽堂近くにマンションを買ったのは昭和四十六年頃でしょうか。当時はマンションが流行の先端だったから住んでみたくて（笑）。百二、三十平米の４ＤＫでした。でも初めは静かな風情のある町だったんですけど、徐々にビルが建って、最後の頃にはただの都会になっちゃったんです。

順風満帆なそんな時……。

趣味で集めていた国内外のアンティーク人形が膨大な数になったので、いっそ美術館を作ろうと箱根や鎌倉で土地を探し始めました。そこへ不動産コンサルタントが現れて「財団法人にしたほうが得だ。私がずっとお世話します」と。何と、詐欺師だったの！　その人がッ。しかも次々にそんな人が現れて……。バカだと言われるかもしれませんけど、渦中にいるとわからないのね。結局、鎌倉の土地など数億円分も失って、無一文同然。

私の周りには、変人はいても悪人はいなかった……。私、もう死んでしまおうと思ったの。そしたら、何ということでしょう、仲良しのお友達が自殺したっていう知らせが……。そのショックのあまり、自殺を思い止まれたんです。

千駄ヶ谷の部屋を出る期日が迫るが、初老の独身男性二人に部屋を貸してくれる所はなく困り果てた時、第二書房の伊藤文学社長の保証でやっと世田谷区桜上水の３ＬＤＫが借りられた。

秘書の本間氏とは上北沢から同居、ずっと家事をしてくれた氏の母が詐欺事件を知らずに他界したことがせめてもの救いだと言う。

ヘアデザイナーの須賀勇介君やペーター佐藤さんなどお友達の死が続き、長年のホームグラウンド誌「私

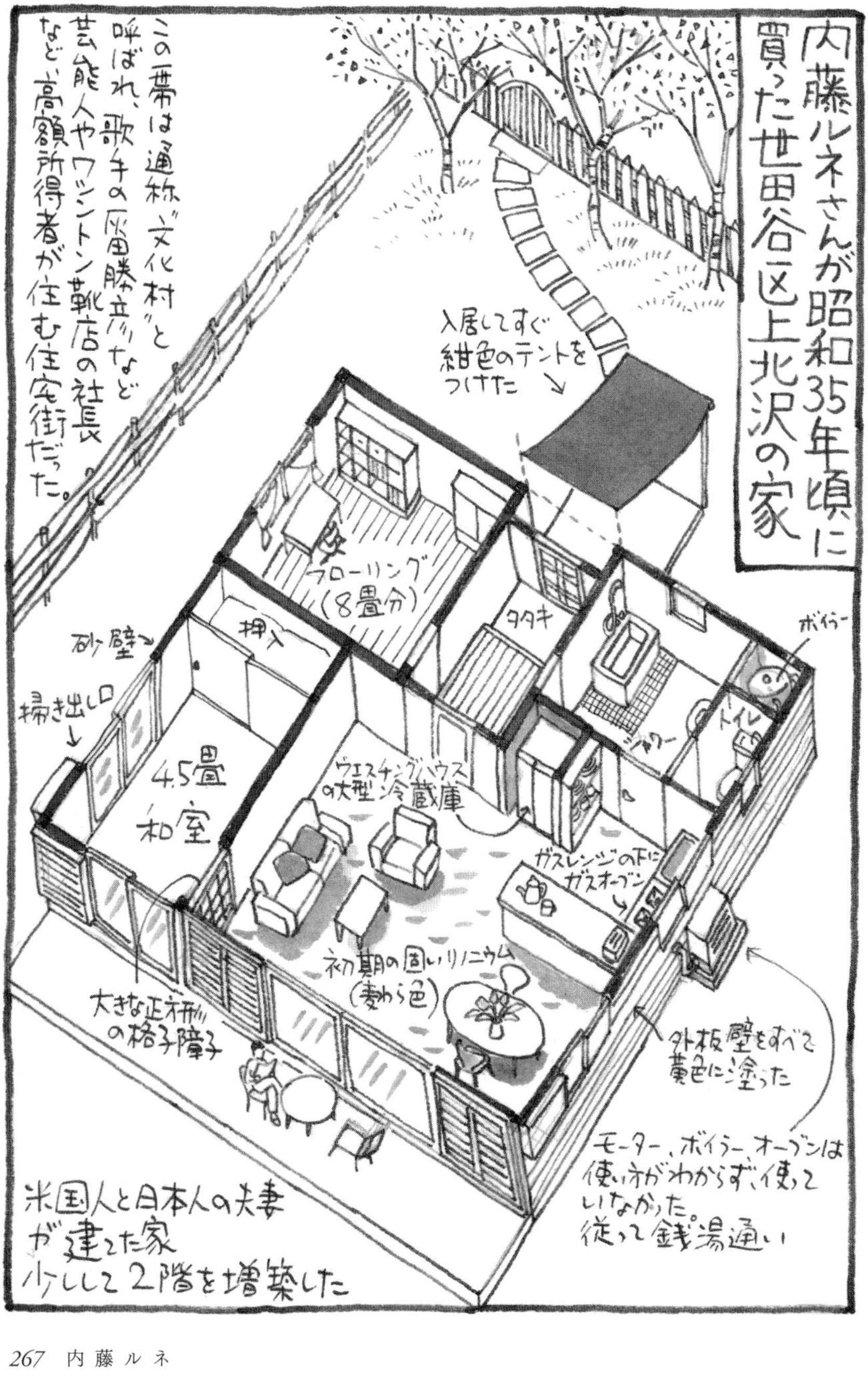
内藤ルネさんが昭和35年頃に買った世田谷区上北沢の家
この一帯は通称"文化村"と呼ばれ、歌手の灰田勝彦など芸能人やワシントン靴店の社長など、高額所得者が住む住宅街だった。
入居してすぐ紺色のテントをつけた
フローリング（8畳分）
タタキ
ボイラー
押入
砂壁
掃き出し口
4.5畳 和室
ウエスチングハウスの大型冷蔵庫
シャワー
トイレ
ガスレンジの下にガスオーブン
初期の固いリノニウム（麦わら色）
大きな正方形の格子障子
外板壁をすべて黄色に塗った
モーター、ボイラー、オーブンは使い方がわからず、使っていなかった。従って銭湯通い
米国人と日本人の夫妻が建てた家
少しして2階を増築した

の部屋」が廃刊、グッズを作っていた会社は倒産、私は心臓病で、トンちゃん（本間氏）は肝臓病で入院。まさに〝地獄の十年〟でした。唯一無事だったのは修善寺の土地と人形だけ。

昨年、その静岡県修善寺町に念願の「内藤ルネ人形美術館」を開館、住居も裏に。今年は、春に銀座で宇野亜喜良達と合同展、現在は文京区の弥生美術館で「内藤ルネ展」（9月29日まで）が盛況、集大成本『内藤ルネ』（河出書房新社）を上梓、サンリオからはルネデザインのグッズが。そして様々な取材……デビュー五十周年にして内藤ルネは蘇った。

大好きだったトンちゃんのお母さん、どん底の時に気配で察してさりげなく励まして下さった宇野さん、いつも親切なピーコ、（四谷）シモンちゃん、ネコ（金子國義）、スタイリストの前田みのるちゃん、サンリオの辻信太郎社長……。私にはいつも他人様のほうが温かかった。人って不思議ですねぇ……。

（二〇〇二年九月二十六日号）

メイ牛山

（美容家）

美容界の先駆者は九十三歳にして時代の最先端
六本木ヒルズ住まい「ここは歳とった人に最適よ」

一九一一（明治四十四）年、山口県生まれ。本名：牛山マサコ。二十一歳の時、銀座のハリウッド美容講習所に入所。二十八歳で師の牛山清人と結婚。戦後は米国やフランスで最新の美容技術を学び、帰国後の五〇年、ハリウッド美容専門学校校長就任。以後も夫の良きパートナーとしてハリウッドグループの発展に努めた。勲五等瑞宝章受章など受章。二〇〇七年逝去。

生まれは山口県の防府《ほうふ》。父は専売局の委託で塩を作ってました。私が五歳の頃、両親と弟が腸チフスで入院して私と姉は伯父の所に預けられたので、生家のことは覚えてないんです。でも塩を作る様子だけは印象に残ってます。桶で運んできた海水を塩田にバーッと撒いて、にがりを一日大きな釜で炊くんですよ。大勢の男衆が働いてましたね。

父親は腸チフスで死んだんです。ある晩、一里も先の山に火がチロチロ燃えていて、お祖母《ばあ》さんが「あれは仏様の火だから拝みなさい」と言ったの。後でわかったんですけど、それは父を火葬してる火だったんですね。

マサコさん（本名）が生まれたのは明治四十四年。野口英世がスピロヘータの培養に成功、アムンゼンが南極点に一番乗りした年だ。

もう専売局の仕事はできませんから、母と私達は中《なか》関《のせき》の母の実家《さと》に行きました。今は中関も含めて防府市になってますね。私が覚えてるのはこの家からです。昔の農家で、座敷が三つ、入口と台所は土の土間。祖父母は二階建ての土蔵に移って、母屋を私達のために空けてくれたんです。

四人の子供のうち二人を預かろうという伯父の申し出を断って、母は柏木体温計という会社に勤めました。母は非常に頭が良かったし、字が書けない女性が多い時代に字が上手だったからとても重宝がられたんです。お祖父《じい》さんが教育熱心な人で、私達が絵を描いてると「絵図はやめなさい。字を書け」って怒るんです。自分は耳が遠くて学問の道に進めなかったけど、弟は徳山で御典医をしてたんです。

私はあんまり勉強好きじゃなかったの（笑）。その代わりよく働いたですよ。母親が外で働いてるんだから家のことは私がしなきゃいけないと思って、ご飯の支度から何から全部やったわね。だから母が人に「この子は働きもんだから豪農へ嫁にいったらいい」と言ってましたよ。後年、東京の私の家で暮らしてた時も「あの子を育てたという感覚がない」とうちのお手伝

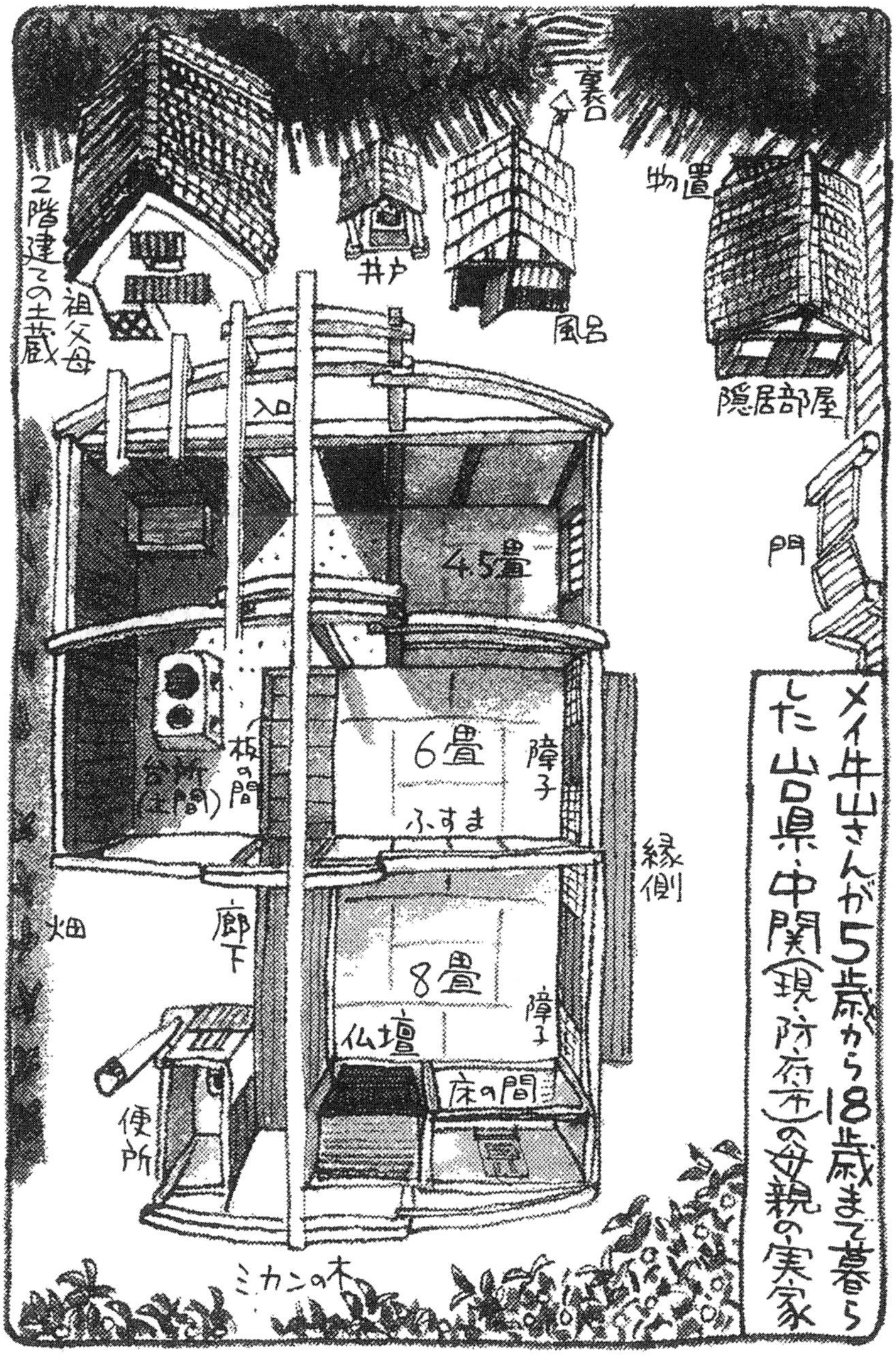
メイ牛山さんが5歳から18歳まで暮らした山口県・中関（現・防府市）の母親の実家
2階建ての土蔵
祖父母
井戸
裏口
風呂
物置
隠居部屋
門
入口
4.5畳
台所（土間）
板の間
6畳
障子
ふすま
縁側
畑
廊下
8畳
障子
仏壇
床の間
便所
ミカンの木

いさんに言ったそうです。でも勉強は嫌いだったの、アハハ。

メイさんは九十三歳だが、茶目っ気があって愛らしい。そして美容界で名を成した人だけに、幼少期から美的感覚が鋭かったようだ。

母親が千鳥模様の浴衣姿で洗濯してるのを見て、幼心に「いい女だなぁ」と思いましたね。黒田清輝の「湖畔」に次ぐ美人だなと。当時、女の人は〝二百三高地〟という庇《ひさし》の張った髪形をしてたんですけど、母のが一番品のいい恰好に見えるんですよ。子供はみんな親を贔屓《ひいき》目に見るものですけどね（笑）。でも事実、母はお洒落が上手でしたよ、着物の選び方も。だから歳をとってからも「年寄りぃ！」って感じが一つもしなかった。

綺麗な女は得だなと思ったのもその頃。村の男の子達が山で梅の花を摘むんだけど、黄色い梅はなかなか無くて、見つけると綺麗な女の子にあげるの。私なんか色は真っ黒だし目がグリグリして「目玉サンクロウ」なんてあだ名付けられちゃったくらいだから、貰えない。だからやっぱり女は綺麗なほうが得だなぁって。

だが既に才覚があった。

私は人を使うことが得意だったですよ。うちに遊びに来た友達を使っちゃうの（笑）。お風呂の水も台所の水も井戸からバケツで運んでこなきゃならない。昔はタクワン一つ食べられない貧しい子供もいたから、「一つあげるから水汲んで」ってジャンジャカ汲ませるの。私、ガキ大将（笑）。そして花嫁さんごっこの時は私がお嫁さんを作る役。だからみんな女の子は私に綺麗に支度してほしくてワイロ持ってくるのね、お菓子を（笑）。そういう悪いこともしましたね、アハハハ……。

技芸女学校に進み、裁縫と料理を習った。

私は縫うのが早いから学校で配られる材料をすぐ使い切っちゃうんです。母が困って「ゆっくり縫いなさい」と言うけど、せっかちでパーッと仕上げちゃうの。だから近所の人に何か縫わしてくれって、母があっちこっちに頼みに行ってたのを覚えてますよ。女の校長先生が面白い人でね、「女の子はオシッコする時は鈴の鳴るような音でしなさい」と言われましたよ。ザーッとするんじゃないと（笑）。

三十時間かけて上京したのは、十八歳の時だ。

森元町（現・港区東麻布）にいた叔母が二人目を産んだ時、私を手伝いに招《よ》んだんです。でもなぜかご亭主に私を身内だとは言わなかったですよ。今思えば既に夫婦仲がゴタゴタしてたんでしょうね。

私は前から東京にものすごく憧れてたんです。もう夜も昼もない、今のディズニーランドのようなとても華やかな所だろうと想像してました。東京に行けば何かいいことがあるんじゃないかって。

商店街の一筋裏に叔母の平屋があって、家政婦さんがいました。角に綺麗なカフェーがあって、女給さん達がフリルの付いたエプロンしてね。そして夕方にはお勤め帰りの女の人が矢絣《やがすり》の着物に海老茶の袴、編み上げ靴履いて頭はちょっと膨らませたように結って。今ならＯＬさんかしらね。私は赤ん坊を背負いながらそういうのを見てましたよ。将来は私もああいう恰好で仕事したいなぁと思いながら。

ところが二年後のある日、さっきまで赤ん坊と寝てた叔母が急に上の子をおんぶして出ていっちゃったんです、何も言わないで。それきり離婚。そうなると私は防府に帰るしかないじゃないですか。

だが一年後、知人から東京の美容講習所を紹介され、再び上京する。

結婚？　そんなこと全然考えませんでした。当時、女の二十一と言えばすっかり行き遅れですけど、母親も「嫁に行け」なんて言わず平気で汽車に乗せてくれたですものね。

そして木挽町《こびきちょう》（現・中央区東銀座）の歌舞伎座横にあったハリウッド美容講習所で住み込みの見習生になるんです。働く代わりに月謝は月謝はタダという人が私ともう一人。他の十何人は月謝を払う生徒さん。昼間は教室になる二十畳で夜は全員が雑魚寝。私は後片付けして最後に寝るからみんなの寝顔を見るんだけど、中に、お布団が大きく盛り上がってる人がいるのよ。その形がいかにも可愛くない寝方なんです。だから「女にとって寝姿は大事だなぁ」と思ったですね。でも起きるのは私が一番先。ご飯炊かなきゃいけないから。そういうことが一番勉強になってると思いますよ。

髪の毛にアイロンでウェーブかけたりメイクの実習をするのは鏡と椅子がある土間。まだ美容師の国家試験なんてなかったから、七年修業しないと独立できないんです。だから私は七年間一度も郷里に帰らなかったですよ。母親に手紙を書いたら、それを読んだ祖父が「ハ・リ・ウ・ツ・ド？　マサコは鍼灸師になるのか？」と言ったたって（笑）。

ハリウッドグループの創始者・牛山清人《きよと》氏は信州の立志伝中の人。十七歳で単身渡米、ハリウッドスター早川雪洲の弟子になるが、「お前は俳優としてはダイコン。メイクアップの技術で日本で成功しろ」と言われ帰国、〝日本初のパーマ美容サロン〟を開く。マサコさんが講習所に来た頃は妻の「メイ牛山」と離婚していた。

マサコさんはすぐに頭角を現し、他の内弟子達と品川区大森の社長宅に寄宿、銀座の美容室で働き始める。二十三歳で「ジュン牛山」の名を貰ってからは新聞などにヘアメイクを発表。

その頃は青山（港区）のアパートに住んでました。六畳ぐらいかしらね、板敷きの小さいお台所が付いて、部屋にベッドと蓄音機。嬉しかったですね、自由で。何かものすごくお金持ちになったような気がしたですよ（笑）。

当時は専門誌があるわけじゃないから、映画で勉強するしかないの。お店が終わると向かいの銀座シネマに駆け込んでいって外国映画を観ました。印象に残ってるのはジーン・ハーロー。あの細くサーッと描く眉をお客様にして流行らしました。頭は〝プードル〟というのが流行ったですね。

私のこの髪形？　もう三十年になるかしら。昔はプードルやリーゼントとかいろいろやったけど、何をしても似合わないということがわかったの。だって首は短いし背は低いし。それでこの髪形を思いついたんです。私は人と同じなのはイヤなんですね。お客様の頭だって二度と同じスタイルは作らなかったですもの。

そのお洒落への強いこだわりを示すエピソードが。

菊池寛さんの秘書の佐藤さんがヘビ革の素敵な靴を履いてたんですよ。私もあんなの欲しいなと思って銀座に一軒だけあった輸入靴のお店に行くと、スマートな靴があったんです。でも爪先が細くなってるから小指が邪魔なの。だから近所のお医者様に行って「小指切って下さい」と言ったら、先生に「健全な肉体にメスを入れることはできません」って怒られちゃった（笑）。

結婚など念頭になかったが、二十七歳の時――。

ある日突然社長室に呼ばれて、「私と結婚しなさい」と言われたの。私、業務命令みたいに「ハイ」って言いました。前から好意？　とんでもない。ろくに話したことないんだから。牛山は離婚してたから仕事のパートナーが必要だったんじゃないですか。私は仕事の延長みたいに思って親にも相談してないですよ。

結婚する時、主人が契約書を作ったんです。七つくらい書いてあったわ。「男友達を作っちゃいけない」「結核になったら別居する」、主人は母親を結核で亡くしてるから結核をとても恐れたんですね。そして「先妻の二人の子供は専属のばあやがいるから面倒みなくていい」とか。

麴町（千代田区）の牛山家はお屋敷ってほどじゃないけど上下に四部屋ずつある古い家で、下に内弟子さん、化粧品工場で働く男の人達、お手伝いさん、ばあやさん。上を私達家族が使いました。

苛め？　ぜーんぜん無いですね。私、講習所やお店でも意地悪された覚えは全くないの。不安も感じたことないわねぇ。頭悪いのかな（笑）。


久々に再会した母は喜び、記念撮影。五年後の昭和十九年、先妻の子供二人と自分が産んだ男の子を連れて夫の郷里・諏訪に疎開。そこで男児と女児を産んだ。


学校の先生が住んでた二階家を買ったんですけど、家というのは建てた人の性格がよく出てますねぇ。その家は三畳とかちっちゃい部屋がいっぱいあって廊下も狭いの。

昭和二十四年、私が先に帰京して焼けた銀座の店の代わりに、霞町一丁目（現・港区西麻布）のビルを見つけたんです。でも焼け残りのビルだから、進駐軍のトラックが通るとドッドドッド揺れて夜になると壁の煉瓦《れんが》が落ちて来るのよ。そして便所はまだ汲み取り。お客さんが「先生、こんな汚いお便所何とかしてよ」って（笑）。それでもお得意様の女優の澤蘭子さんや夏川静江さんが来て下すってね。

自宅は竜土町（現・西麻布）の借家。外国人が住んでた洒落た二階家でした。そしてオリンピックのために六本木通りが拡張されるというので、材木町（六本木六丁目）に家を買ったんです。台湾の人が建てた家で、広い敷地の中に小さな平屋が二棟。私が渡り廊下を付けて、各々に子供達と私達夫婦が住んだんです。

その後、隣の大きな家を買って自宅にして、二棟の平屋は壊して化粧品の工場を。でも屋敷町に工場だなんてと叩かれて、工場を潰して美容学校を建て、工場は調布に移しました。この家に六本木の再開発の話が持ち上がるまでいました。下は寝室と小さな部屋があるくらいだったけど、二階全部が一部屋。でも私は大きい部屋が好きだから気に入って応接間に使ってました。

昭和五十一年、七十七歳の清人氏が膵臓癌で余命三カ月と宣告されるが、メイさんの徹底した自然食で九十一歳の長命を得た。

夫はアメリカにいたから日本のしきたりに慣れず、業界では「信長」と呼ばれてたんです。でも正直な人でしたよ。お洒落で、麻の白いスーツがよく似合ってね、九月になってもまだ着てたくらい。それにとても面白い人。ハリウッドで俳優を目指したくらいの人だから苦労もたくさんしていて、いろんな冒険談を私に聞かすの。ただすんなり大学を出た人とは違う。細かいことグチャグチャ言わないしね。

主人は小さい時に両親と別れてるから家庭の愛情に飢えてました。だからご飯も朝から家族全員で食べるし、私のお料理しか食べなかった。私は、仕事してるから家庭のことができないと言われるような女にはなりたくなかったんです。それが私が一番努めたこと。男に子供のおしめ取り替えさせるような女はダメよ。

清人氏はどこへ行くにもメイさんが一緒でないと機嫌が悪かったという。「男の人は子供よ。歳が一回り離れててもちょうど良くなるの」と語るメイさんに、妻としての自信が窺える。

六本木ヒルズは発案から完成まで十七年もかかったから、主人は完成を見ないで亡くなったんです。ある朝、私と長女がいつものように主人の身体を拭いてあげると、お洒落だから自分で頭をきちんととかして。そして私が手を洗いに行った時、娘が大声で私を呼ぶの。戻ってみると眠るように亡くなってたんです。だからこんな幸せな人はないと思うの。綺麗になった後、安らかに自分のベッドでね。

泣いたりなんかしないわよ。だって私、一所懸命世話をしたから、「お先に行ってて下さい。私も後で行きますよ」という気持ちだったもの。

現在、メイさんは時代の最先端とも言える六本木ヒルズの3ＬＤＫで五時起床、十一時就寝の生活を送る。

お風呂でもボタン一つで沸くんだから歳とった人に最適。若い人に住ましちゃダメ。楽すぎてバカになる。内部は全部自分で設計したの。私、前から不思議なんだけど、日本の家ってどうしてトイレが一つしかないの？　それがイヤだからここには私専用のトイレとお風呂を作ったんです。でもいろんな説明を全部英語で書いてあったから、私怒ったの。「住むのは日本人なのになぜ横文字で書くの！」と。そしたらすぐ日本語に直して貼ってくれたんですよ。私、家の中で最も大事なのはお台所とバス・トイレだと思うの。だからとっても広く作りましたよ。私は今の家が一番好き。

（二〇〇四年八月二六日号）

川内康範

（作家）

函館にいた少年時代。供物をホームレスに施す母の姿が僕の人生の骨格になった

一九二〇（大正九）年、北海道生まれ。小学校卒業後、様々な職業に就きながら独学。上京後、作家デビュー。以後、テレビ「月光仮面」の原作・脚本、「まんが日本昔ばなし」監修、「君こそわが命」「誰よりも君を愛す」などヒット曲を作詞。歴代首相のブレーンも務めた。勲四等瑞宝章受章。二〇〇八年逝去。

僕の父親はお菓子の問屋でね、相当いい暮らしをしてたんです。函館山の麓の青柳町という高級住宅地で、住人の三割ぐらいは外国人だったな。そこに百五十坪ほどの家を構えて、お手伝いさんも二人。ところが僕が三歳の時に株で失敗して、父親は一念発起、身延山に修行に行ってしまうんです。僕らは市内新川町の、二間だけの借家に引っ越して、長兄は雑穀屋に奉公に行き、次兄は東京へ。残った三兄と僕と妹を母親が針仕事をしながら育てるんです。生活は苦しかったよ。いつも煎餅の耳ばかり食べてたねぇ。

康範少年が小学校四年の時、父親が修行から戻り、新川町に大乗寺を開いた。

それでやっと白いご飯が食べられるようになったんです。母親はお供え物のお米や果物を持って、月に何度も僕を連れて砂山という所に行きました。函館の大森浜にあったホームレスの集落です。母親は必ず僕に言ったんです、「何も聞くんじゃないよ。『頑張ってね』とだけ言って渡しなさい」と。それは、ただあげたいからあげる、無償の愛なんですね。そしてそういうことが度重なるうち、社会に復帰していく者もいる。それを見ていて、僕は子供心に人間にとって大切なことは何かということを教えられました。母親は無口な人だったけど、その慈愛深い姿が僕の人生の骨格になってますね。

そして父親に言われて、毎日、写経をするうちに、民族や宗教は違っても無償の愛は万国共通であり、それが世界を平和にするんだということがわかってきたんです。

物書きを志し、十三歳で社会に出る。

僕は中学には行かなくていいと思ったんだ。先生の教え方によっていろいろ違うんだったら、自分で教科書を読めばいいと。そして日本の小説には現実感がないから、シナリオを書こうと思った。でも当時はシナリオ集など売ってないから、仏様に謝りながら賽銭を

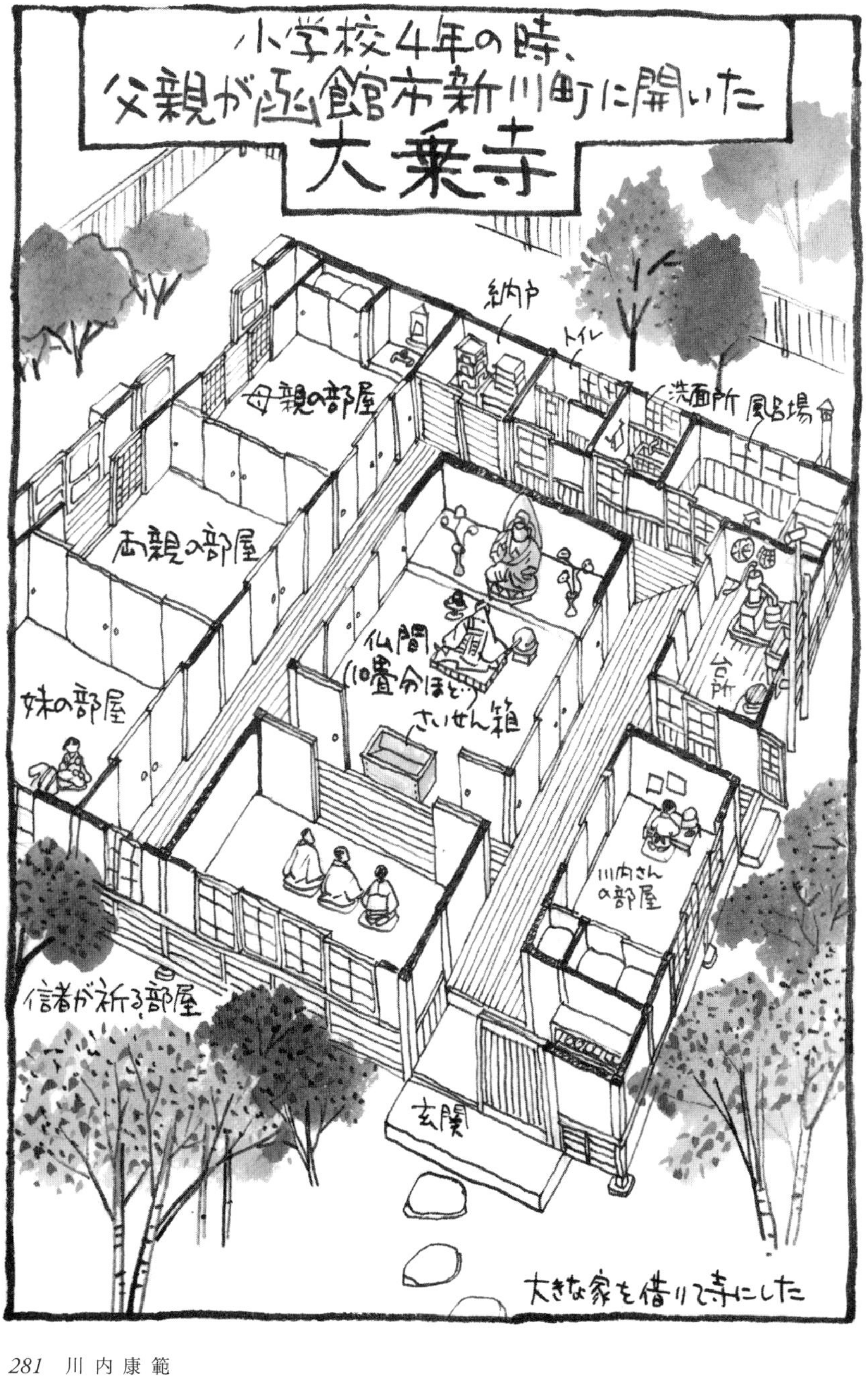
小学校4年の時、
父親が函館市新川町に開いた
大乗寺
納戸
トイレ
洗面所
風呂場
母親の部屋
両親の部屋
仏間
(10畳分ほど)
さいせん箱
台所
妹の部屋
川内さんの部屋
信者が祈る部屋
玄関
大きな家を借りて寺にした

かっぱらって（笑）、映画館に通い、客席の非常灯の下で台詞を書き写してシナリオを独学したんです。

父親も「物書きになりたいなら社会で様々な体験をすることが大事だ」と賛成してくれたので、僕は市内の家具屋で住み込み店員になりました。八畳間に六人の店員が雑魚寝《ざこね》。毎日リヤカーで簞笥や畳を運んでたんだけど、店の主任が大学を出てる人で、学歴のない僕を非常に蔑視するから、喧嘩して辞めたんだ。

製氷工場、映画館のフィルム運びなど、職を転々。

ある日、電柱に「前金貸します」という労働者募集の貼紙を見つけたんです。僕は函館を出たいと思っていたから、すぐに応じて、借りたお金で食べ物や洋服を買って、風呂敷に好きな詩集と仏典を包んで、言われた場所に行くと、夕張から二十キロほど離れた山の上に連れて行かれたんです。つまり飯場のタコ部屋暮らしですね。女っ気がないから、夜寝てると「おめぇ、めんこいな」って大男に抱きつかれてビックリしたよ（笑）。でも逃げ出した一番の原因は、あまりに惨い場面を見たからなんです。酒を飲んで喧嘩になり、一方がいきなり相手の頭を一升瓶の底で殴りつけ、相手がポロッと死んじゃったの。そしたら騒ぐわけでもなく、皆で穴を掘って埋めて、それで終わりなんですよ。こんな所にはとてもいられないと思って、山の中を夢中で走って逃げました。そしたら遠くに灯りが見えてきたんです。

そこは夕張炭鉱だった。

炭鉱の独身寮で同室だった人の中に、警察に追われている左翼の人がいて、僕はその人からマルクスやレーニンのことを教わったんだけど、突然その人がいなくなったと思ったら、僕は警察に引っ張られたんです、「行方を知ってるはずだ」と。その上、僕の日記も押さえられて、そこには炭鉱で虐げられていた朝鮮人やアイヌ人への同情とか、立場は違っても人間は平等なんだというような自分の考えを書いてあったものだから、勾留されてしまって。函館から父親が呼ばれて、やっと三日後に釈放されたんです。

僕は東京へ行く決心をした。次兄が東京の大都映画の制作部で大道具をやっていたから。父親は許してくれず、母親が内緒でお金をくれたけど、それでは到底足りないんですね。それで箪笥の引き出しにあった母親の財布からお金を貰っていこうかとずいぶん迷いました。しかしあんな優しい母親から金を盗んではいかんと思ってね。それで、「東京へ出て勉強します」と書き置きだけして家を出たんです。

だが青森に着くと、神社仏閣を見学して、僅かな所持金も使ってしまう……。

だけど、まぁいいや、線路を辿って行けば東京へ行けるんだと思ってね。ところが十一月の下旬だったから、浅虫まで歩いた時に雪が降り出したんです。寒くて震えていたら、ちょうど上野行きの列車が来たもんだから、思わず乗ってしまった。車掌が来る度にトイレに隠れてたんだけど、そのうち、そんな自分の行為に耐えられなくなったの。だから自分から車掌室に行って、「お金がないけど乗りました。でも東京で勉強がしたいので連れて行って下さい」と頼んだんです。そしたら車掌さんがいい人で、「終点まで乗っていけ。上野の駅長の裁定を仰ぐ」と。するとまた上野の駅長さんもいい人でね、「一所懸命勉強して、お金ができたら返しに来なさい」と。僕が三河島（荒川区）にいる兄の所へ行くと言うと、「電車賃はあるのか」とまで聞いてくれたんだ。本当はなかったけど「大丈夫です」と答えてね。この時は心底、人の情けが身に沁みましたよ。

三時間歩いて三河島へ。次兄は金物屋の二階に間借りしていたが、独立したい康範少年は一週間で出て上野のドヤ街へ。そして月島の埋め立て現場で働き、上野駅長に汽車賃を返しに行ったという。そして落ち着いた先は、墨田区寺島の朝日新聞販売所だった。

僕は口下手だからなかなか新聞の契約がとれなくて、やっと契約してくれたと思ったら、それがヤクザの親分でね。サービスの景品だけ取って契約書に判子を押してくれないんです。押し問答してると、子分が七、八人出てきて、下駄で殴られて額から血が流れたよ。それでも「判子を押してくれ」と頑張ってたら、親分が「いい度胸してるな」と、ビールで傷口を洗って、ご飯食べさせてくれた（笑）。しまいに組へ入れと言われたけど、ヤクザはイヤだから断ったんだ。でも新聞は一年分契約してくれましたよ。

十八歳の青年の受け持ち区域には、色街の玉ノ井も。

いつも親切にしてくれるお姐さんがいたんです。二十四、五だったのかなぁ。僕の初体験の人。僕は貧乏だったから、血を売ったお金で本を買ってたんだけど、そのお姐さんを知ってからは、そこへ行くために血を売ったよ。でもある日行くと、身請けされてお姐さんはいなくなってた……。

新聞販売所の三畳間でシナリオを書き続けたが、映画界に伝《つて》はない。考えた末、新興キネマの撮影所長に自作の「兄妹」を送った。

所長は会ってくれたけど、やはり僕の学歴が問題になって、もっといい作品を書いたら配慮してあげようということでね。ガッカリしたよ。でもそのうち、新宿の「大東京」という玉突き場が日活の監督や俳優の遊び場だという噂を聞いたんです。それでゲーム取り（採点係）に雇ってくれと頼んだんだけど、通常それは女性の仕事だからダメだと。でも僕も必死だよ。文学への道は遠いから、何とか映画界を突破口にしたいと思って、社長の家まで行ったんです。そしたら令嬢が「使ってあげなさいよ」と言ってるのが家の奥から聞こえてくるんだな。それで採用してもらえた。無賃乗車の時もそうだけど、こういうことがある度に、母親の無償の愛に対する神様のお助けなんだと思いましたよ。

数週間後、光明が差す。日活の企画部長、須田鐘太に声をかけられたのだ。「男のゲーム取りとは珍しいね」

その時は新宿のアパートにいました。流しもトイレも共同の四畳半。僕は子供の頃、家に水道がなく、共同井戸からバケツで水を汲んでくる生活をしてたから、水の大切さを知ってるんです。だからアパートのたった一本の水道が有難くて、冬の寒い時には、湯たんぽを買うお金もないから、沸かしたお湯をビール瓶に入れてキルクで栓をして、抱いて寝てたの。でも一度、キルクが飛んじゃって火傷《やけど》しそうになった（笑）。

うん、このアパートにいる辺りから、まあまあ大筋の道が開けてくるんだね。

日活の企画部で雑用係を始めたが、内田吐夢監督が自作の「土」について会社と衝突して退社、内田を尊敬していた川内青年も従う。そして須田部長の紹介で東宝の演劇部へ。

大プロデューサー秦豊吉に鍛えられました。秦のオヤジが「映画の基本は制作だ。予算を勉強するためにまず大道具をやれ」と言うんで、有楽座で使った道具を帝劇へ、次は日劇と、毎日肉体労働。すると道で日活時代の仲間に会うんだね。こっちは大八車引いてるでしょう。「お前、文芸部じゃなかったのか」と言われてバツが悪くてね（笑）。

特撮の名手・円谷英二のもとでインドの叙事詩「ラーマーヤナ」の脚本を書いている時に応召。横須賀海兵団へ。二十歳の春である。

世の中にはいい人もいるけど、やっぱりイヤな奴っているんだね。ここでは下士官に苛め抜かれた。入営が決まって、上京以来初めて帰省した時に母親がくれたお金を取り上げられ、毎日殴られ。でも決定的だったのは、訓練で櫓船を漕いでいる時、その下士官があんまり海水をぶっかけるもんだから前が見えなくなって、側にいた巡洋艦「春日」にぶつかってしまったんです。慌てて舵を切ったら、その勢いで下士官が海へ落っこっちゃった。それでもう土砂降りの中、殴られて殴られて……。

高熱が続き、川内青年は結核の疑いありと兵役免除、青森県西平内村の結核療養所へ。半年後、帰京。新宿に六畳間を借り、東宝復帰。療養中に書いた「蟹と詩人」「おゆき」がそれぞれ『文芸世紀』と『北海道文学』に掲載され作家デビュー。東宝で働きながら中河与一主宰の『文芸世紀』で編集を手伝う。

敗戦を迎えたのは、ターキー（女優・水の江滝子）の劇団で脚本を書いていた時。ここで是非言いたいのは、八月十五日は「終戦記念日」ではなく「敗戦の日」だということなんだ。そして終戦は六年後のサンフランシスコ条約が結ばれた日なんですよ。それまでは駐留軍がいたんだから。

戦後すぐ、僕は海外抑留者の引き揚げや遺骨収集の運動を始めるんです。敗戦の翌年には、特攻隊は犬死にあらずという視点から戯曲「遺書」を書いて、田村町（港区）の飛行館で上演を決行した。もちろんMPが乱入してきて中止になり、僕は米国情報部に呼び出されました。でもキース中尉という人と討論した結果、有楽町の劇場でのみ上演を許すと言われたんです。以来、キースに気に入られて、「アメリカに留学しないか」と言われたけど、既に遺骨収集の活動をしていたから断ったんです。今思えば、留学しておけばよかったんだけどね。

戦後は渋谷区の戸建てに。そして一気に花開く。「骨まで愛して」「君こそわが命」など連載小説が次々に映画化され、作詞を手がけた主題歌もヒット。昭和三十五年には「誰よりも君を愛す」がレコード大賞受賞。その前々年にはテレビドラマ史に残る「月光仮面」を生み出している。

あれは薬師如来の脇侍である日光・月光菩薩から発想したんです。「憎むな、殺すな、赦《ゆる》しましょう」という教えが「月光仮面」を執筆していた時の基本理念でね。でも社会に悪影響を及ぼすとか様々な非難を「週刊新潮」に書かれて、告訴もしたけど、もう嫌気がさして、視聴率は六〇パーセントもあったけど、自ら半年で中止宣言をしたんです。

映画界でも自身が原作・脚本の「南国土佐を後にして」で小林旭をスターダムに押し上げるなど活躍。そして遺骨収集活動を通じて政界にも関わり、佐藤栄作首相以来、歴代内閣のブレーンを務めた。

「月光仮面」の頃は六本木（港区）の一軒家にいて、結婚してたんだけど、相手に欲が出て打算的になってきたんで、俺とは相容れないと思って、次の渋谷区南平台の家を手付かずで丸ごと渡して、僕は家を飛び出しました。でないと別れてくれなかったから。その時はもう肺に穴が二つも開いていて、手術しないと死ぬと言われてたんです。だから赤坂のホテル・ニュージャパンにあった事務所も閉めて、ロスに行った。カリフォルニアは空気が乾燥していて身体にいいと思ったから。でも本当はベガスで全財産すって死んでやろうと思ってたんだ。

だが、生涯の伴侶、クリスチーナさんに出逢う。五十七歳の時である。

彼女は僕の通訳をしてくれたんですよ。本当は日本人で、本名は啓子。僕は運命など信じてなかったけど、「夢で見た女の人よ」と、彼女の描いた絵を見せられた時だけは心から信じたね。もうビックリした。だってそれが死んだ僕の母親の顔なんだよ。その日から彼女が僕の「マミー」になったんだ。僕はちょっとマザコンだからね（笑）。

四年間暮らしたロスのアパートを引き払い、二人は帰国。赤坂のマンションを経て、夫人の郷里、青森県三沢に現在の家を建てた。

その二年後、グリコ・森永事件の犯人グループに「俺が一億二千万円出すから脅迫をやめよ」と氏が呼びかけたことは有名。

あれはね、誰か政財界の人間が金を出して事件を収めると思ってたんだよ。ところがいくら待っても誰も何もしない。このままじゃ被害者が出ると思って、俺が乗り出したまでのことさ。

「おふくろさん」騒動？　あれはもう旧聞だ。俺の気持ちは全く変わらない。そんなことより憲法改正問題だよ。平和憲法は守らなきゃいかん。安易に改正なんて言ってる奴は、戦争を知らないからなんだ。戦争の悲惨さをね。

（二〇〇七年六月二八日号）

あとがき

「家の履歴書」は雑誌週刊文春で、一九九四（平成六）年九月に見開き二ページの読物『家』の履歴書」としてスタート、すぐに三ページ、四ページとページ数を増やし、二〇〇二（平成十四）年末に当時のデスクの意向で打ち切られたが、二年後の二〇〇四年一月に再開、現在も「新・家の履歴書」として同誌で続いている連載企画である。

今年九月の時点で連載が続いていると仮定すれば、中断された二年を除いて、通算十六年に及ぶ長寿読物になる。その間に登場してくださった著名人は七百余人。スタート時から携わっている私は、そのうちおよそ二百人の方々の「家」を書かせてもらった。

本巻は、その私が書かせてもらった著名人のうちで既に鬼籍に入られた方々を収録したものだが、十六年前にこの連載を企画発案し最初の担当者となった編集者も今はこの世にない。

「家は住む人そのものです。その人が生まれて現在に至るまで住んできた家を辿ることによって、その人の人生がわかる。だから、『家』を通してその人の人生を描きたい」

四十代半ばで死んだ編集者・今村淳氏は、会議でこの企画を提案した時、そう言った。

そして「僕と一緒にこの連載をやりたいと思う人は、会議のあとで申し出てください」

という氏の言葉に、私は手を挙げた。

今村氏に言われた言葉を今も幾つか覚えている。

「その人が以前取材された記事をなぞって質問するなんて最低なんです。インタビューっていうのは、『そうか、俺はそんなことを考えていたのか』と、インタビューされる本人さえ気づいていなかったことを気づかせる、そんな質問をするのがいいインタビューなんですよ」

「バーターは絶対にやるな。今度こんな舞台に出るから映画に出るからと、その宣伝を交換条件にして出演交渉をしちゃいけない。ただ純粋に家について語ってもらうんだ」

「自転車操業になるな。取材中、もし相手と喧嘩になっても、躊躇なく椅子を蹴って帰ってこられるように、次々にゲストを決めておくんだ。でないと、『この取材がボツになったら差し替えがない……』と、そこで妥協が生まれる」

「ハードルは常に高く設定するんです。編集者は一度ハードルを下げたら、二度と高いハードルは飛べなくなる」

理想である。これが全て実行できたら苦労はないという、理想である。

今村氏という人はかなり偏屈な人物だったが、しかし少なくとも氏自身は、この実現困難な理想、自身が構えた高いハードルにどこまでも忠実たらんとした人だったと、私は思っている。そしてこれらハードルは、今や多くの編集者が忘れてしまった〝志〟ではないかと、私は自戒を込めて、感じている。

氏が、二十年近く経った今でも私がこうして一言一句覚えているほど、様々な言葉を残したこと。

つまりそれが、〝心に残る〟ということではないだろうか。

本巻だけでなく、二巻目、三巻目に収めた人々は、間違いなく、そんな言葉を残した人達である。

「人はその時の身丈に合った生活をするのが一番です」

この言葉を残した高峰秀子。

高峰はこの本の刊行準備をしている最中に死んだ。そのため、二巻目の「男優・女優編」に収めていた彼女の記事を、急遽この「今は亡きあの人編」に移した。移さざるを得ないことが辛かった。

父・松山善三と共にずっと高峰の病室に寝泊まりしていた私は、本書のゲラを鞄に入れたまま、ついに最後まで高峰に見せる機会がなかった。

だが、もし高峰に自身の記事を見せていたら、きっと私達はこんな会話をしたことだろう。

「かあちゃん、覚えてる？　週刊文春の『家の履歴書』の記事だよ」

「懐かしいねぇ……」

煙るような目をして、高峰が言う。

「この取材をしたのは平成七年だよ。その時には、まさか、その十四年後に、かあちゃんの養女になるとは夢にも思ってなかった」

「私もだよ」

そう言って、おどけたように微笑む高峰の顔が思い浮かぶ。

インタビューすること、ものを書くこと、人間を観察すること……、「家の履歴書」は、私に多くのことを教え、育ててくれた。

単なる仕事ではない、書くことへの執着を私に植え付けてくれた連載企画だった。

そして何より、人生において大切な縁を作ってくれた、かけがえのない宝物である。


死んでなお、甦る言葉。

そんな言葉を持つ三十名の方々に、改めて心より感謝するものです。

また、週刊文春に連載中、頑固でわがままな書き手の私に我慢し支えてくださった歴代デスク、井上進一郎、大川繁樹、秋月康、嶋津弘章、彭理恵、瀬尾泰信の各氏に、そして紆余曲折を経て刊行にこぎつけてくださったキネマ旬報社の青木眞弥氏に、深く御礼申し上げます。

平成二十三年四月

斎藤明美

斎藤明美（さいとう・あけみ）
1956年、高知県生まれ。津田塾大学卒業。高校教師、テレビ構成作家を経て、『週刊文春』の記者を20年務める。1999年、初の小説「青々と」で第10回日本海文学大賞奨励賞受賞。2006年、フリーとなり、作家活動を行う。写真集『高峰秀子』（小社刊）を監修。著書に『高峰秀子の忘れられない荷物』（文春文庫）『最後の日本人』（清流出版）『高峰秀子の流儀』『高峰秀子との仕事』1、2（ともに新潮社）など。2009年、脚本家・映画監督の松山善三と女優・故高峰秀子の養女となる。

家の履歴書　今は亡きあの人篇

2011年6月25日　初版第1刷発行

著　者　斎藤明美

発行人　小林　光

発行所　株式会社キネマ旬報社

〒107-8563　東京都港区赤坂4-9-17　赤坂第一ビル
TEL.03-6439-6487（出版編集部）
03-6439-6462（出版営業部）
FAX.03-6439-6489
http://www.kinejun.com

印刷・製本　精興社

ISBN 978-4-87376-352-1